Das Optimistische Buch

Wege zu einer neuen Karriere

GOTTFRIED AIGNER (Hrsg.)

Wege zu einer neuen Karriere

So komme ich weiter
So finde ich Anschluß

Verlag Molden – S. Seewald GmbH
VBU Verlag Beste Unternehmensführung GmbH
München

Schutzumschlag: Atelier Stegerer, München
Gesamtherstellung: Hieronymus Mühlberger, Augsburg

ISBN 3-88919-025-1

Inhaltsverzeichnis

Der Trend der Tüchtigen

Ist es nicht so, daß wir stolz und zufrieden sind, sobald wir eine harte Strecke hinter uns, eine Bewährungsprobe bestanden haben? Oft genug wird die Kriegsgeneration zitiert, wie gut sie es nach dem Chaos hatte, weil die harte Strecke des Wiederaufbaus sie forderte, weil ihr die Chance gewährt wurde, ständig Bewährungsproben zu bestehen.

Glücklicherweise brauchen wir heutzutage keine Zerstörung, um unsere Tüchtigkeit, unseren Willen und unseren Optimismus unter Beweis zu stellen. Der harte Arbeitskampf, die gewaltigen Strukturveränderungen in der Industrie, in der gesamten Wirtschaft, sind das Kampffeld der 80er und 90er Jahre.

Nutzen wir die Chance! Warum sollen oder wollen wir im alten Trott weitermachen? Oder fragen wir uns doch: War die Berufswahl seinerzeit wirklich die richtige Entscheidung? Hatten nicht die mehr oder weniger autoritären Eltern den Berufsweg bestimmt oder ein bequemer Zufall? Haben Sie nicht gelegentlich im Inneren geseufzt, daß Sie ausgerechnet d i e s e Arbeit als wichtigen Teil des Lebens gewählt haben?

Prüfen Sie sich selbst, entdecken Sie Ihr wahres Ich, tun Sie jetzt genau das, was Ihnen eine lange Zeit Spaß machen könnte. So motiviert wird der neue Berufsweg ganz bestimmt ein Erfolg.

Anzeichen gibt es genug, die beweisen, daß dem Tüchtigen die Welt gehört. Auch in Zeiten hoher Arbeitslosigkeit finden die Phantasievollen, jene, die sich etwas zutrauen, jene, die nicht aufgeben wollen, eine zufriedenstellende Arbeit. Der Trend der Tüchtigen zeigt sich auch in den Statistiken der Industrie- und Handelskammern: die Zahl der Selbständigen wächst.

Und wo viele Selbständige sind, haben auch viele gute Führungskräfte ihren Platz, und es werden neue Arbeitsplätze geschaffen.

Der Herausgeber

Sich eine Zukunft geben

von Dr. Werner Siegert

„Du hast keine Zukunft – nutze sie!" Dieser böse Satz geistert seit einigen Jahren vor allem dort herum, wo sich Jugendliche um ihre Zukunft betrogen fühlen. Von wem? Vom Staat!
Ist es eigentlich Sache des Staates oder der Gesellschaft, seinen Jugendlichen und Bürgern eine Zukunft zu geben? Oder ist dies letztlich Angelegenheit eines jeden einzelnen? Und hat der Staat sich nicht viel mehr auf die Funktion zu beschränken, seinen Bürgern Hilfe zur Selbsthilfe, Ordnung und Sicherheit zu gewähren und für die Einhaltung der Rechte zu sorgen? Wahrscheinlich gibt es gar nicht so wenige unter uns, die vom Staat erwarten, daß er ihnen eine Zukunft gibt. Dieser Beitrag wendet sich an die anderen, die dies als ihre eigene Aufgabe ansehen. Auch wenn sie einen zweiten oder dritten Anfang wagen müssen. Leicht ist es nicht, den Anforderungen zu genügen. Deshalb soll hier der Versuch gewagt werden, ein paar Tips zu geben, wie man voraussichtlich erfolgversprechender an diese Aufgabe herangeht.

Was macht erfolgreich?

Zu allen Zeiten haben die Lebensläufe unzweifelhaft erfolgreicher Menschen das Interesse der anderen gefunden, die herausfinden wollten, wie man zu solchen Erfolgen gelangt. Welche Eigenschaften muß man besitzen? Braucht man ein gewisses Anfangskapital? Eine Starthilfe? Eine bestimmte Bildung oder Erziehung? Eine bestimmte Umgebung? Einen genügend hohen Intelligenz-Quotienten? Braucht man Beziehungen? Oder nur das Quentchen Glück? Von jedem etwas?

Eines hat die Analyse der Lebensläufe erwiesen: Es gibt keine Eigenschaft und keine Grundbedingung, auch keine Kombination aus den oben genannten Faktoren, die unerläßliche Voraussetzung für Erfolg wären. Immer auch sind Menschen erfolgreich gewesen, bei denen die äußeren Bedingungen und die Startchancen ausgesprochen schlecht waren. Und immer sind auch Menschen am Leben gescheitert, bei denen scheinbar die denkbar besten Voraussetzungen für Erfolg gegeben waren. Kurzum: Es gibt keine Bedingungen, die den Erfolg garantieren. Mit einer Ausnahme: Erfolgreiche Menschen wußten

und wissen fast immer ziemlich genau, was sie wollen. Und sie handeln dementsprechend. Nur wollen, aber nichts dafür tun, genügt nicht.
Wissen Sie eigentlich, was Sie erreichen wollen? So gut, daß Sie das sofort aufschreiben könnten?

Kann man sich denn überhaupt Ziele setzen?

„Kann man denn überhaupt etwas wollen wollen?" fragen heute viele Jugendliche und auch Stellungslose, die an ihrer Zukunft zu verzweifeln beginnen. „Die Gesellschaft kümmert sich doch überhaupt nicht darum, was man will. Die Bedingungen sind doch nun einmal nicht so!" Natürlich hat es keinen Zweck, sich in Wunschvorstellungen zu ergehen, die keinerlei Chancen haben, verwirklicht zu werden. Auch muß man sich wohl gerade bei einer neuen Karriere fragen, wie eigentlich Ziele aussehen könnten. Sind es Berufsziele? Sind es Ziele im ursprünglich erlernten Beruf? Sind es Ziele im privaten Bereich? Erlebnisziele? Ziele, die man erreichen will, indem man nun endlich mal seinen eigentlichen Neigungen nachgeht? Will man also eher ein erfolgreicher Aussteiger werden? Oder würde man einfach alles versuchen, was einigermaßen Sinn hat, nur um das Schicksal der Arbeitslosigkeit oder der beruflichen Unzufriedenheit abzuschütteln? Wenn man sich Ziele setzen will, muß man zunächst einmal wissen, von welcher Position aus man diese Ziele angehen will und kann. Man muß seinen Ausgangspunkt kennen und darf sich darüber keine Illusionen machen.
Wie macht man das? Nehmen Sie jetzt Schreibpapier und einen Stift (oder nutzen Sie die Tabelle „Stärken und Schwächen" auf Seite 37) und notieren Sie:

- Was kann ich gut? Was sind meine Stärken?
- Was kann ich nicht? Was sind ausgesprochene Schwachpunkte bei mir?

Wenn Sie diese Stärken-/Schwächen-Analyse erstellen, dann verfallen Sie bitte nicht in den Fehler, nur „Schulfächer" heranzuziehen. Lassen Sie ihrer Phantasie viel freien Lauf. Es könnte zum Beispiel unter „Was kann ich gut?" stehen:
„Ich kann gut mit fremden Menschen in Kontakt kommen."
„Ich bin ein Feinschmecker."
„Ich kann mir gut Zahlen merken."
Es könnte unter „Was kann ich nicht?" stehen:
„Ordnung ist nicht meine starke Seite."
„Früh aufstehen."

„Meine Zeit einteilen."
Sammeln Sie so viele Eigenschaften und Fähigkeiten beziehungsweise Schwierigkeiten wie möglich. Vielleicht hilft Ihnen ein vertrauter Mensch dabei.
Auf einem weiteren Blatt oder unter „Persönliche Erfolgsbilanz" und „Persönliche Negativbilanz" auf den Seiten 35 und 36 notieren Sie:

- Welche Gegebenheiten könnten sich für mich positiv auswirken?
- Welche Gegebenheiten sind wahrscheinlich für mich hinderlich?

Denken Sie bei den positiven Gegebenheiten an Ihre Gesundheit, an einen großen Freundeskreis, an einen zentralen Wohnort oder ähnliches. Natürlich nur, wenn es zutrifft. Sammeln Sie mindestens zehn solcher positiven Faktoren. Eigenartigerweise fällt es den meisten Menschen leichter, die negativen, hinderlichen Gegebenheiten aufzulisten. Sie dienen ihnen ein wenig als Entschuldigung für ihr Schicksal.

Sind die Negativa unabänderlich?

Nehmen Sie jetzt das Blatt, auf dem Sie notiert haben, was Sie nicht können, und das Blatt mit den hinderlichen Gegebenheiten, und fragen Sie sich bei jeder Eintragung:

- Ist das unabänderlich?
- Wenn nein, tue ich etwas, um es zu ändern?
- Wenn nicht zu ändern, warum nicht?
- Wie stark behindert mich diese Eigenschaft/Gegebenheit, erfolgreich zu sein? Bewerten Sie von 5 bis 1; 5 = äußerst hinderlich.
- Kann man aus diesem Nachteil einen Vorteil machen?

Diese letzte Frage mag verblüffen. Es ist jedoch gar nicht so selten, daß Menschen zum Beispiel mit einer Behinderung oder einem vermeintlichen Nachteil sogar besondere Chancen für sich entdeckt haben: Ein Mann mit einer Mißbildung der Füße wurde ein Spitzenverkäufer in einem Fachgeschäft für orthopädisches Schuhwerk. Eine Frau im Alter von 60 mit einer etwas molligen Figur führt nach einer entsprechenden Ausbildung als Mannequin Kleidung entsprechenden Zielgruppen (an Kurorten, in Altersheimen u. a.) vor. Gefängnisinsassen lernen Kurzgeschichten schreiben oder Sprachen.
Wenn eine Eigenschaft oder Gegebenheit stark hinderlich auf dem Wege zum Erfolg ist, aber von Ihnen selbst als veränderbar angesehen wird, dann notieren Sie bitte jetzt:

- Was will ich bis Ende nächster Woche in dieser Angelegenheit unternommen und erreicht haben?
- Was will ich bis heute in drei Monaten unternommen und erreicht haben?

Bleiben Sie dabei im Bereich des Möglichen. Setzen Sie diese Ziele so, daß sie erreichbar sind. Lieber ein kleines Ziel konsequent erreichen und Freude daran haben, als vor einem großen Ziel scheitern und an sich verzweifeln. Und lieber eines nach dem anderen als alles auf einmal.

Die positiven Faktoren konsequent nutzen!

Nutzen Sie eigentlich Ihre positiven Eigenschaften und Gegebenheiten? Oder bleibt da manches brachliegen? Prüfen Sie also bei allen Eintragungen:

- Wie stark nutze ich diese Eigenschaft/Gegebenheit, um erfolgreich zu sein und mir eine Zukunft zu geben? Bewerten Sie mit 5 bis 1; 5 heißt, Sie nutzen diese Eigenschaft/Gegebenheit konsequent in starkem Maße. 1 heißt, Sie nutzen sie gar nicht und lassen sie verkümmern.
- Was könnte ich tun, um diese Eigenschaft/Gegebenheit stärker zu nutzen?
- Warum tat ich es bisher nicht?
- Was will ich bis Ende nächster Woche unternommen haben, um positive Eigenschaften/Gegebenheiten besser zu nutzen?
- Was will ich bis in drei Monaten unternommen und erreicht haben?

Auch hier gilt, wie bei den Negativa, die Regel: Bleiben Sie realistisch. Stellen Sie sich selbst keine Fallen, indem Sie etwas planen, was Ihnen unmöglich gelingen kann. Das kostet Kraft und Motivation.
Nach den drei Monaten planen Sie das nächste Quartal.
Wenn Sie Ihre Fähigkeiten und positiven Gegebenheiten betrachten, welche Berufe oder Tätigkeiten fallen Ihnen ein, in denen Sie diese Positiva gut einsetzen könnten? Schreiben Sie alles auf, was Ihnen dazu in den Sinn kommt. Fehlt es Ihnen an Anhaltspunkten, so nutzen Sie ein Berufsverzeichnis.
Forschen Sie auch nach Kombinationen. Wer zum Beispiel eine Leidenschaft für Autos hat und gut Kontakt zu anderen Menschen findet, könnte Automobilverkäufer werden. Wer eine relativ seltene Fremdsprache spricht (Polnisch, Bulgarisch u. ä.) und gut Maschineschreiben kann, könnte für eine entsprechende Firma oder Kontaktstelle ein wertvoller Mitarbeiter sein oder für entsprechende Landsleute Übersetzungen und Korrespondenz erledigen. Wer

gern und fachkundig im Garten tätig ist und kontaktfreudig ist, könnte als Gartenberater tätig werden und sich selbständig machen.
Fragen Sie sich, ob in Ihrem Falle nicht irgendein Spezialwissen vorliegt, irgendeine Spezialfähigkeit, die, als solche angeboten, für andere viel interessanter ist als Ihr ganzes Berufsgebiet: Ein Spezialist für Textautomaten kann gesuchter und besser bezahlt sein als eine Bürokraft.
Spezialwissen ergibt sich manchmal aus Hobbys. Wer eine „zweite Karriere" machen will, der kann dies vielleicht auch neben seinem Beruf beginnen. In der Diskussion sind ja neue Formen der Arbeitszeitgestaltung. Denkbar wäre es also, den ersten Beruf – sei es aus Altersgründen oder wegen mangelnder Erfüllung oder zu hohem Streß – allmählich zurückzuschrauben und auf der Grundlage eines Hobbys den zweiten Beruf Schritt für Schritt auszubauen. So hat sich ein Manager immer mehr zu einem Experten für Ikonen entwickelt, eine kaufmännische Angestellte zur Buchillustratorin. Vorsicht ist indes geboten vor Angeboten aus den Tageszeitungen, in denen immer wieder das schnelle und leichte Geld mit Nebenverdienst oder Heimarbeit versprochen wird. Wenn es irgendwo schnelles und leichtverdientes Geld gäbe, müßte man dafür inserieren?

Ist die Zukunft meine Zukunft?

Es gibt heute mehr Informationen über die Zukunft als je zuvor. Viele Institute erarbeiten Prognosen. Wenn auch diese Gutachten für den normalen Bürger unerschwinglich sind, so werden sie doch in Zeitungsartikeln, in Büchern und Nachschlagewerken oder in Funk und Fernsehen ausgewertet. Auch verfügen Verbände und Kammern über einschlägige Veröffentlichungen, in denen man sich recht gut darüber informieren kann, was sich in den nächsten fünf bis zehn Jahren mit ziemlicher Sicherheit verändern wird. Diese Veränderungen betreffen das berufliche Feld jedes Bürgers. Erstaunlich, wie wenig die meisten darüber wissen. Ebenso erstaunlich ist es, daß heute noch Jugendliche und Umschüler sich auf eine Zukunft vorbereiten, die es gar nicht geben wird. Genauer gesagt: die Berufe, für die sie sich ausbilden lassen, wird es zumindest in dieser Form nicht mehr geben. Oder die Anzahl der Arbeitsplätze wird deutlich zurückgehen.
„Gib dir eine Zukunft!" heißt daher auch, daß man sich so umfassend wie möglich und systematisch auf die Zukunft vorbereiten muß.

- Was wissen Sie über die Zukunft Ihres jetzigen oder Ihres zweiten Berufsfeldes?
- Welche einschneidenden Veränderungen wird es in den nächsten fünf Jahren geben?

- Könnten Sie davon betroffen sein?
  Produkte, Produktionsverfahren, Produktionsmaterialien verändern sich mit einer bisher nie gekannten Geschwindigkeit. Der Wettbewerb auf den sich weltweit öffnenden Absatzmärkten zwingt zu rascher Anpassung. Eine Volkswirtschaft, die sich diesem Trend widersetzen wollte und den Fortschritt wegen kurzfristiger Entlastungen der heimischen Wirtschaft und des Arbeitsmarktes aufhalten wollte, würde sich sehr schnell ruinieren.
  Von diesem raschen Wandel sind alle Menschen betroffen, insbesondere an ihrem Arbeitsplatz. Die millionenfachen Freistellungen der letzten Jahre sind nicht nur konjunkturbedingt. Sie sind die Folge struktureller Veränderungen ebenso wie der technologischen Entwicklung.
  Wer seine berufliche Zukunft sichern will, muß sich daher frühzeitig bemühen, sich beruflich weiterzuentwickeln, um „auf der Höhe zu bleiben". In einer Gesellschaft, die stolz ist auf ihre mündigen, kritischen und selbstbewußten Bürger, wäre es aber falsch, die Initiative zu dieser Berufsentwicklung allein dem Unternehmen zu überlassen.
- Was könnten Sie tun, um sich auf diese Entwicklung einzustellen?
- Was haben Sie bisher getan?

Diejenigen, die sich vorausschauend auf Veränderungen einstellen, ja, sich sozusagen zum Spezialisten für die Technologien von morgen heranbilden, haben besondere Chancen. In unserer Gesellschaft ist beispielsweise ganz klar zu erkennen, daß es zu wenige Menschen gibt, die sich mit Computern auskennen. Nun werden die kleinen Tisch-Computer aber mit großer Geschwindigkeit Einzug in die Büros halten. Große Chancen hat dann jemand, der sagen kann: „Damit kenne ich mich aus!"
Es ist also unerläßlich, daß Sie so viele Daten und Informationen wie nur möglich über Ihr zukünftiges Tätigkeitsfeld sammeln.

Wie Sie der Manager Ihrer Zukunft werden

Management ist die Kunst, Ziele wirtschaftlich, rationell und human zu einem gewünschten Termin zu erreichen. Es ist sicher vorteilhaft auch für Sie, einige Management-Methoden zu nutzen, um Ihre Zukunft besser in den Griff zu bekommen.
Wenn Sie die Aufgaben in den vorangegangenen Kapiteln auch tatsächlich erfüllt haben, haben Sie bereits einiges über die Technik der Zielsetzung gelernt. Ziele sollen immer ausgedrückt werden durch ein Ergebnis, das bis zu einem bestimmten Termin erreicht werden soll. Nur so können Sie selbst kontrollieren, ob Sie Ihren Zielen näherkommen oder nicht. Je weiter diese Ziele entfernt sind, desto geringer ist der Ansporn, sofort mit den Aktivitäten zu

beginnen. Das ist ausgesprochen tückisch, denn dabei schiebt man alles leicht vor sich her. Deshalb ist es besser, langfristige Ziele in kurzfristig zu erreichende Teilziele zu zerlegen, in Ziele also, die Sie bis zum Ende der nächsten Woche oder bis in 14 Tagen erreicht haben wollen.

Zwingen Sie sich bitte auch, Ihre Zielsetzungen schriftlich zu notieren. Mündliche oder nur gedankliche Ziele sind schnell vergessen. Mit „Na ja, irgendwie weiß ich das schon!“ werden Sie nicht weit kommen.

Legen Sie sich auch eine Akte „Lebensplanung“ an, in die Sie alle Ihre Aufzeichnungen, wichtige Informationen, Anregungen, Literatur-Empfehlungen und Kontaktadressen hineinlegen.

Nach der Phase der Zielsuche und Zielentscheidung folgt im Management die Phase der Planung. Geplant werden die Zeit und die erforderlichen Mittel.

Für Ihre Zeitplanung bleibt Ihnen eines nicht erspart: Sich klar darüber zu werden, wieviel Zeit Sie voraussichtlich noch haben werden, um Ihre neuen Ziele zu erreichen. Dabei ist es auch gut, das Alter wichtiger Bezugspersonen wie Ehepartner, Eltern, Kinder zu berücksichtigen. Auch wichtige Ereignisse wie Laufzeit von Hypotheken, Einsetzen der Rentenzahlungen, Ablauf von Erbpacht etc. müssen beachtet werden. Dazu dient die Tabelle auf dieser und der nächsten Seite.

Zeitreihe für die persönliche Zielplanung

Jahr	Eigenes Alter	Alter von Bezugspersonen				Besondere Ereignisse
1983						
1984						
1985						
1986						
1987						
1988						
1989						
1990						
1991						
1992						
1993						
1994						

1995						
1996						
1997						
1998						
1999						
2000						
2001						
2002						
2003						
2004						
2005						
2006						
2007						
2008						
2009						
2010						

Damit ist jedoch die Zeitplanung noch nicht beendet. Vielmehr müssen Sie sich auch Rechenschaft darüber ablegen, wie Sie zur Zeit mit den Stunden Ihres Tages umgehen und was Sie daran ändern wollen, um die Zukunft besser in den Griff zu bekommen.

Denn der Umgang mit Ihrer Zeit ist ein geschwätziger Verräter, wie ernst es Ihnen tatsächlich ist, etwas aus Ihren Stärken, aus Ihren positiven Eigenschaften und Gegebenheiten zu machen, und wie ernst Sie es mit den Vorsätzen meinen, Ihre Schwächen zu beseitigen, sofern das möglich ist. Dazu verwenden Sie am besten die sogenannte Torten-Technik. Auf der gegenüberliegenden Seite finden Sie eine Zeit-Torte mit 24 Stücken. Kennzeichnen Sie doch einmal, wie groß die Tortenstücke sind, die Sie im Durchschnitt für wesentliche Aktivitäten hergeben.

Soll sich nun an dieser Zeitverwendung etwas ändern? Wahrscheinlich werden Sie den Zeitaufwand für Ihre Zukunft vergrößern müssen. Denn von nichts kommt nichts. Machen Sie sich daher einen Zeitplan auch für die kommenden Tage und Wochen. An Ihrer Disziplin, diese Pläne auch wirklich einzuhalten, können Sie messen, wie ernst Sie es tatsächlich mit Ihrer „neuen Karriere“ meinen.

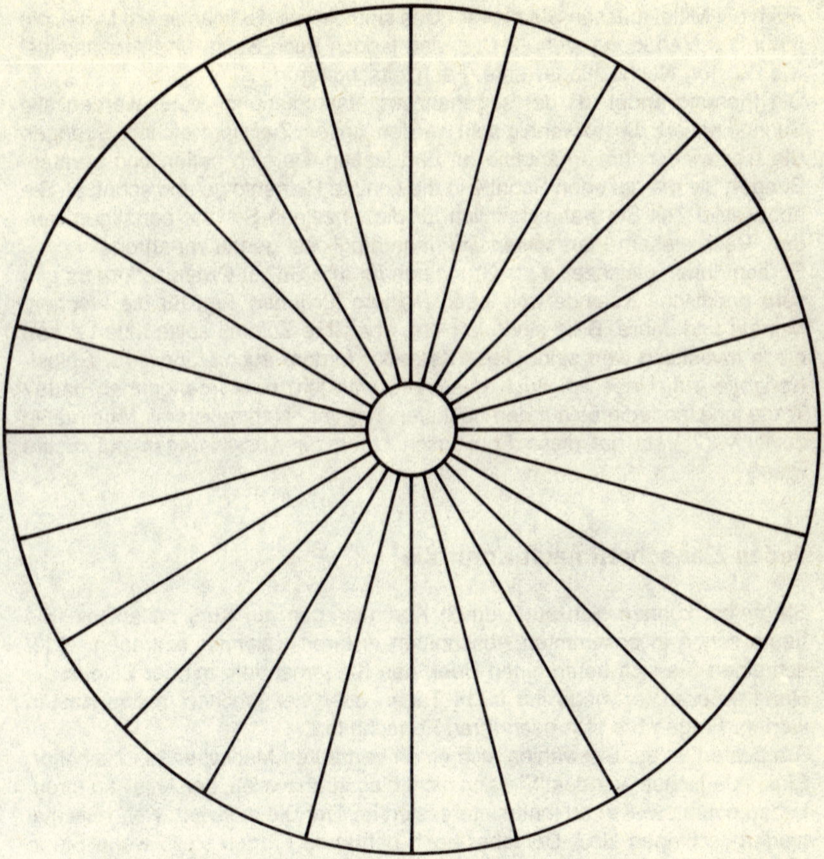

Wie groß sind die wichtigsten Zeit-Stücke?

S = Schlaf
B = Beruf oder Berufsvorbereitung (Schule) inklusive Fahrzeiten
K = Körperpflege und Essen
H = Freizeit und Hobbys
F = Familie
P = Partner/Freunde
Z = Zukunft

Auch die Mittel müssen Sie planen. Das sind einmal die finanziellen Mittel, die Ihnen zur Verfügung stehen. Das sind jedoch auch Sach- und Arbeitsmittel wie Bücher, Nachschlagewerke, Fachzeitschriften.
Die Planung endet mit der sogenannten Ablaufplanung. Dafür werden alle Schritte notiert, die notwendig sein werden, um ein Ziel zu erreichen. Strengen Sie hier wieder Ihre Phantasie an und lassen Sie sich helfen und beraten. Bringen Sie die notierten Schritte in die richtige Reihenfolge und schätzen Sie ab, wieviel Zeit Sie wahrscheinlich für die einzelnen Schritte benötigen werden. Nach diesem Plan sollten Sie dann möglichst genau verfahren.
Er dient Ihnen gleichzeitig als Grundlage für Ihre Selbst-Organisation. Es gibt sehr praktische Kalender mit losen Blättern für jeden Tag, für die Wochen, Monate und Jahre. Billig sind sie nicht, aber Ihre Zukunft sollte Ihnen schon diese Investition wert sein. Diese Kalender fordern auch ständig zur Selbst-Kontrolle auf: Habe ich auch geschafft, was ich mir vorgenommen hatte? Trage ich Unerledigtes auf den nächsten Tag vor? Nehme ich mir regelmäßig zuviel vor? Was hat diese Fehleinschätzung für Auswirkungen auf meine Pläne?

Jedes Ziel schreit nach Kontrolle

Sie selbst können sich auch durch Kontrollfragen auf Kurs halten, die Sie heute schon in bestimmten Abschnitten in Ihren Kalender eintragen. Oder schreiben Sie sich heute einen Brief, den Sie jemandem mit der Bitte in die Hand drücken, er möge ihn in 14 Tagen oder vier Wochen in den Kasten werfen. Fragen Sie sich nach Ihren Fortschritten.
Am besten ist es, Sie wählen sich einen vertrauten Menschen als Zielhelfer. Einen Menschen, vor dem Sie sich nicht blamieren wollen, der Anteil an Ihrem Leben nimmt, weil er an Ihnen interessiert ist. Der Sie motiviert, wenn Sie mal niedergeschlagen sind. Der aber auch bohrende Fragen stellt, wenn Sie in Ihren Bemühungen nachlassen.
Geben Sie nicht auf, wenn es zunächst nicht klappen will: Die meisten muten sich am Anfang zuviel zu. Lieber kleine (Teil-)Ziele erreichen als an großen verzweifeln und dann (sich) aufgeben. Sie können an jedem Tag neu anfangen. Vielleicht haben Sie mal den Führerschein gemacht. Wenn Sie damals aufgehört hätten, als Ihnen das Auto so gar nicht gehorchen wollte, dann könnten Sie heute nicht fahren und Reisen machen. Vielleicht gelingen Ihnen bei den ersten Bemühungen, die Zukunft besser in den Griff zu bekommen, auch nur kleine Fortschritte. Das ist nicht schlimm. Bleiben Sie Ihren Zielen treu.

Sich für Erfolge belohnen

Und vergessen Sie nicht, sich für Erfolge zu belohnen, auch für Teilerfolge. Feiern Sie kleine Zielerreichungs-Feste. ,,Nichts macht so erfolgreich wie Erfolg!" sagt ein Sprichwort. Es ist alles andere als banal, denn die Freude am Erfolg weckt Kräfte in unserem Körper, die wir wieder für weitere Aktivitäten einsetzen können. Das Erleben, daß uns etwas gelingt, gibt uns Zutrauen. Und schon gelingt uns auch der nächste Schritt leichter.

Wenn Sie sich zudem noch in Ihren Bemühungen auf wenige, aber wichtige Punkte konzentrieren, werden Sie erleben, daß Sie viel erreichen. Verzetteln Sie Ihre Kräfte nicht auf zuviele Punkte, springen Sie nicht von einer Idee zur anderen, ersetzen Sie nicht einen Plan durch einen neuen. Bleiben Sie einer Linie, einem Plan treu.

Curt Götz hat einmal formuliert, was Sie sich zu Herzen nehmen sollten: ,,Man muß die Dinge nehmen, wie sie kommen. Aber man sollte auch dafür sorgen, daß sie so kommen, wie man sie nehmen möchte!"

Sein Selbstbewußtsein steigern

von Christa Titze

Menschen haben Bedürfnisse und Ziele. Deren Realisierung ist ihr Maßstab für das Erleben von Erfolg und Mißerfolg. Wer geringe oder nicht sehr spezifische Erwartungen hat, wird weniger Enttäuschungen erleben. Wer seine Erwartungen, seine Wünsche und die Anforderungen an sich hoch steckt, braucht ein entsprechend konsequentes, zielstrebiges Verhalten, um sie zu erreichen und die Ergebnisse als befriedigend zu bewerten. Soweit Menschen aus ihrer Erfahrung lernen, ihre eigenen Fähigkeiten realistisch einzuschätzen, werden sie auch ihre Wünsche und Ziele angemessen festsetzen, was ihnen ein durchschnittliches Erfolgserlebnis garantiert.

Über- oder Unterschätzung

Ein erreichter Status in Bildung, Position im Betrieb, gesellschaftlicher Anerkennung darf kein Fixpunkt für die Einschätzung unserer Leistungsfähigkeit sein. Im Leben spielt oft auch der Zufall eine Rolle, doch gestehen sich nur wenige Menschen gerne ein, daß der erreichte Status „zufällig“ begünstigt wurde. Man sollte den Spruch „Zweifle stets die erreichten Ziele und deinen Anteil daran an“ nicht zu ernst nehmen. Vielmehr ist es berechtigt, auch auf den günstigen Zufall zu hoffen, eine grundsätzlich positive Haltung zu sich und zum Leben einzunehmen. Das sollte aber stets auf der Basis einer realistischen Einschätzung der eigenen Leistungsfähigkeit geschehen.
Wer sich unterschätzt, neigt dagegen dazu, alle Erfolge dem positiven Einfluß von Umständen oder von anderen Menschen zuzuschreiben. Er fürchtet sich stets, etwas Neues anzufangen, sein Verhalten zu variieren, ungewohnte Wege zu gehen. Er möchte das einmal Erreichte nicht gefährden und verzichtet darauf, ihm gebotene Chancen wahrzunehmen. Damit verzichtet er aber auf mögliche positive Erfahrungen, auf Erfolgserlebnisse, die er braucht, um wagemutiger zu werden. Die Lebensweisheit „Wer nicht wagt, der nicht gewinnt“ faßt diesen Tatbestand sehr knapp und prägnant zusammen. Auch für diese Grundhaltung gilt die Aufforderung, die eigene Leistungsfähigkeit realistisch zu prüfen.

Selbsteinschätzung und Selbstbewußtsein

Die Exaktheit der Selbsteinschätzung hängt von der Häufigkeit und Objektivität der Rückmeldungen ab, die wir zu uns und unserem Verhalten bekommen. Dafür gibt es verschiedene Quellen:

- Verbale Rückmeldungen in Form von Lob und Anerkennung oder Tadel und Ablehnung.
- Nonverbale Rückmeldungen, die wir aus der Stimme, Mimik, Gestik und der Art der Reaktion schließen.
- Ergebnisse unserer Handlungen, wenn sie von anderen aufgegriffen und genutzt werden – oder (insbesondere bei handwerklichen Tätigkeiten), wenn wir den Erfolg selbst sicher einschätzen können, zum Beispiel das reparierte Auto, die gedeihenden, neu eingesetzten Pflanzen.

Natürlich gibt es auch hier jeweils einen Interpretationsspielraum. Der Unsichere hält anerkennende Worte für Schwäche, der Selbstbewußte versteht ein „gut“ bereits als besonderes Lob.

Um die nonverbalen Rückmeldungen sinngemäß richtig aufzunehmen, bedarf es einer ausreichenden Sensibilität, die eine detaillierte Beobachtung voraussetzt. Ein freundliches Lächeln allein ist schwer zu bewerten; es kommt darauf an, von welcher Art der Mensch ist, der das Lächeln zeigt. Legt er an sich selbst strenge Maßstäbe an, so bedeutet es mehr, als wäre er ein Mensch, der es mit der Leistung nicht so genau nimmt.

Rückmeldungen von anderen haben auch einen unterschiedlichen Aussagewert, je nachdem, ob sie von einem Kenner der Materie kommen oder von jemandem, der die Leistung unter anderem Aspekt sieht als wir selbst.

Sogar recht eindeutige Ergebnisse, wie das wieder funktionierende Auto, können bei unsicheren Menschen Vorbehalte auslösen. Sie glauben entweder, jeder andere hätte das ebenso geschafft, oder sie hätten zu viel Zeit darauf verwendet, um diesen „banalen“ Fehler zu beheben.

Der Selbstbewußte kann häufig nicht verstehen, was der Unsichere alles als Hinweis für seine schwache Leistung heranzieht. Der Durchschnittsmensch dagegen staunt, wie schnell eine von sich eingenommene Person eigene Erfolgsmeldungen bekanntgibt. Mögliche Kritik wird übersehen oder abgeschwächt, bei ungeeigneten Lösungen wird das Ziel neu formuliert und so ein veränderter Maßstab für den Erfolg geschaffen.

Korrekturmöglichkeiten des Selbstbewußtseins

Menschliches Verhalten funktioniert auch unbewußt. Das trifft wahrscheinlich für die Mehrzahl der Menschen zu und ist ein wesentlicher Grund für das nahezu automatische Funktionieren. Der erste Schritt zur Korrektur muß also die Bewußtmachung sein. Dazu brauchen wir Hilfen:

a) Die Analyse des in der Vergangenheit Erreichten oder nicht Erreichten.
b) Vergleiche zu den Erfolgen oder Mißerfolgen anderer Menschen.
c) Die Analyse der eigenen Stärken und Schwächen.
d) Mehr Distanz zu und Kontrolle über Rückmeldungen von anderen.
e) Entwickeln eines eigenen Handlungsprogramms.

Alle genannten Strategien setzen voraus, daß sich der Betroffene zur Zeit der Analyse in einer ausgewogenen, zufriedenen Gemütslage befindet. Würde er diese Betrachtungen nach einem Mißerfolg anstellen, strahlt die Niedergeschlagenheit auf alle Gedanken und Vorstellungen aus und verfälscht die objektive Sichtweise. Nach einem gerade erlebten, deutlichen Erfolg wird ein nicht ganz gerechtfertigter Optimismus zu rosagefärbten Schlußfolgerungen führen.

Wichtig ist also eine möglichst distanzierte Betrachtung, so als würde man einen anderen Menschen analysieren. Ein weiterer wichtiger Faktor ist die exakte Beobachtung. Bevor eine Begebenheit, ein Verhalten bewertet wird, müssen die Tatbestände klar sein. Der Betroffene wird sich immer wieder die Fragen stellen müssen:

- War es wirklich so?
- Kann man das auch anders sehen?
- Wie weit habe ich das Ergebnis beeinflußt?
- Was hätte ich anderes tun können?

Zu den fünf genannten Hilfen ist folgendes Vorgehen zu empfehlen:

Zu a) Analyse der Vergangenheit

- Kann ich im Rückblick mit den erreichten Schulabschlüssen zufrieden sein? Habe ich unter Berücksichtigung der Ausgangssituation in meinem Elternhaus positiv oder negativ abgeschlossen?
- Hätte ich aus eigener Initiative mehr erreichen können? Der sogenannte Spätentwickler wird sich eingestehen, daß er trotz der heute erreichten geistigen Entwicklungsstufe damals nicht mehr Erfolg hätte erzwingen können. Wer sich eingestehen muß, damals Chancen verspielt zu haben, wird nach den Gründen suchen. Vielleicht hat er sich durch andere verleiten

lassen oder aus Trotz gegen äußeren Leistungsdruck gehandelt. Eventuell hat sich auch im weiteren Leben bestätigt, daß seine Stärken auf anderem Gebiet liegen und er intuitiv den richtigen Weg gegangen ist, zum Beispiel in eine mehr praktische Ausbildung.

- Wie weit habe ich meine berufliche Entwicklung selbst beeinflußt? Habe ich Wunschvorstellungen konsequent verfolgt oder mich durch Unbequemlichkeiten und einen momentanen Nachteil davon abschrecken lassen? Vielfach schieben wir Gründe vor, die uns als Entschuldigung für mangelnden Wagemut dienen können: Ich konnte meine Eltern nicht alleine lassen, ich hätte das finanziell nicht leisten können, ich hatte auf eine Aufstiegschance beim gegenwärtigen Arbeitgeber gehofft.
- Habe ich das heute Erreichte meiner eigenen Ausdauer und Zielstrebigkeit zu verdanken? Es führen viele Wege zum Ziel, mein Weg war eine sichere, wenn auch nicht die schnellste Möglichkeit.

Das Fazit aus diesen Antworten kann mir bereits einen Hinweis auf mein typisches Verhalten geben: Bereitschaft, Anstrengungen auf sich zu nehmen; stets den sicheren Weg dem gewagten vorzuziehen; persönliche Leistung höher oder geringer als menschliche Kontakte einzuschätzen; sich stärker durch die Umstände als durch die eigenen Wünsche und Ziele lenken zu lassen.

Zu b) Vergleich zu anderen

- Wer von meinen Mitschülern/Mitschülerinnen mit vergleichbaren Start-Chancen hat mehr/weniger erreicht? Diese Frage soll helfen, einen Maßstab für die eigene Entwicklung in der Vergangenheit zu gewinnen. Wer einen strengen Maßstab an sich selbst anlegt, kann ihn durch diese Frage eventuell relativieren. Das gilt ebenso für einen zu milden Maßstab.
- Wer von meinen Berufskollegen hat seine Chancen besser genutzt als ich? Diese Frage hat das gleiche Ziel wie die erste. Hätte ich das gleiche tun können wie diese anderen oder hätte ich mich damit überfordert? Es wird nicht möglich sein, mit diesen Fragen einen objektiven Standpunkt zu gewinnen – das ist auch nicht das Ziel. Vielmehr dienen sie der Prüfung, ob ich mit mir zufrieden sein kann.

Zu c) Analyse eigener Stärken und Schwächen

Was kann ich besser als andere, was können andere besser als ich?

- Folgerichtiges, logisches Denken.
- Beurteilen von Situationen und Vorhaben.

- Flexibel handeln, improvisieren.
- Beachten von Regeln und Vorschriften.
- Argumentieren und überzeugen.
- Anschaulich und verständlich erklären.
- Mich selbst positiv darstellen.
- Energie für das Erreichen von Zielen aufwenden.

Jeder Mensch wird unter dieser Auswahl von Kriterien solche erkennen, die er besonders gut einsetzen kann. Keiner wird alle nur positiv oder nur negativ für sich beantworten können. Das Bewußtsein, Stärken zu haben und diese zu kennen, muß sich positiv auf das Selbstbewußtsein auswirken. Es wäre allerdings falsch zu glauben, daß die persönlichen Stärken zwangsläufig einen Anspruch auf Erfolg bedingen, sei es materieller Erfolg oder eine berufliche Stellung.

Zu d) Einschätzung der Rückmeldungen durch andere

- Inwieweit lasse ich mich durch andere in meinem Selbsturteil beeinflussen? Sofern ich jede Äußerung anderer eher als Kritik denn als Anerkennung auslege, ist mein Selbstbewußtsein zu schwach. Ich muß mich von dem Gedanken befreien, man wolle mir Fehler nachweisen. Oft ist das Dominanzstreben, das Bedürfnis nach Selbstbestätigung bei unseren Mitmenschen die Ursache für ihre Kritik. Erst wenn wir von verschiedenen Seiten (Vorgesetzter, Kollege, Ehepartner, Freund) gleichgerichtete Rückmeldungen erhalten, ist ihnen eine erhebliche Bedeutung zuzumessen.
- Wie weit projiziere ich mein Selbsturteil in die Äußerungen anderer hinein? Bin ich mit mir selbst unzufrieden, besteht die Gefahr, daß ich das auch von anderen erwarte. Es kann eine Hilfe sein, dem anderen die eigenen Gedanken zu offenbaren und von ihm seine Stellungnahme dazu anzufordern. Geschieht dies überzeugend und nicht als ,,fishing for compliments", kann ich die Rückmeldungen ernst nehmen. Die eventuelle Kritik muß man gewissenhaft durchdenken, anstatt sich spontan zu verteidigen und zu rechtfertigen. Dies würde den anderen vor weiterer Kritik zurückschrecken lassen. Dann erhält man keine ehrliche Rückmeldung mehr und wird sich selbst überschätzen.

Zu e) Eigenes Handlungsprogramm

Sinn und Zweck dieses Programms ist es, Handlungen zu planen und so gut vorzubereiten, daß sie mit großer Wahrscheinlichkeit zu persönlichen Erfolgen führen. Wer bisher von seinen Mitmenschen für ungeschickt gehalten wurde, wählt eine praktische Tätigkeit wie zum Beispiel Waschen und Polieren des

Autos, Rasenmähen, Zubereiten einer Speise, Reparaturen in Wohnung oder Haus und bereitet sich darauf sehr sorgfältig vor. Er befragt andere, oder er liest in Büchern nach, wie man die Arbeit verrichtet. Er stellt sich das Vorgehen genau Schritt für Schritt vor, beschafft sich alle Hilfsmittel und Materialien. Ist er überzeugt, alles bedacht zu haben, geht er dann an die Arbeit, wenn keine Kritiker anwesend sind. Seine Mitmenschen werden später staunen und ihm selbst dann Beifall zollen, wenn das Ergebnis nicht voll gelungen ist.

Wer bisher häufig den Kontakten mit anderen Menschen ausgewichen ist, muß versuchen, die Gründe dafür zu erforschen. Vielleicht glaubt er, die Umgangsformen nicht zu beherrschen oder wenig zur Unterhaltung beitragen zu können. Die Zurückhaltung kann aber auch auf früheren negativen Erlebnissen, äußeren Umständen, nicht auf fehlenden Fähigkeiten beruhen. Dieser Mensch wird zunächst andere in ihrem sozialen Verhalten genau beobachten, um Eigenschaften zu erkennen, die von den Mitbürgern positiv aufgenommen werden. So sind nicht nur „Unterhalter" beliebt, sondern auch Zuhörer, die das Gespräch hin und wieder durch Fragen anregen, die Verständnis zeigen und den Erzähler bestärken. Die Umgangsformen sind in unserer Gesellschaft nicht mehr streng geprägt. Wer zu den Mitmenschen positiv eingestellt ist, wird mit seinem natürlichen Verhalten die passende Form finden. Wichtig ist es, die eigene Einstellung zu überprüfen. Wer sich stets überlegen oder unterlegen fühlt, hat eine schlechte Ausgangsbasis und eine unrealistische zugleich. Erfolg im Kontakt mit anderen kann jeder auf seine Weise haben, er muß es aber probieren, er darf nicht ausweichen.

Jede positive Rückmeldung – und die ist zum Teil planbar – stärkt das eigene Selbstbewußtsein.

Deprimierende Umwelteinflüsse als Minderung des Selbstbewußtseins

Selbst Menschen mit einem angemessenen Selbstbewußtsein beginnen, in andauernden ungünstigen Situationen ihre Sicherheit zu verlieren und an sich selbst zu zweifeln. Solche Einflüsse sind beispielsweise die Bedrohung des Arbeitsplatzes oder die Arbeitslosigkeit. Die gegenwärtige schwierige wirtschaftliche Lage bringt mehr seelische als materielle Not. Solange der Mensch das Gefühl hat, gebraucht zu werden, kann er selbst unangenehme Arbeitsbedingungen erfüllen. Muß er dagegen erkennen, daß sein Einsatz für auswechselbar oder verzichtbar gehalten wird, kann er darauf nur mit Enttäuschung und Zweifeln an sich reagieren. Dabei hilft in der Regel auch die Tatsache wenig, daß es anderen ebenso geht. Die rationale Einsicht, daß bei schrumpfenden Gewinnen die Unternehmen ihren Personalstand reduzieren müssen oder daß technische Einrichtungen dem Unternehmen billigere Produktpreise ermöglichen als der Einsatz menschlicher Arbeitskraft, hilft den Betroffenen wenig, sich mit ihrer Lage abzufinden. Diese Problematik ist heute für viele gegeben und wirft eine wichtige Frage auf: Wie können die Betroffenen trotzdem Ihr Selbstbewußtsein bewahren?

Die Arbeitslosigkeit

Wer den Arbeitsplatz nicht durch eigenes Verschulden, sondern durch die Situation in seinem Unternehmen verliert, wird leicht auf den Gedanken kommen, warum gerade er der Betroffene ist. Diese Frage wird in vielen Fällen nicht zu beantworten sein. Unbewußt schleicht sich dann die Vorstellung ein, es könne doch an mangelnden eigenen Fähigkeiten oder Eigenschaften liegen.

Eine zweite Möglichkeit besteht darin, daß die Schuld an der gegenwärtigen Situation anderen zugeschrieben wird: Ein Vorgesetzter oder ein Kollege konnte ihn nicht leiden, der Betriebsrat hat sich nicht für ihn eingesetzt. Beide Haltungen führen dazu, daß die eigene Lage nicht mehr sachlich gesehen wird und damit auch die notwendigen Aktivitäten zur Suche nach einem neuen Arbeitsplatz durch negative Emotionen behindert werden.

Die Situation

Wer seine Arbeit verliert, sieht sich aus seiner Gruppe im Unternehmen ausgestoßen. Nach einer kurzen Übergangszeit werden die Kontakte zur Gruppe ganz versiegen. Die ehemaligen Kollegen sind mit anderen Problemen befaßt. Zu Hause ist „kein Platz" für den Arbeitslosen, da alle Aufgaben bereits verteilt sind. Er stört die anderen in ihrem gewohnten Tagesablauf. Hinzu kommt: Die Arbeitslosen haben sehr selten miteinander Kontakt. Häufig wird dieser Umgang sogar gemieden, wenn Arbeitslosigkeit als Makel empfunden wird.

Die Einstellung

Um das Selbstbewußtsein zu erhalten, achtet der Arbeitslose häufig streng darauf, daß er sich nur um Stellen bewirbt, die seinem Status und seiner Ausbildung und Erfahrung angemessen sind. Damit verringert er seine Chancen, eine Tätigkeit zu finden, beträchtlich. Bei den Bewerbungen und Vorstellungsgesprächen wird dieser Anspruch stets deutlich werden. Der Stellenanbieter schließt dann leicht daraus, daß der Stellensuchende nicht wirklich an einer Tätigkeit interessiert sei.

Ebenso negativ ist die Einstellung, daß der Staat dafür sorgen müsse, neue

Arbeitsmöglichkeiten anzubieten. Man verläßt sich auf das Arbeitsamt. Die Bewerbungsunterlagen werden einmal geschrieben und eingereicht. Es wird versäumt, den besonderen Bezug zu einer angebotenen Stelle spezifisch herauszustellen. Auch daraus resultiert ein negativer Eindruck beim Stellenanbieter.
Eine dritte charakteristische Einstellung kann darin bestehen, daß der Stellensuchende sich auf jedes erdenkliche Angebot bewirbt mit der Vorstellung: „Ich muß irgend etwas machen!" Das hat mit großer Wahrscheinlichkeit zur Folge, daß der Bewerber auch viele Mißerfolge erlebt. Schließlich ist nicht jeder für alles geeignet. Die Absagen bestärken aber den Suchenden in dem Glauben, daß man ihn nicht will oder daß es überhaupt zwecklos ist, sich in dieser Zeit weiter zu bewerben. Er verfällt schließlich in Resignation.

Das richtige Vorgehen

Wie im ersten Teil des Artikels beschrieben, muß der Bewerber seine Stärken analysieren. Ist er überzeugt, bestimmte Tätigkeiten erfolgreich ausführen zu können, wird er alle darauf ausgerichteten Anforderungen zusammentragen. Er wird sich nicht nur auf das Arbeitsamt verlassen, sondern auch eigene Bewerbungen einreichen. Wichtig ist, daß er sich selbst keine Einschränkungen auferlegt. Er muß zum Wohnortwechsel bereit sein, muß seine Gehaltsvorstellungen flexibel an die Möglichkeiten anpassen, muß Unbequemlichkeiten wie Abwesenheit von der Familie, ungünstige Arbeitszeiten und bis zum gewissen Grade ein persönliches Risiko auf sich nehmen.
Soweit der Arbeitslose weiß, was er anzubieten hat und welche Nachteile er bereit ist einzugehen, kann er überzeugend auftreten.

Erhalten des Selbstbewußtseins

Es gibt einige Grundsätze, die man für sich akzeptieren muß, um erfolgreich zu sein:

- Arbeit adelt!
- Ich weiß, was ich kann!
- Wer nicht wagt, der nicht gewinnt!
- Nie die Hoffnung aufgeben!
- Wuchere mit deinen Pfunden!
- Make the best of it (Mache das Beste daraus)!
- Tu dein Möglichstes!

Und stets hat eine alte Erfahrung auch heute Gültigkeit: Jeder ist seines Glükkes Schmied.

Lebensplanung und Zielfindung

von Dr. Lothar J. Seiwert

Lebenskurve als Ausgangssituation

Die persönliche Lebenskurve, dargestellt als Linie der größten Erfolge und Mißerfolge, wird bei jedem Menschen ihre Höhen und Tiefen aufweisen.
Betrachten Sie einmal Ihre Ausgangssituation:

- Wie ist Ihr bisheriges Leben verlaufen?
- Was waren Ihre größten Erfolge? Wo gab es Niederlagen? Beruflich? Privat?
- Wie stellen Sie sich Ihre Zukunft vor?
- Wie alt wollen Sie werden?
- Was wollen Sie noch alles erreichen?
- Mit welchen Schicksalsschlägen oder Niederlagen rechnen Sie?

Zeichnen Sie auf Seite 34 Ihre Lebenskurve, wie sie bisher verlaufen ist und markieren Sie, wo Sie heute stehen.
Schreiben Sie Stichworte neben die Extrempunkte Ihrer Lebenskurve, die die betreffenden Erfolge beziehungsweise Mißerfolge charakterisieren.
Versuchen Sie, sich die Zukunft vorzustellen und zeichnen Sie die Kurve weiter.
Ein Extrempunkt der persönlichen Lebenskurve kann eine sogenannte Positionskrise sein. So wird beispielsweise eine Freistellung oder Kündigung von den betroffenen Nachwuchs- und Führungskräften in der Regel zuerst einmal als persönliche Niederlage und Krise empfunden. Dies ist eine Sichtweise der Situation. Die andere Betrachtungsweise ist, in der Freistellung die Chance zu sehen, sich neu zu orientieren und solche Entwicklungsschritte einzuleiten, an die man vorher vielleicht gar nicht gedacht hat.
Wer sich weitere „Wege zu einer neuen Karriere“ eröffnen will, sollte

- sich über die eigene Situation mehr Klarheit verschaffen („Wo stehe ich?“),
- Aufschluß über die persönlichen Wunsch- und Lebensziele gewinnen („Wo will ich hin?“) und
- erste Schritte und Maßnahmen zu deren Umsetzung planen („Was muß ich tun?“).

Eine persönliche Erfolgsstrategie würde dann so aussehen:

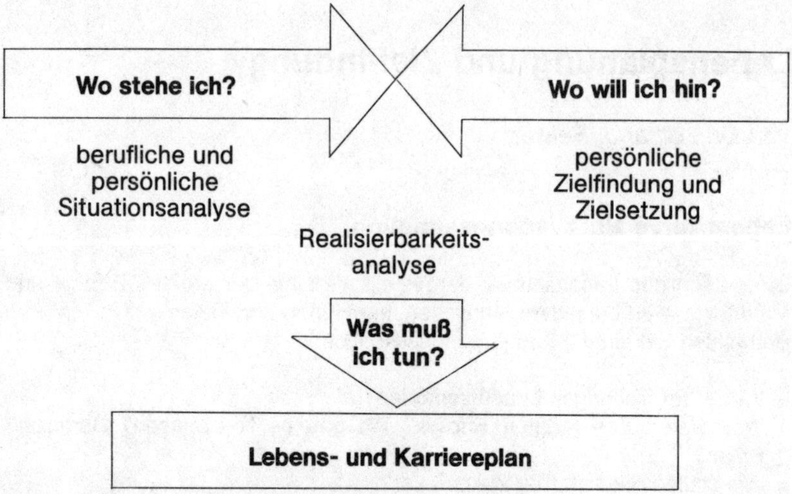

Berufliche und persönliche Situationsanalyse

Eine berufliche und persönliche Situationsanalyse soll Ihnen Aufschluß über Ihre Stärken und Schwächen geben und Hinweise liefern, welche Bereiche Sie ausbauen können und an welchen Punkten Sie noch arbeiten müssen. Was tun Sie, um Ihre Lebenskurve positiv zu beeinflussen?
Betrachten Sie noch einmal Ihre Lebenskurve und listen Sie auf der ihr gegenüberliegenden Seite Ihre

- größten Erfolge in beruflicher und privater Sicht

auf. Welche Fähigkeiten, Kenntnisse, Erfahrungen etc. waren notwendig, um diese Erfolge zu erzielen?
Versuchen Sie dabei, jeweils die Fähigkeiten herauszufinden, die Sie bei dem betreffenden Ereignis eingesetzt haben:

Persönliche Kenntnisse und Fähigkeiten

- **Fachkenntnisse**
  - Produktkenntnisse
  - Herstellungskenntnisse
  - Verkaufstechniken
  - Managementwissen
  - Betriebswirtschaftliche Spezialkenntnisse
  - Allgemeinwissen
  - Kontakte und Beziehungen

- **Persönliche Fähigkeiten**
  - Körperliche Verfassung, Fitneß, Widerstandskraft
  - Auftreten, Aktivität, Stehvermögen
  - Kontaktfähigkeit, Zuhören können, Einfühlungsvermögen
  - Anpassungsfähigkeit, Hilfsbereitschaft
  - Kritikvermögen, Selbstkritik

- **Führungsfähigkeiten**
  - Durchsetzungskraft, Überzeugungsvermögen
  - Fähigkeit zur Delegation, Unterweisung
  - Motivation von Menschen und Gruppen
  - Fähigkeit zur Teamarbeit und Kooperation

- **Denkfähigkeiten**
  - Urteilskraft
  - Kreativität
  - Logisches Denken
  - Denken in Strukturen, Systemen

- **Arbeitstechniken**
  - Rationelles und systematisches Arbeiten
  - Entscheidungstechniken, Problemlösungen
  - Konzentrationsfähigkeit, rationelles Lesen
  - Arbeitsmethodik, Organisation
  - Rhetorik, Diskussions- und Verhandlungstechniken

Mit der Analyse unserer Fähigkeiten ermitteln wir, was wir überhaupt leisten können, das heißt, welches persönliche Potential uns zur Erreichung unserer Ziele zur Verfügung steht. Dieses gilt es zu verbessern und zu fördern. Dies ist jedoch nur eine Seite der Medaille.
Auf der anderen Seite müssen wir uns über unsere Schwachpunkte klarwerden, um entweder solche Aktivitäten zu meiden, die den Einsatz derartiger Eigenheiten („Skills“) fördern oder Maßnahmen ergreifen, diese Mängel zu beseitigen.
Stellen Sie daher auch eine Bilanz Ihrer größten *Mißerfolge* und *Niederlagen* auf und notieren Sie, an welchen mangelnden Fähigkeiten, Eigenschaften etc. es auch gelegen haben mag. Überlegen Sie weiterhin, wie Sie seinerzeit diesen Mißerfolg überwunden haben.
Seine Schwächen erkennen heißt, seine Stärken ausbauen!

Zeichnen Sie Ihre Lebenskurve

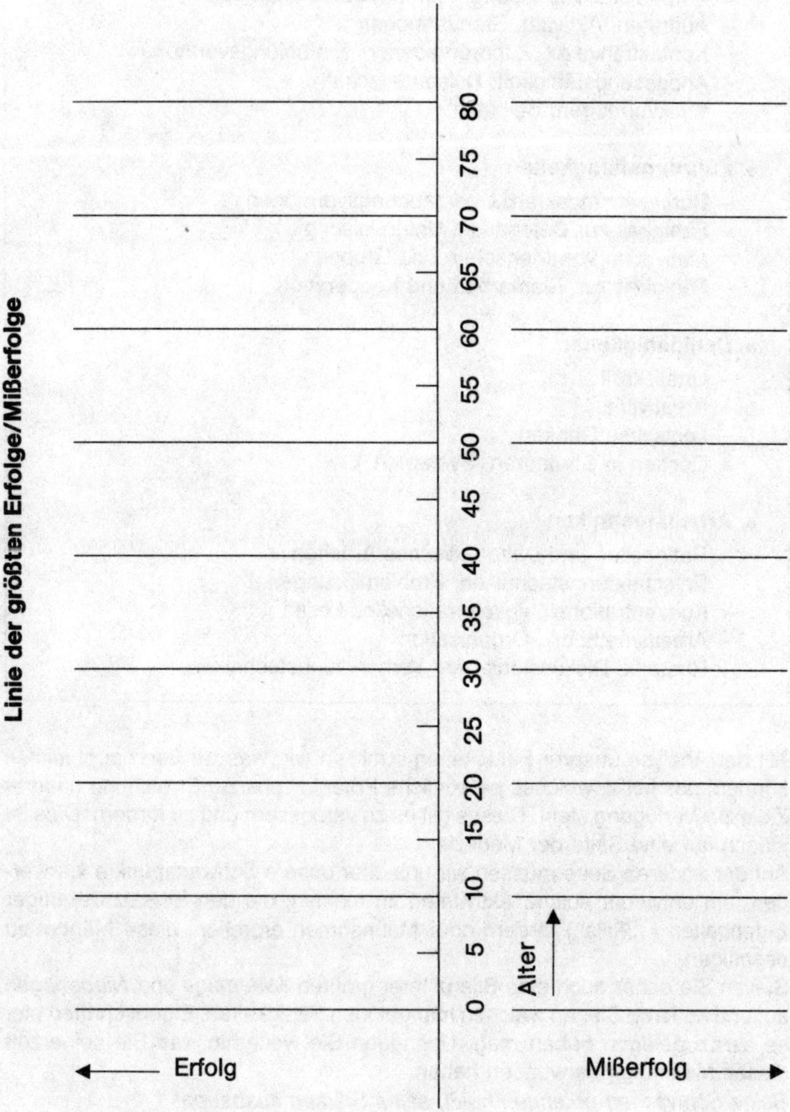

Persönliche Erfolgsbilanz

Meine größten Erfolge, Leistungen etc.	**Wie habe ich sie errungen?** Fähigkeiten, die dafür notwendig waren.
1 ____________________	____________________
2 ____________________	____________________
3 ____________________	____________________
4 ____________________	____________________
5 ____________________	____________________
6 ____________________	____________________
7 ____________________	____________________
8 ____________________	____________________
9 ____________________	____________________
10 ____________________	____________________

Sonstiges:

Persönliche Negativbilanz

Meine größten Mißerfolge, Niederlagen etc.	Fähigkeiten, die hier gefehlt haben	Wie habe ich die Mißerfolge überwunden?
1 ______________________		
2 ______________________		
3 ______________________		
4 ______________________		
5 ______________________		
6 ______________________		
7 ______________________		
8 ______________________		
9 ______________________		
10 ______________________		
Sonstiges:		

Stärken und Schwächen

Im nächsten Schritt ordnen Sie die gefundenen Fähigkeiten und Mängel nach Bereichen und geben die jeweils wichtigsten zwei oder drei Stärken und Schwächen an. Ein solches persönliches Fähigkeitsprofil ist eine der Grundlagen für die Planung der nächsten Schritte und Maßnahmen zur Erreichung von Zielen.

Fähigkeitsprofil	Stärken ⊕	Schwächen ⊖
Berufliche Kenntnisse und Erfahrungen	1 ________ 2 ________ 3 ________	1 ________ 2 ________ 3 ________
Soziale und kommunikative Eigenschaften	1 ________ 2 ________ 3 ________	1 ________ 2 ________ 3 ________
Persönliche Fähigkeiten	1 ________ 2 ________ 3 ________	1 ________ 2 ________ 3 ________
Führungsfähigkeiten	1 ________ 2 ________ 3 ________	1 ________ 2 ________ 3 ________
Denkfähigkeiten, Arbeitstechniken	1 ________ 2 ________ 3 ________	1 ________ 2 ________ 3 ________
Sonstiges	1 ________ 2 ________ 3 ________	1 ________ 2 ________ 3 ________

Persönliche Zielfindung und Zielsetzung

Mark Twain sagte einmal: „Nachdem wir das Ziel endgültig aus den Augen verloren hatten, verdoppelten wir unsere Anstrengungen." Ziele sind eine Herausforderung und lösen Handlungen aus. Ohne Ziel ist jede Tätigkeit und jedes Arbeitsergebnis richtig – oder falsch. Es fehlt das Bewertungskriterium, an dem Sie Ihre Aktivitäten messen können. Ziele beschreiben also angestrebte Ergebnisse. Es kommt nicht darauf an, *was* Sie tun, sondern *wozu* Sie etwas tun.

Ziele sind Zukunftsvorstellungen, zu deren Realisierung ich etwas tun will – und auch tue. Sonst bleibt es nur bei einem *Vorsatz*.

Ziele sind der Antreiber für unsere Handlungen, der Motivator, der unsere Aktivitäten bestimmt: Man weiß, wohin man will und welchen Endzustand es zu erreichen gilt.

Zielsetzung bedeutet, sein Tun und Handeln *bewußt* auf bestimmte Leitlinien und Orientierungen hin auszurichten. Wenn ich „bewußt" Ziele habe, richte ich auch meine unbewußten Kräfte auf mein Tun aus. Die eigenen Ziele zu kennen und konsequent anzustreben bedeutet, seine Energie auch voll für die eigenen, wichtigen Angelegenheiten einzusetzen – statt seine Kräfte für unwichtige Dinge zu ver(sch)wenden.

Zielfindung

Welche Ziele wollen Sie erreichen? Verschaffen Sie sich Zielklarheit und schreiben Sie auf der folgenden Seite alle Wunsch- und Lebensziele nieder, die Sie für die nahe und ferne Zukunft haben:

- **Langfristig** (Lebensziele, Leitlinien etc.)
  Was wollen Sie in Ihrem Leben erreichen?
- **Mittelfristig**
  Was wollen Sie in den nächsten ein bis fünf Jahren erreichen?
- **Kurzfristig**
  Was wollen Sie in den nächsten zwölf Monaten erreichen?

Nächster Schritt einer persönlichen Zielfindung ist – in diesem Beitrag – die Konkretisierung des Teilbereiches „Beruf":

- Entwickeln Sie ihr *berufliches Leitbild!*

Was würden Sie eigentlich am liebsten beruflich tun? Wenn Sie Position, Funktion, Titel, Branche und Organisation, Unternehmen oder Institution frei wählen könnten, was würden Sie gern sein oder werden?

Wunsch- und Lebensziele

Private Wünsche • langfristig (Lebensziele)
• mittelfristig (fünf Jahre)
• kurzfristig (in den nächsten zwölf Monaten)
Berufliche Wünsche • langfristig (Karriereziele)
• mittelfristig (fünf Jahre)
• kurzfristig (in den nächsten zwölf Monaten)

Beispiele:

- Geschäftsführer in einem mittleren Unternehmen der XY-Branche werden
- Vorstand im Unternehmen X oder Y werden
- Niederlassung im Ausland (wo?) gründen oder leiten
- Zu den Spitzenleuten/Experten für .... gezählt werden
- Eine Beamtenposition als .... erreichen
- Eine Professur/einen Doktortitel erwerben
- Die bisherige Position in einem anderen Unternehmen bis zur Pensionierung halten und ausbauen
- Sich selbständig machen als ....
- Eine politische Karriere als .... anstreben
- In fünf Jahren aussteigen und Schäfer in der Lüneburger Heide werden
- etc.

Ihre Antwort: Berufliches Leitbild

- Ich möchte gern ....
bei .... sein oder werden.
- Oder: Ich möchte gern ....
bei .... sein oder werden.
- Oder: Ich möchte gern freiberuflich, mein eigener Chef sein oder werden, und zwar als ....

Ihr berufliches Leitbild ist der Schlüssel zu Ihrem beruflichen und persönlichen Erfolg:

- Vom Berufsleitbild geht eine starke Arbeits- und Leistungsmotivation aus.
- Das Berufsleitbild steuert Ihre Aktivitäten, Orientierungen und Berufsentscheidungen auf diesen Wunsch hin.
- Das Berufsleitbild ist der Leitfaden für Ihre zukünftige Berufsausübung.

Eine Kündigung oder Freistellung bietet die Chance, eine neue Karriere im Hinblick auf das berufliche Leitbild in Angriff zu nehmen.

Nehmen wir einmal an, Sie könnten eine ideale Stelle für sich selbst zum jetzigen Zeitpunkt/Stadium Ihrer Karriere entwerfen – wie würde diese aussehen?
Gehen Sie dabei von Ihren gegenwärtigen Kenntnissen, Fähigkeiten, Erfahrungen, Ihren derzeitigen Ambitionen und Vorlieben sowie Ihren bisherigen

Erfahrungen mit zufriedenstellenden und frustrierenden Stellen aus und formulieren Sie auf dieser Seite Ihre ideale künftige *Stellenbeschreibung!* Seien Sie dabei optimistisch und sehen Sie in dieser Karrierestufe über die gegenwärtigen Arbeitsumstände hinweg.

Meine ideale künftige Stellenbeschreibung

• Hauptanforderungen an den Stelleninhaber (Fähigkeiten)
• Hauptaufgaben (Schwerpunkte, Sachaufgaben)
• Verantwortungsbereich und Vollmachten
• Entfaltungsmängel (potentielle Schwächen)
• Andere Gesichtspunkte

- Entwickeln Sie aus Ihrer idealen künftigen Stellenbeschreibung Karriere- und Leistungsziele für die nächsten Jahre und tragen Sie diese in das Blatt „*Berufliche Mehrjahresziele*" ein (Seite 42).
- Formulieren Sie die Vorhaben, Wünsche und Möglichkeiten, die für Ihren beruflichen Bereich in den nächsten drei, fünf oder gar zehn Jahren von Bedeutung sein können.
- Berücksichtigen Sie dabei die Ergebnisse aus der Zielanalyse der Übungen
  – Lebensbereich „Beruf" und
  – „Berufliches Leitbild" (Seiten 38 bis 40).
- Notieren Sie alle Zielsetzungen, die kurz-, mittel- und langfristig zur Verbesserung Ihres persönlichen Glücks und Ihrer Zufriedenheit in Beruf und Karriere beitragen können.

Berufliche Mehrjahresziele	**Zeitliche Dimension**
Berufliches Leitziel:	
Zwischenziele:	
Ideales nächstes Stellenziel:	
Leistungsziele der jetzigen Stelle:	
Sonstige berufliche Ziele (zum Beispiel Fortbildung):	

Letzter Schritt einer beruflichen und persönlichen Zielfindung ist die Aufstellung eines *Zielinventars*. Gehen Sie die in den bisherigen Stufen ausgefüllten Arbeitsblätter durch und erstellen Sie eine Inventarliste Ihrer Ziele. Filtern Sie dabei die wichtigsten Posten heraus, die Sie als Lebens- und Karriereziele erreichen wollen.

Zielinventar

Persönliche Ziele (Lebensziele)	
______________________	______________________
______________________	______________________
______________________	______________________
Berufliche Ziele (Karriereziele)	
______________________	______________________
______________________	______________________
______________________	______________________
Erfahrungen, die ich noch machen möchte:	
persönlich:	**beruflich:**
______________________	______________________
______________________	______________________
______________________	______________________
Dinge, die ich noch tun will:	
persönlich:	**beruflich:**
______________________	______________________
______________________	______________________
______________________	______________________

Lebens- und Karriereplan

Dritter Schritt einer persönlichen Erfolgsstrategie ist die Realisierbarkeitsanalyse als Vorstufe zu einem Lebens- und Karriereplan.

Diese Analyse bringt Ihnen folgende Erkenntnisse:

- Es wird Ihnen ersichtlich, welche der von Ihnen gesteckten Ziele Sie mit Ihren aktuellen Möglichkeiten in persönlicher, finanzieller als auch zeitlicher Hinsicht erreichen können.
- Sie erkennen, welche der von Ihnen gesetzten Ziele auf der Basis Ihrer Möglichkeiten auch langfristig unrealistisch sind.
- Sie können ermitteln, was Sie noch in Angriff nehmen und erreichen müssen, um bestimmte, zur Zeit noch unrealistisch erscheinende Ziele letztlich doch zu erreichen.

Nehmen Sie nun das zuvor erstellte *Zielinventar* zur Hand, und wählen Sie die für Sie wichtigsten fünf Ziele aus. Finden Sie heraus, was die dazu notwendigen Mittel sind und prüfen Sie, was Sie noch erreichen beziehungsweise noch in Angriff nehmen müssen, um diesem *Lebensziel* näher zu kommen.
Bei *Karrierezielen* führen Sie unter der Rubrik „Mittel" die für die Wunschposition erforderlichen Qualifikationen auf und leiten Sie konkrete, realistische Handlungsziele für die Erfahrungen und Fähigkeiten ab, die Ihnen noch fehlen.

Zielformulierung

Letzte Stufe des Zielsetzungsprozesses ist die konkrete Zielformulierung, nämlich die Ableitung von Handlungszielen als Grundlage für eine Lebens- und Zeitplanung.
Übertragen Sie Ihre Lebens- und Karriereziele aus den bisherigen Arbeitsblättern in den auf Seite 48 stehenden *Lebens- und Karriereplan.* Fixieren Sie *Termine* oder Zeitpunkte, bis wann Sie bestimmte Ergebnisse erreicht haben wollen.
Nehmen Sie sich *nicht zu viel auf einmal* vor, denn Aufgaben, die Sie überfordern, haben wenig Chancen, realisiert zu werden. Je mehr Ziele Sie sich setzen, um so mehr müssen Sie unter Umständen in Ihrem bisherigen Leben verändern beziehungsweise an neuen Aktivitäten entwickeln.

Realisierbarkeitsanalyse

Wunschziele	Notwendige Mittel Was ist erforderlich?	Situationsanalyse		Handlungsziele, Maßnahmen
		vorhanden (Fähigkeiten etc.)	nicht vorhanden	
1 ________				
2 ________				
3 ________				
4 ________				
5 ________				

Setzen Sie sich auch *konkrete, kurzfristige* Ziele, die auf Ihre langfristigen Globalziele ausgerichtet sind. Bei langfristigen Zielen müssen Sie mit sich ändernden Umweltbedingungen und neuen Entwicklungen rechnen. Daneben ist es motivationspsychologisch wichtig, auch kurzfristig erreichbare (Teil-)Ziele zu verfolgen, um unmittelbare Erfolgserlebnisse zu haben.

Die Formulierung von Handlungszielen für die *Karriere- und Berufswünsche* erfordert Informationen aus erster Hand und genaue Orientierungen über Unternehmen, Branche und Markt. Hier werden auch die persönliche, fachliche Weiterbildung und die Erweiterung Ihres beruflichen und fachlichen Wissens- und Erfahrungsschatzes eine bedeutsame Rolle spielen.

Welches ist Ihre wahrscheinlichste (kurzfristige) Aufstiegsmöglichkeit in den nächsten zwei bis drei Jahren (vergleiche vorherige Stellenbeschreibung)?

Stellenbezeichnung: .... Verantwortungsbereich: .... zusätzlich erforderliche • fachbezogene Fähigkeiten: ....
• Führungseigenschaften: ....
• persönliche Fähigkeiten: ....
andere Kriterien:

Wichtig für die Karriereplanung ist: Ein kleiner Schritt, der *sofort* in Angriff genommen wird, bringt oft mehr als umfangreiche, strategische und grandiose Planungsüberlegungen für die Zukunft, die Aktionen nur schleppend in Gang kommen lassen.

Wie sieht Ihr nächster Schritt aus?

Aktionsziel (nächster Schritt):	
Benötigte Informationen:	
Erforderliche Ressourcen, Hilfen etc.:	
Zu erwartende Schwierigkeiten, Probleme:	
Aktionen, Maßnahmen:	Termine:
Sonstiges:	

Halten Sie diesen ersten Schritt in Ihrem Lebens- und Karriereplan fest.

Lebens- und Karriereplan

Nr.	Lebensziele, Karriereziele, Berufsziele, Wunschziele	Bedeutung, Wichtigkeit	Termin Jahr	**Handlungsziele** Teilpläne, Maßnahmen, nächste Schritte	Termin bis wann?	Kontrolle

Zusammenfassung und Auswertung

- *Lebensplanung* und *Zielfindung* umfassen drei Phasen:
  - Situationsanalyse: Was kann ich?
  - Zielfindung: Was will ich?
  - Zielformulierung: Was werde ich konkret in Angriff nehmen?
- Die persönliche und berufliche *Situationsanalyse* stellt eine Bestandsaufnahme der persönlichen Ressourcen (Mittel zur Zielerreichung) dar und gibt Aufschluß darüber, welche Bereiche ausgebaut werden können (Stärken) und an welchen Punkten noch gearbeitet werden muß (Schwächen).
- Verschaffen Sie sich zunächst *Zielklarheit*, indem Sie in den angebotenen Übungen genau aufschreiben, was Sie konkret erreichen wollen (Wunsch- und Lebensziele).
- Das *Zielinventar* faßt die schrittweise erarbeiteten, persönlichen und beruflichen Leitbilder zusammen.
- Nächster Schritt ist die *Realisierbarkeitsanalyse,* bei der kontrolliert wird, ob die zur Erreichung der Wunschziele notwendigen Mittel (persönliche, finanzielle, zeitliche Ressourcen) vorhanden sind.
- Aus der Ableitung von Maßnahmen zur Erreichung der Wunschziele, zum Beispiel Konzentration auf bestimmte Stärken, ergeben sich konkrete *Handlungsziele* für die weitere „neue Karriere". *Zielformulierung* beinhaltet, Termine zu setzen und Ergebnisse zu fixieren.
- Die Formulierung von Handlungszielen wird abschließend in einem *Lebens- und Karriereplan* festgehalten, der regelmäßig überprüft, aktualisiert und ergänzt werden sollte.

Auswertung

- Werten Sie nun diesen Buchbeitrag „*Lebensplanung und Zielfindung*" für Ihre persönlichen Zwecke aus!
- Was erschien Ihnen beim Durcharbeiten dieses Artikels (besonders) wichtig?
- Was haben Sie an neuen Erkenntnissen gewonnen?
- Was haben Sie bestätigt gefunden?
- Was wollen Sie eingehender bearbeiten?
- Was wollen Sie umsetzen?

Auswertung: „Artikel Lebensplanung und Zielfindung“				
Ergebnis (auf den entspr. Seiten numerieren)	Seite im Buch	Welche Gedanken und Anregungen erhielt ich?	Bearbeiten, umsetzen bis zum ...	Kontroll-Datum ob erledigt

Literatur

Gehmacher, Ernst (1975): Lebens-Management. Planungswissenschaft für die individuelle Daseinsgestaltung, Stuttgart 1975.

Großmann, Gustav (1978): Sich selbst rationalisieren. Methode zur Planung des Lebenserfolges, 24. Aufl. München-Schwabing 1978.

Heymann, H.-Helmut und *Seiwert, Lothar J.* (1982a): Job Sharing und individuelle Lebensplanung, in: Erfolgs- und Karrierehandbuch, Gruppe 4, S. 135–146.

– und *Seiwert, Lothar J.* (1982b): Job Involvement – Persönliches Berufsengagement im Wertwandel der Arbeit, in: G. Aigner (Hrsg.), 30 Überlebensrezepte für deutsche Manager, München 1982, S. 27–34.

– und *Striening, Wolfgang D.* (1982): Zielwirksam entscheiden – leicht gemacht, Grafenau/Württ. 1982.

Hirth, Regina, Sattelberger, Thomas und *Stiefel, Rolf Th.* (1981): Life-Styling. Das Leben neu gewinnen, Landsberg a. Lech 1981.

Kirschner, Josef (1978): Hilf dir selbst, sonst hilft dir keiner. Die Kunst, glücklich zu leben, Locarno 1978.

Köckmann, Paul (1982): Checklisten zum zukunftssicheren Beruf, Ratingen und Bad Wörishofen 1982.

Lang, Lucia und *Siegert, Werner* (1982): Gib Dir eine Zukunft, Heiligenhaus 1978.

Müller, Karl G. und *Seiwert, Lothar J.* (1983): Zielwirksam arbeiten. Technik, Methodik und Praxis des persönlichen Zeitmanagement, 2. Aufl. Grafenau/Württ. 1983.

o. V. (1978): Carreer Planning and Development. Management Development Series, Nr. 12. Hrsg. vom International Labour Office, 3. Aufl. Genf 1978.

Seiwert, Lothar J. (1984a): Erfolgreicher werden durch konsequente Zeitplanung und effektive Arbeitsmethodik. Eine programmierte Anleitung zum persönlichen Selbstmanagement, Landsberg a. Lech 1984.

– (1984b): Selbstmanagement, in: Management-Enzyklopädie, Band 7, München 1984 (im Druck).

Stiefel, Rolf Th., *Sattelberger, Thomas* und *Hirth, Regina* (1982): Life-Styling – Strategien gegen das Leben aus zweiter Hand, in: Erfolgs- und Karrierehandbuch, Gruppe 12, S. 211–228.

Stielau-Pallas, Alfred R. (1982): Ab heute erfolgreich. Ziele erreichen – Träume erfüllen, Bonn-Bad Godesberg 1982.

Weiterbildung für Entspannung und beruflichen Aufstieg

Wenn ich eine bestimmte berufliche Arbeit täglich verrichte, dann kann ich mich dadurch entspannen, daß ich etwas ganz anderes tue. Dabei kann es sich um bloßes Ausruhen im Sinne von Nichtstun handeln, aber ebenso um Sport, um Vergnügen aller Art und um Weiterbildung. Zur Weiterbildung zählen vielerlei Aktivitäten wie:

- das Lesen eines Buches, eines Zeitschriftenartikels,
- das Anhören einer Rundfunksendung, das Ansehen von Fernsehbeiträgen,
- das Studium einer Sprache, neu oder zur Vervollkommnung,
- der Besuch einer Theater- oder Filmvorführung,
- die Teilnahme an einem Vortrag,
- die Reise in ein fremdes Land mit dem Kennenlernen der dortigen Kultur.

Vom Selbststudium unterscheidet sich die so verstandene Weiterbildung dadurch, daß dahinter kein Zwang steht, wie das Bestehen einer Abschlußprüfung in einem Lehrgang. Da alles ungezwungen zugeht, entsteht kaum Streß, deshalb sind Freude und Entspannung größer. Der freiwillige Entschluß zur entsprechenden Weiterbildung und das fast völlige Fehlen von Streß sind wesentliche Ursachen für die Entspannung.

Auch zur Weiterbildung sollte Planung gehören

Wenn man in ein fremdes Land fährt, oft über eine Entfernung von Tausenden von Kilometern, dann sollte dies nicht allein deswegen geschehen, um sich in der tropischen Sonne „braten“ zu lassen, hin und wieder schwimmen zu gehen, zu gammeln, sich zu vergnügen. Vieles davon kann man bedeutend billiger und weniger anstrengend zu Hause tun.
Ich plädiere nicht dafür, aus dem Urlaub eine reine Bildungsveranstaltung zu machen, aber es sollten auf jeden Fall auch Bildungsaspekte dazugehören. Diese aber kann man nur genießen, wenn man sich auf eine Reise gut vorbereitet hat. Dazu zählt:

- Das Kaufen eines Reiseführers, der in die Kultur des entsprechenden Volkes einführt, Hintergründe darstellt, die das heutige Wesen der dortigen

Menschen für uns verständlich machen, sonst erliegen wir den für die Völkerfreundschaft und Zusammenarbeit mit Ausländern in Deutschland gefährlichen Vorurteilen.

- Das Gespräch mit Menschen mit abgewogenem Urteil, die schon dort gewesen sind. „Abgewogen" ist das Urteil der Menschen, nach deren Meinung weder alles am deutschen Wesen genesen muß, noch in der Fremde alles besser ist als bei uns, sondern die Licht und Schatten sehen.
- Sprachkenntnisse, die von Wichtigkeit sein können, sollten wiederholt oder vertieft, unter Umständen auch erstmalig erworben werden.
- Man sollte sich auch zu Hause bereits einen ungefähren Plan darüber machen, was man an Sehenswürdigkeiten der Kultur und der Natur auf jeden Fall besichtigen möchte, und was, wenn man noch Zeit übrig hat. Oft muß man sich schon zu Hause Karten für Ausflüge und Besichtigungsfahrten kaufen.

Ruhe, ein wesentliches Kriterium für Entspannung

Leider leben wir heute so in Hektik, daß wir viel zu selten ein Buch lesen und dann oft nicht bis zum Schluß. Im Urlaub aber sollten wir Weiterbildung im wahrsten Sinne des Wortes genießen können. Wenn man zum Beispiel in eine Theatervorstellung gehen will, sollte man in Muße das Stück aussuchen, etwas Wesentliches zur Vorbereitung lesen, rechtzeitig im Theater sein, um noch etwas herumschlendern zu können, vor oder nach dem Theaterbesuch festlich essen, nachher noch einmal das lesen oder auf einer Schallplatte hören, was man erlebt hat, um alles erneut an sich vorbeiziehen zu lassen. Alles sollte in Ruhe geschehen. Die Hektik des Alltags kann völlig fehlen, es sei denn, man besorgt sie sich selbst wieder.

Erweiterung des gegenwärtigen Wissens

Die beruflichen Anforderungen bringen es mit sich, daß man sich immer stärker auf ein Spezialgebiet beschränken muß, um darin „up to date" zu sein. Die Entwicklungen zum Beispiel in der Technik verlaufen so rasant, daß man selbst als Spezialist Mühe hat, alles Wesentliche zu verfolgen.
Im Urlaub kann und muß man aus dieser Enge ausbrechen. Das sollte auch schon im Alltag an den Abenden und an den Wochenenden geschehen. Glücklich sind die dran, denen es gelingt, schon kurz nach dem Verlassen des Betriebes ihre Gedanken auf etwas ganz anderes zu konzentrieren. Wer es nicht schafft, ganz abzuschalten, sich voll vom Betrieb zu erholen, schafft es auch nicht, mit neuen Ideen in ihn zurückzukehren.

Es stimmt einen oft traurig, wie viele wertvolle Kenntnisse – zumindest aus dem Oberbewußtsein – verschwunden sind. Dazu gehört manches, was wir in Schule und Hochschule begeistert betrieben haben. Besonders leicht verlernt man eine Fremdsprache, die man längere Zeit nicht mehr gesprochen hat. Deshalb macht es Spaß, einige dieser Kenntnisse wieder aufzufrischen.
Das bringt nicht selten auch Enttäuschungen. Es wandeln sich bei uns Geist, Sinne und Körper, und wir sehen deshalb zum Beispiel heute manches mit ganz anderen Augen als zu unserer Jugendzeit, in der wir uns rasch begeistern konnten, aber ebenso schnell auch Ideen wieder verworfen haben. Man muß den Mut haben, wieder klein anzufangen und auch mit viel weniger zufrieden zu sein. Denkt man anders und überfordert man so sich selbst und seine Umwelt, dann kehrt man aus der sogenannten Entspannung frustriert zurück.

Berufliche Fortbildung

Der Begriff „Berufliche Fortbildung" soll möglichst weit gefaßt sein. Es geht dabei nicht nur um die Aufstiegs- oder Anpassungsfortbildung, sondern um das Wort „beruflich" im weitesten Sinne des Wortes. Es soll nicht nur die Allgemeinbildung wieder aufleben, erweitert und vertieft werden, sondern auch das berufliche Können auf breiteren Beinen stehen. Die berufliche Fortbildung soll Ihnen zwar nutzen, aber nicht nur im Sinne einer Verbesserung des Fachkönnens, sondern Sie müßten sich möglichst umfassend mit dem beschäftigen, was Sie im Betrieb tun. Sie sollten

- mehr Hintergründe kennen,
- stärker über das politische Geschehen unterrichtet sein, und wenn dies im Ausland aus technischen Gründen nicht geht, Wochenzeitschriften lesen oder ein Buch, von dem Sie gehört haben, daß es sich besonders intensiv mit gegenwärtigen Problemen befaßt.
- Man sollte stets bereit sein, sich mit Andersdenkenden durch Lesen, aber auch im Gesprächskreis auseinanderzusetzen.

Erfolgreicher werden wir im Betrieb arbeiten, wenn wir in unserer freien Zeit unsere Allgemeinbildung verbessern. Deshalb gibt es nicht wenige Großbetriebe, die den Mitarbeitern volkshochschulähnliche Programme anbieten, oft bedeutend gezielter und praxisnäher als andere Einrichtungen der Erwachsenenbildung.
Manche höhere Vorgesetzten denken dagegen sehr engstirnig. Sie versuchen mit allen Mitteln, allgemeinbildende Maßnahmen zu verhindern, weil der sich dabei ergebende Betriebsnutzen zu gering sei. Dabei übersehen sie, um wieviel wertvoller ein Mensch wird, wenn er seinen geistigen Horizont beträchtlich erweitert hat.

Möglichkeiten der Weiterbildung

Wenn wir einmal hier auf Lehrgänge verzichten, dann bieten sich vor allem folgende Wege der beruflichen Fortbildung im weiteren Sinne an:

Lernen mit schriftlichen Unterlagen

- Das Selbststudium, Direktstudium, Mischstudium zwischen beidem,
- das gründliche Durcharbeiten eines Buches, wobei man sich oft durch viele Seiten durchkämpfen muß,
- das regelmäßige Lesen einer überregionalen Tageszeitung und zumindest hin und wieder eine Wochenzeitung.

Lernen durch Gespräche

- Erleben Sie – Vorträge,
  – Podiumsdiskussionen,
  – Quizveranstaltungen;
  a) durch persönlichen Besuch,
  b) in Rundfunk- und Fernsehsendungen.
- Führen Sie Gespräche mit Berufskollegen und anderen Menschen.
- Besuchen Sie Kino- und Theaterveranstaltungen.

Lesen von Tages- und Wochenzeitungen

Unter Tageszeitungen werden die wenigen überregionalen Organe von Rang verstanden. Dabei kommen in Deutschland vor allem vier Tageszeitungen in Frage:

1. Die Frankfurter Allgemeine Zeitung,
2. Die Süddeutsche Zeitung,
3. Die Welt,
4. Die Frankfurter Rundschau.

Im deutschen Sprachraum gibt es darüber hinaus eine bedeutende konservative Zeitung: Die Zürcher Allgemeine.

Sicherlich sind viele regionale Zeitungen mit überregionalen verbunden und können deshalb auf deren Redaktionsstab zurückgreifen, aber ihre Aufgabenstellung besteht darin, vor allem über örtliche Ereignisse zu berichten. Als „wacher" Bürger Ihrer Gemeinde sollten Sie selbstverständlich eine lokale Zeitung abonnieren oder zumindest hin und wieder lesen. Auf keinen Fall aber dürfen Sie auf die Lektüre einer überregionalen Zeitung verzichten. Diese Forderung gilt für Sie vor allem bei zwei Gegebenheiten:

1. Wenn Sie eine Führungsfunktion vom mittleren Management an aufwärts wieder oder erstmals erlangen wollen.
2. Wenn Sie in einer bestimmten Branche eine neue Stellung anstreben, wie zum Beispiel in der Kreditwirtschaft oder im Außenhandel.

Unter Lektüre einer überregionalen Tageszeitung ist ein gründliches Lesen verstanden, das alle wesentlichen Teile der Zeitung umfaßt und deshalb pro Tag kaum unter fünfundvierzig Minuten zu bewältigen ist.
Ihre Weiterbildung sollte sich auf jeden Fall auf diese Gebiete erstrecken:

1. Politik,
2. Volkswirtschaft,
3. Kultur.

Es ist üblich, daß vor allem kaufmännische Bewerber, beginnend beim Berufsanfänger und endend beim Top-Manager, von den Einstellenden nach ihrem aktuellen Wissen zu allgemeinen Fragen befragt werden und auch erwartet wird, daß sie einen abgewogenen Standpunkt zu wichtigen Ereignissen haben.
Durch diese Fragen im Einstellungsgespräch oder auch in Arbeitsproben soll festgestellt werden, ob sie

1. bei Gesprächen mit Externen wie Kunden, Lieferanten, Partnern, Behördenvertretern etc. eine möglichst breite Allgemeinbildung beweisen und so allgemein als kompetenter Partner gelten;
2. bei ihren Entscheidungen als Führungskraft oder als Spezialist mit hohen Kompetenzen wirtschaftliche und politische Trends rechtzeitig erkennen und bei ihren Maßnahmen gebührend berücksichtigen.

Der Wirtschaftsteil

Es fällt immer wieder auf, daß auch Führungskräfte, sogar mit akademischer Vorbildung, dem Wirtschaftsteil ihrer Zeitung aus dem Wege gehen. Ich habe Verständnis dafür, weil diese Abschnitte besonders sprachlich und im Hinblick auf beim Leser vorausgesetzte Kenntnisse hohe Anforderungen stellen, höhere, als es eigentlich notwendig wäre. Wenn Sie aber – ganz unabhängig von beruflichen Ambitionen – unser Zeitgeschehen verstehen wollen, dann müssen Sie die nötigen wirtschaftlichen Kenntnisse besitzen. Das bedeutet auch, daß Sie – wenn auch zunächst mit Mühe – den Wirtschaftsteil in Ihre Lektüre voll miteinzubeziehen haben.

Die Zürcher Allgemeine unterscheidet sich von den überregionalen bedeutenden deutschen Tageszeitungen vor allem in zweifacher Hinsicht:

1. sie sieht die Geschehnisse der Welt und Deutschlands aus Schweizer Sicht, also aus nichtdeutscher, weshalb manche deutsche Ereignisse einen anderen Stellenwert erhalten und
2. sie bearbeitet von ihr behandelte Themenkreise zwar zeitlich später als die deutsche Presse, dafür aber gründlicher.

Alle wesentlichen Artikel der Zürcher Allgemeinen werden einmal monatlich in einer englischen Ausgabe veröffentlicht, so daß Sie bei dieser Gelegenheit sowohl Ihre Allgemeinbildung wie Ihre Englischkenntnisse verbessern können. Wer genügend Französisch beherrscht, findet eine gleich gute Alternative: Le Monde diplomatique.
Die Tageszeitung sollten Sie immer, oder von Fall zu Fall, durch die Lektüre von Wochenzeitungen ergänzen, wie „Die Zeit", „Der Rheinische Merkur" oder „Die Allgemeine Sonntagszeitung". Der Vorteil dieser Zeitungen besteht darin, daß die Ereignisse nicht in der Hektik des Tages behandelt werden, um brandneu zu sein, sondern „in Ruhe", das heißt mit dem nötigen zeitlichen Abstand und deshalb sowohl nach gründlicheren Recherchen als auch eingebettet in größere Zusammenhänge und damit im Urteil abgewogener.
Unser Überblick über lesenswerte Tages- und Wochenzeitungen zeigt leider deutlich, wie gering ihre Zahl inzwischen geworden ist, was einiges Negative über den Deutschen als Zeitungsleser aussagt.
Es ist verständlich und akzeptabel, daß jeder Leser von der Sprache, vom Stil allgemein und dem politischen Standort her eine bestimmte Tages- oder Wochenzeitung favorisiert. Dennoch sollte man hin und wieder ein Presseorgan anderer politischer Couleur lesen, einmal, um den eigenen politischen Standort zu hinterfragen, zum zweiten, um einen Gesprächspartner anderer politischer Gesinnung besser zu verstehen.

Besuch von Vorträgen

Es liegt nahe, daß man in den Vortrag einer Person geht, die

- einen allgemein hohen Bekanntheitsgrad aufweist oder/und
- man vom Lesen her bereits kennt.

Beim Besuch des Vortrags einer weithin bekannten Persönlichkeit sollten Sie sich ernsthaft fragen, welches Motiv Sie bewegt: das Können dieser Person oder das Dabeigewesensein, also das der eigenen Statuserhöhung. Wenn Sie

objektiv versuchen, solche Vorträge zu beurteilen, werden Sie feststellen, daß sie häufig nicht das bringen, was Sie vom berühmten Namen her erwartet hätten. Viele Menschen leben nämlich von einem einmal erworbenen Mythos. Hat eine Person diesen Zustand erreicht, dann wagen nur wenige kritische Menschen ihre von der großen Mehrheit abweichende negative Einstellung öffentlich zu vertreten, weil „sonst die anderen über sie herfallen". So dauert es leider oft sehr lange, bis der bedeutend niedrigere Stellenwert allgemein bekannt wird.
Es gibt Assistenten hochangesehener Professoren, bei denen Sie viel mehr lernen können; sie nämlich müssen sich anstrengen, um noch einen Ruf zu erlangen, ihre berühmten Kollegen wiederholen dagegen häufig nur in verschiedenen, oft geschickt verpackten Versionen, schon längst von ihnen Gesagtes. Lassen Sie sich nicht vom Namen blenden, sondern überlegen Sie in Ihrer Nacharbeit zum Vortrag, was Sie wirklich profitiert haben.
Wenn Sie einen Autor vom Lesen her kennen und er Ihnen gut gefallen hat, weil er eine Thematik knapp, klar, übersichtlich und verständlich darzustellen verstand, dann können Sie beim Anhören des Vortrages sehr enttäuscht werden. Das kann daran liegen, daß der Redner klare rhetorische Schwächen zeigt. Ebenso ist es aber möglich, daß die von Ihnen gerühmte Klarheit und Stringenz der schriflichen Ausführungen mündlich weithin fehlen.
Eine immer wieder gestellte Frage lautet: Soll ich beim Vortrag möglichst viel mitschreiben oder mich ganz auf das Zuhören konzentrieren? Dazu in Kürze folgendes:

- Vergewissern Sie sich zunächst, ob der Vortragende die Thematik fast gleichlautend schon behandelt hat. Viele Redner legen im Vortragssaal Literatur von sich aus. Sie sollten immer so rechtzeitig am Ort des Geschehens sein, daß Sie sich ein Bild von den Publikationen machen und so ein vorläufiges Urteil fällen können.
- Sie haben sicher schon Erfahrungen beim Aufzeichnen gemacht, sei es in der allgemeinbildenden, in der Berufsschule, an der Fach- oder Hochschule, im Werksunterricht während Ihrer Ausbildung. Prüfen Sie kritisch:
  - wie sachlich richtig waren Ihre damaligen Aufzeichnungen?
  - wie vollständig und umfassend?
  - wie gut nachher noch lesbar?

Wesentlich ist vor allem, ob es Ihnen früher beim Mitschreiben gelungen ist, das Wichtige richtig zu fixieren. Dann nämlich verfügen Sie über die Fähigkeit, gleichzeitig zuzuhören und mitzuschreiben.
Sie sollten sich fragen, ob Sie später in Ihre Nachschriften geschaut haben oder ob es fast immer bei den guten Vorsätzen geblieben ist. Warum dann die unnötige Anstrengung des Mitschreibens?

Haben Sie auch Stenographie gelernt, dann ist das erste Problem, ob Sie heute noch gut genug mitschreiben und das Stenographierte später auch lesen können. Bei Fachvorträgen ergibt sich eine zweite Schwierigkeit: das Mitschreiben einer Fülle von Fachausdrücken und Fremdwörtern. So bin ich selbst schon nach den ersten Vorlesungen auf der Hochschule dazu übergegangen, eine eigene, jeweils fachbezogene Kurzschrift zu entwickeln.
Beim Besuch eines Vortrages sollten Sie im Interesse Ihrer eigenen Weiterbildung Wert darauf legen, Ihr bisheriges Wissen aufzufrischen, zu erweitern und zu vertiefen. Dieser Vorsatz wird dann verwässert oder völlig mißachtet, wenn Sie den Vortrag dazu benutzen, sich selbst zu bestätigen und zu profilieren. Ein Mensch, der so denkt, kann nur wenig dazulernen, denn statt sorgsam zuzuhören, ist er weitgehend damit beschäftigt, seine publikumswirksamen späteren Beiträge vorzubereiten. Diskutieren Sie gerne, dann achten Sie genau darauf, wie Ihre Beiträge ankommen. Sie müssen viel Sensibilität entwikkeln, um rechtzeitig zu erkennen, ob Sie die anderen nicht zu Wort kommen lassen und lange, sich oft inhaltlich wiederholende Monologe halten.

Weiterbildung durch Rundfunk- und Fernsehsendungen

Beide Medien, vor allem das Fernsehen, stellen im Hinblick auf Weiterbildung gefährliche Instrumente dar:

- Sie lassen sich leicht dazu verwenden, andere zu manipulieren. Eine kurze Erklärung dieses allgemein oft unreflektiert verwandten Wortes: Eine Person versucht, eine andere in ihrem Sinne zu steuern, indem sie ihr unvollständige oder tendenziöse Informationen gibt, so daß diese nicht frei entscheiden kann, obwohl sie dazu eigentlich in der Lage wäre.
- Vor allem das Fernsehen vermittelt eine Art von Halbbildung, was man selbst oft nicht deutlich genug erkennt. In kurzer Zeit wird zu viel behandelt, so daß vieles verzerrt und damit verfälscht dargestellt wird. Hinzu kommt, daß durch die rasche Bildfolge manches Wertvolle untergeht.
  Rundfunk und Fernsehen erzeugen, anders als die Presse – von Ausnahmen wie der Bildzeitung und manchen Illustrierten abgesehen –, den Typ des „Verbrauchers". Darunter verstehe ich einen Menschen, der sich berieseln läßt. Wenn Sie einen Zeitungsartikel lesen, dann können Sie bestimmte Sätze wiederholt studieren, eine Pause zum Nachdenken oder zum Nachschlagen in Lexika oder Handbüchern einlegen, und Sie werden gezwungen, Phantasie zu entwickeln. Wenn Sie sich also wirklich weiterbilden wollen, dann dürfen Sie das Fernsehen nur als Ergänzung benutzen und nicht umgekehrt die Zeitung nur hin und wieder lesen.

Eine begrüßenswerte Möglichkeit besteht darin, daß man den Inhalt oder ergänzende Texte zu lehrreichen Fernsehsendungen inzwischen in Buchform kaufen kann. Es ist erstaunlich, wie gering die verkauften Auflagen im Verhältnis zur Zahl der Personen sind, welche die Sendungen gesehen haben.

Das Studium von Fachzeitschriften

Mit Erschrecken stellt man immer wieder fest, daß die Kluft zwischen akademischer Ausbildung und den praktischen Erfordernissen des Alltags nicht kleiner, sondern größer wird. Ich habe früher mit Begeisterung viele verschiedene Disziplinen studiert, aber je größer mein Abstand zur Hochschule wurde, desto kritischer begann ich über diese Zeit zu urteilen. Wenn man viel im Ausland war, weiß man, daß deutsche Schulen und Hochschulen leider wenig Wert auf die Nähe zur Arbeits- und Berufswelt legen, vergleicht man sie zum Beispiel mit den Schulen in den USA oder der UdSSR.
Fachzeitschriften sind wegen ihrer geringen Auflagen in unserer „kapitalistischen“ im Gegensatz zur „sozialistischen“ Welt für den einzelnen fast unerschwinglich teuer. Eine zweite Schwierigkeit kommt hinzu: Wegen der Praxisferne gibt es in jedem Heft oft nur einen oder zwei Beiträge, die man mit einiger Umsetzung im Berufsleben verwenden kann. Sie sollten deshalb keine Zeitschrift abonnieren, auch wenn Sie plötzlich wieder Freude am „akademischen Studium“ gewinnen, sondern sich Fotokopien von den Artikeln herstellen lassen, die Ihnen besonders lesenswert erscheinen. Vom früher üblichen Exzerpieren (Auszüge herausschreiben) rate ich nachhaltig ab, weil man später oft das gleiche Thema unter anderen Aspekten sieht und sich dann das Heft erneut zum Auswerten holen muß.
Eine Bemerkung am Rande: Versuchen Sie nicht, in die Hochschule zurückzufliehen, um den harten Anforderungen des beruflichen Alltags zu entgehen. Früher oder später müssen Sie wieder Ihr Geld im Beruf verdienen. Je länger die Unterbrechung, desto schwerer der Wiedereinstieg.

Selbststudium richtig geplant

von Dr. Klaus Rischar

Als Schüler, als Student und auch bei späteren Gelegenheiten mußten Sie zwar lernen, aber Sie werden, wie die meisten Menschen, nie darin angeleitet worden sein, wie Sie sich selbst am besten Wissen und Fertigkeiten aneignen können. Wenn Sie jetzt zur Verbesserung Ihrer beruflichen Ausgangsbedingungen im Selbststudium zusätzliches Können erwerben wollen, dann sollten Sie an diese neue Aufgabe gezielter herangehen als an Ihre bisherigen Lernanforderungen. Es gilt, Ihren individuellen Lerntyp herauszufinden. Außerdem müssen Sie erkennen, was Ihr Lernen fördert und welche Eigenarten es hemmen.

Was bin ich für ein Lerntyp?

Erlernen Sie Wissen bedeutend besser optisch, oder kommen Sie auch zu guten Lernerfolgen, wenn Sie etwas nur hören? Folgenden Versuch sollten Sie machen: Sie hören sich eine Kassette an und lesen später einen Text. Damit Sie die Lernergebnisse einigermaßen gut miteinander vergleichen können, sollten die Lerninhalte auf der Kassette und im Buch den gleichen Schwierigkeitsgrad aufweisen. Sie können einen größeren Text genau in der Mitte trennen und auf die beiden Medien verteilen. Die Übung müßte am gleichen Tag stattfinden, weil an anderen Tagen Ihre Form unterschiedlich sein kann. Außerdem muß der erste Textteil auf der Kassette sein, der zweite im Buch, damit Sie die wahrscheinlich leichtere Aufgabe als zweites lösen. Denn leichter ist der zweite Teil, weil nun die Thematik schon bekannt ist. Damit gleicht sich der Nachteil, daß Sie durch die erste Übung ermüdet sind, wieder aus. Die Lernerfolge bei beiden Vorgehensweisen sollten Sie
a) sofort,
b) nach etwa sechs Stunden,
c) am nächsten Tag
prüfen.
Wieviel haben Sie seit dem Abschluß des Lernens vergessen? Was haben Sie behalten und weshalb dieses und nicht jenes?

Wann lerne ich am besten?

Wenn Sie über viel Freizeit verfügen, haben Sie es natürlich einfacher, die beste Lernzeit zu testen und dann auch zu realisieren. Wer an feste Arbeitszeiten gebunden ist, muß sich nach der verbleibenden Zeit richten. Zu welcher Tageszeit Sie besonders gut oder schlecht lernen, das können Sie nur einigermaßen objektiv herausfinden, wenn Sie wieder einen Gesamttext nehmen und ihn mindestens dritteln. Dann üben Sie
den 1. Textteil am frühen Morgen, zum Beispiel 6.30 Uhr bis 7.45 Uhr,
den 2. Textteil gegen 10.00 oder 11.00 Uhr,
den 3. Textteil am Abend, zum Beispiel 19.00 bis 20.00 Uhr.

Wie lange kann ich mich konzentrieren?

Die Fähigkeit zur Konzentration ist von mehreren Faktoren abhängig, zum Beispiel

- vom Lehrstoff selbst,
- von der Tageszeit,
- von Ihrem allgemeinen Vermögen, über längere Zeit das gleiche tun zu wollen und zu können,
- von der Gewohnheit, längere Zeit still sitzen zu müssen,
- von Ihrer Fähigkeit, störende Einflüsse ausschalten zu können.

In dieser Hinsicht ist wieder ein Selbstversuch möglich und empfehlenswert. Wie gut ist das Lernergebnis nach einer Lerndauer von

- 30 Minuten,
- 60 Minuten,
- 90 Minuten?

Es ist nicht sinnvoll, ohne entsprechende Pausen mehr als 90 Minuten ununterbrochen lernen zu wollen.

Wie stehe ich neuem Wissen grundsätzlich gegenüber?

Die Bereitschaft dazu ist abhängig von der Fähigkeit zur angemessenen Selbsterkenntnis:

- Verteidige ich mich bei jeder negativen Kritik?
- Betrachte ich für mich Neues als bedauerlicherweise bisher nicht vorhandenes Wissen, und bin ich deshalb ärgerlich über mich selbst?

- Wie sehr strebe ich danach, mein bisheriges Können möglichst rasch und systematisch auszuweiten, oder bin ich mit meiner Leistung sehr zufrieden?
- Wenn ich meine typischen Stärken und Schwächen niedergeschrieben habe, bin ich dann deprimiert oder euphorisch (= von mir hellauf begeistert)?
- Habe ich Angst vor dem mir bisher Unbekannten?
- Versuche ich mich immer wieder möglichst stark und schnell auf das Gebiet zurückzuziehen, von dem ich annehme, daß ich es besonders gut beherrsche und mich deshalb dort heimisch fühle
- oder reizt es mich, eine neue Aufgabe zu übernehmen, deren Meisterung ich mir aufgrund meiner bisherigen Berufserfahrung zutraue?
- Wie schnell gebe ich auf, wenn das zu Lernende mir zunächst völlig fremd ist?

Was hat mich veranlaßt, mit dem Selbststudium zu beginnen?

Ist ein einziger Grund maßgeblich gewesen – was oft sachlich falsch ist – oder sind mehrere zusammengekommen?

- Ich will mir eine neue, sichere Existenz aufbauen.
- Ich habe Angst, überfordert zu werden, was mir vielleicht erst beim letzten Arbeitgeber geschehen ist und ich bisher durch beratende und unterstützende Literatur nicht beseitigen konnte.
- Ich strebe nach neuen Ufern, nach dem, was ich noch nicht kann.
- Ich habe einfach Freude am Studieren.
- Ich will meinen Status verbessern.

Nur lesen oder intensiv lernen?

Wenn man vor einem Seminar die Teilnehmer fragt, ob sie die ihnen rechtzeitig zugegangenen Unterlagen gelesen haben, kann man davon ausgehen, daß sie diesen Stoff nicht beherrschen, ein für die meisten Menschen typisches Verhalten. Sie hoffen zuversichtlich, daß ihnen der Trainer oder Erwachsenenbildner, ohne viel eigenes Mittun, das benötigte Wissen, zum Beispiel für eine Prüfung, vermittelt.
Weshalb bleibt beim Lesen so wenig neue Information hängen? Weil wir durch das Fernsehen und allgemein durch die Hektik im Alltag verlernt haben, uns richtig zu konzentrieren und genau zuzuhören. Es genügt nicht, einen Text langsam und mit kleinen Pausen zu lesen, sondern man kann sich das Wissen

nur aneignen, wenn man es für sich selbst mehr oder weniger neu strukturiert. Sie müssen also den schriftlichen Text zunächst überfliegen, um zu erkennen, was

- wesentlich ist oder werden könnte,
- wahrscheinlich beim Begreifen und Verarbeiten besonders schwerfallen wird.

Nach dem Überfliegen wissen Sie ziemlich genau, wo gefährliche Untiefen sein werden. Diese Textstellen müssen Sie sich ganz langsam und mit Verständnispausen aneignen. Dabei systematisieren Sie den Stoff in der für Sie persönlich angenehmsten Form. Das muß nicht immer eine Gliederung sein, wie sie die Experten für richtig halten, sondern kann ein Aufbau sein, der Sie am stärksten beeindruckt oder der sich in Ihrer bisherigen praktischen Arbeit besonders gut bewährt hat.
Wesentlich ist nicht allein das Exzerpieren (Auszüge herausschreiben) von Texten, sondern die Zusammenfassung eines längeren Textes in wenigen selbst formulierten Sätzen.

Erstmaliges, systematisches Lernen seit längerer Zeit

Möglicherweise haben Sie – wie viele andere Menschen auch – seit dem Ende ihrer betrieblichen Berufsbildung vor vielen Jahren nicht mehr systematisch gelernt. Vielleicht haben Sie auch noch nie an dem ähnlich gelagerten kurzfristigen Lernvorgang in einem mehrtägigen Seminar teilgenommen. Damit stammen Ihre letzten Erinnerungen an das systematische Erlernen von Wissen aus der Schulzeit. Unglücklicherweise erinnert dieser Zustand eine Reihe von Menschen, vielleicht auch Sie selbst, an Mißerfolge, die Sie froh sind, hinter sich gebracht zu haben. Es gibt einige typische Gründe dafür, zum Beispiel:

- Der Lehrer hat Ihnen Wissen beibringen wollen, das Sie nicht für notwendig hielten, dagegen erlernten Sie einiges nicht, was Sie gerne gewußt hätten.
- Sie denken an unangenehme Pauk- und Prüfungssituationen zurück.
- Der Lehrer hat Sie damals vor Mitschülern blamiert.

Nach allen diesen schlechten Erfahrungen sollen Sie jetzt sogar *freiwillig* erneut zu lernen beginnen.
Die neue Situation unterscheidet sich wesentlich von der früheren, denn

- Sie werden nicht gezwungen zu lernen, sondern tun es freiwillig;

- der Lernstoff wird Ihnen nicht vorgeschrieben, sondern Sie haben ihn selbst ausgewählt;
- wenn Ihnen der Lehrer in einem privaten Lehrinstitut oder in der Volkshochschule nicht paßt, können Sie den Kursus wechseln;
- Sie müssen sich nicht wie als jugendlicher Schüler vor anderen bloßstellen lassen.

Trotz dieser Vorteile kann Ihnen der Schritt zum neuen Lernen schwerfallen: Zwar können Sie aus einem Lehrgang wieder aussteigen, aber das tun Erwachsene nur, wenn es sich wirklich nicht vermeiden läßt. Man fürchtet die damit verbundene Blamage vor Ehefrau und Kindern, Verwandten, Bekannten und Berufskollegen. Da es also kaum einen Schritt zurück gibt, müssen Sie den Einstieg in einen Lehrgang gewissenhaft überlegen und sich deshalb mit dem zuständigen Leiter darüber unterhalten, ob er die Gefahr der Unter- oder der Überforderung sieht.
Vielleicht erschreckt Sie die Bindung an bestimmte Zeiten des Unterrichts und damit die Vor- und Nacharbeit über längere Zeit hinweg. Wenn Sie sich aber nach ruhiger Überlegung für ein klares Ja entschieden haben, wird es Ihnen trotz unvermeidbarer Krisen gelingen, bis zum Ende durchzuhalten.

Allein oder in der Gruppe lernen?

Eine These der Lernpsychologie lautet: Jeder Lernvorgang ist irgendwie auch sozialer Art. Somit könnte es für Sie naheliegen, Menschen zu suchen, die mit Ihnen gemeinsam den Lehrgang besuchen. Das hat viele Vorteile, zum Beispiel

- lassen sich Mißerfolge in der Gruppe leichter ertragen, und Erfolge wirken nachhaltiger;
- Krisen werden im Gespräch mit einem „Kollegen" leichter bewältigt;
- ein anderer kann teilweise die Funktion des Lehrenden übernehmen, indem er Wissen beibringt, das Sie im Unterricht selbst nicht richtig verstanden haben, oder prüft, ob Sie gut genug gelernt haben;
- indem Sie den Mitlernenden unterweisen, wird Ihnen selbst der Lehrstoff klarer;
- vor Zwischen- und Endprüfungen kann für Sie die Angst abnehmen, weil ein anderer Sie davor bewahrt, in Prüfungshysterie zu verfallen;
- man hält grundsätzlich leichter durch.

Dennoch müssen Sie auch die Probleme und Nachteile des gemeinsamen Lernens erwägen. Es ist vor allem zu denken an

- Lernzeitverlust, weil man zu leicht ins Plaudern kommt;
- unterschiedliches Vorgehen beim Lernen;
- Zweifel des Partners, die Sie selbst unsicher werden lassen, oder leichtfertiges Verhalten, zum Beispiel im Hinblick auf Klausuren und Prüfungen, das Sie selbst in negativer Hinsicht beeinflußt.

Für manche Menschen ist eine Zusammenarbeit günstig, bei der zunächst jeder für sich lernt, und die Partner erst zusammenkommen, wenn auf beiden Seiten das nötige Wissen vorhanden zu sein scheint oder so schwerwiegende Unklarheiten aufgetreten sind, daß man allein nicht sinnvoll weiterlernen kann. Die vorübergehende Trennung bei der Zusammenarbeit ist für alle zu empfehlen, die unterschiedlich beim Lernen vorgehen.

Reines Selbststudium oder Lehrgangsteilnahme?

Es gibt drei Grundformen, einen Lehrgang zu absolvieren:
1. Reines Fernstudium.
2. Fernstudium verbunden mit Direktunterricht.
3. Reiner Lehrgangsbesuch.

Es ist eine schwerwiegende Entscheidung, an einem Fernlehrgang teilzunehmen, bei dem nur brieflicher Kontakt besteht. Nicht umsonst sinkt die Zahl der Lehrgänge immer mehr, die auf diesem Prinzip aufbauen und den Fernkurs nicht – wie es immer häufiger der Fall ist – mit Direktunterricht verbinden. Das hat verschiedene gewichtige Gründe:

- Es gibt auch bei pädagogisch ausgezeichnet ausgearbeiteten Fernlehrgängen immer wieder die Situation, daß man durch das Lesen allein nicht mehr weiterkommt. Man benötigt einen Fachmann, mit dem man im Wechselgespräch das erörtern kann, was man glaubt, nicht verstanden zu haben.
- Ein schriftliches Lob wirkt nicht so nachhaltig wie eine Anerkennung, die man persönlich erhält. Noch schwieriger fällt es, psychologisch geschickt einen nur durch „Briefkontakt" bekannten Partner negativ zu kritisieren.
- Sogar Menschen, die gewohnt sind, für sich zu arbeiten, wollen hin und wieder mit einem anderen über das sprechen, was sie beim Lernen bewegt.

Wenn Sie sich für einen reinen Fernkurs entscheiden, sollten Sie versuchen, zumindest einen Partner in räumlicher Nähe zu finden, mit dem Sie zusammenarbeiten können.

Die Lehrgangsteilnahme selbst besteht darin, daß man mit anderen gemeinsam – vergleichbar mit der Schulsituation – von einem Lehrenden in einer Gruppe unterrichtet und unterwiesen wird. Bei dieser Form der Fortbildung ist sehr

wesentlich, wie homogen die Gruppe von ihrer Lernbereitschaft und Lernfähigkeit her zusammengesetzt ist. Der Lehrende muß sich zwangsläufig nach dem Können der meisten Teilnehmer richten. Sie dürfen also weder zur Spitzengruppe noch zu den Schwächeren zählen, soll der Lehrgang für Sie sinnvoll sein.
Es gibt außerdem eine bestimmte Gruppengröße, von der an es sehr problematisch wird, mit Gewinn teilzunehmen. Zwar existieren trotz des sogenannten Lehrerüberhangs in Deutschland noch immer Schulklassen mit 40 bis 50 Kindern, aber Lehrgänge für Erwachsene mit mehr als 20 Personen und einem einzigen Lehrer gefährden eindeutig den Lernerfolg. Die Gefahr ist hier größer als bei den Schulklassen, weil

- das Arbeiten unter einem bedeutend stärkeren Zeitdruck erfolgt und
- mit zunehmendem Alter die Lernfähigkeit immer mehr abnimmt.

Während bei Schülern gemeinsame Lernerlebnisse vorausgegangen sind, ist bei Erwachsenen der Hintergrund an Lebens-, Lern- und Berufserfahrung sehr unterschiedlich. Das führt zu lernfördernden und lernhemmenden Voraussetzungen, die Lehrer und Lernende berücksichtigen müssen.

Lehrgang mit oder ohne Abschlußprüfung?

Es gibt Menschen – und vielleicht zählen auch Sie dazu –, die arbeiten nur kontinuierlich und energisch genug, wenn sie Druck im Nacken spüren. Sollte diese Aussage auch auf Sie zutreffen, dann wäre es empfehlenswert, auf jeden Fall an einem Lehrgang mit Prüfung teilzunehmen.
Ansonsten müssen Sie gewissenhaft überlegen, welche beruflichen Vorteile die Ablegung einer Prüfung für Sie haben wird. Geben Sie sich nicht der Illusion hin, daß Zertifikate Ihnen den beruflichen Wiedereinstieg auf günstiger Ebene bringen *müssen.* In der Privatwirtschaft denkt man glücklicherweise noch immer anders als im Staatsdienst: Zertifikate bringen nur Gewinn, wenn damit nachweislich für den Betrieb Vorteile verbunden sind. Ansonsten lobt man zwar Ihren Eifer, aber mehr bringt Ihnen die Prüfung nicht ein. Lassen Sie sich nicht durch Vertreter von Bildungseinrichtungen über diesen Tatbestand täuschen; denn diese sprechen „pro domo" (= für ihre eigene Sache), verdienen sie doch an Ihrer Teilnahme, zumindest aber steigt ihr Image, wenn sie viele Lehrgangsteilnehmer vorweisen können. Einige Beispiele belegen das:

- Das Ablegen des Abiturs kann zwar zum Studium berechtigen, aber beruflich hilft der mittlere Bildungsabschluß oft ebenso gut.
- Wenn Sie die Ausbildung zum Industriemeister absolviert haben, kann es

geschehen, daß Sie, wie vorher, mit einem Facharbeiter-Arbeitsplatz zufrieden sein müssen.

- Die Fortbildung zur Sekretärin mit IHK-Prüfung erregt nur bei solchen Chefs positive Aufmerksamkeit, die nicht wissen, wie wenig betriebliche Vorteile dieses Fortbildungsberufsbild mit sich bringt.
- Mit Technikern des gewerblichen Bereichs und mit praktischen Betriebswirten im administrativen kann man heute die Straße pflastern.

Besser ist, Sie befragen vor dem Eintritt in einen Lehrgang mit Abschlußprüfung einen erfahrenen betrieblichen Praktiker mit Einstellungsbefugnis, zur Not auch einen Berufsberater des Arbeitsamtes, wie er die von Ihnen angestrebte Weiterbildungsqualifikation sieht.

Zu Hause oder auswärts lernen?

Diese Frage dürfen Sie auf keinen Fall unterschätzen. Zwar entscheiden Sie letztlich allein, ob Sie die Anstrengungen auf sich nehmen, aber ohne positive Einstellung Ihres Partners werden Sie entweder bei der Fortbildung scheitern, oder Ihre Lebensgemeinschaft wird in eine Krise geraten. Die positive Einstellung des Partners allein genügt allerdings nicht. Er muß auch auf Dauer – nicht nur vorübergehend – seinen Anteil tragen. Darunter ist zu verstehen, daß er auf viel Zeit mit Ihnen verzichten muß – und das oft über Monate hinweg. Der gute Vorsatz mag bestehen, aber die praktische Verwirklichung mißlingt dem Partner oft.
Das Lernen zu Hause wird weiter erschwert, wenn Sie Kinder haben, vor allem kleinere – unter zwölf Jahren –, denen man nicht verdeutlichen kann, daß der Papa/die Mama zwar zu Hause ist, aber dennoch nicht angesprochen werden darf. Einige Male werden Ihre Mitmenschen zwar der Versuchung zur Störung widerstehen, doch dann kommt die berühmte Phase des Einbruchs: „Ich will dich ja nicht stören. Ich bin sofort wieder weg. Nur eine Frage . . .". Abgesehen davon, daß auch eine Frage bereits voll aus dem Lernen herausreißt, bleibt es oft nicht dabei. Es kommt zur Diskussion, zur Plauderei oder gar zum Streit. Die vorgesehene Lernzeit ist verloren. In jedem Fall. Hat Sie die Unterbrechung positiv gestimmt, denken Sie auch beim Lernen noch daran zurück, haben Sie sich geärgert, werden Sie zwar alle Kraft aufwenden, sich wieder zu konzentrieren, aber sicher werden Ihre Gedanken auch wieder abschweifen. Besuchen Sie den Lehrgang außerhalb, dann müssen Sie verstehen, Ihre Freizeit sinnvoll zu gestalten. Sie dürfen sich nicht von einer Clique vereinnahmen lassen, die ihre Freizeit „totschlägt", nicht selten mit übermäßigem Alkoholkonsum. Gehören Sie erst einmal zu einer solchen Gruppe, dann wird es

Ihnen eventuell nur unter Aufbietung aller Kräfte und nach mehreren Versuchen gelingen, sich zu befreien.

Die Auswahl des Lehrgangs

Wesentlich ist, daß der Lehrgang, den Sie besuchen wollen, genügend Praxisnähe aufweist, zumindest, daß Sie in der Lage sind, dort erworbene Theorie später auf die Berufspraxis anzuwenden. Es kann sonst geschehen, daß Sie zwar Ihr in der Schule erworbenes Wissen wiederholen und vertiefen konnten, aber es sich ansonsten um ,,brotlose Kunst" handelt.
Wichtig ist, welche Personen als Lehrende vorgesehen sind. Manche gemeinnützige Einrichtungen, zum Beispiel Industrie- und Handelskammern, verfügen über zu wenig finanzielle Mittel, andere erhalten zu geringe Zuschüsse, um qualifizierte Lehrkräfte bezahlen zu können. Sie greifen dann entweder auf Pensionäre zurück, die zwar viel Berufserfahrung besitzen, aber nicht mehr den neuesten Entwicklungsstand kennen, oder auf Jungakademiker, denen die notwendige Praxis fehlt.
Vergewissern Sie sich vor der Anmeldung zum Lehrgang, welches Ansehen diese Weiterbildungsmaßnahme in den Betrieben genießt. Hochtrabende Titel und wertvoll ausgestattete Zertifikate dürfen Sie nicht täuschen.

Geeignete Fachliteratur

Der Büchermarkt ist für fast jedes Wissensgebiet inzwischen unübersichtlich geworden. Wenn Sie vom Titel her glauben, daß ein Werk Ihnen in Ihrer Weiterbildung helfen könnte, dann achten Sie weniger auf den Hinweis ,,allgemeinverständlich" als auf folgende vier Punkte:

1. Die sprachliche Ausdrucksweise, in der Titel und Untertitel abgefaßt sind. Haben Sie bereits Schwierigkeiten, die Thematik zu verstehen, dann kann es im Buch nur noch schlimmer werden.
2. Die Deckelkunde.
   Studieren Sie gründlich das Inhaltsverzeichnis daraufhin:

- ob es einen logischen Aufbau hat,
- sich auf Wesentliches beschränkt,
- übersichtlich gestaltet ist.

3. Machen Sie eine Leseprobe über ein Gebiet, das Sie einigermaßen sicher beherrschen und kontrollieren Sie, ob die Aussagen des Autors sachlich einwandfrei sind.
4. Wenden Sie sich in einer zweiten Leseprobe einer Thematik zu, von der Sie relativ wenig Ahnung haben und prüfen Sie, inwieweit Sie den Text verstehen.

Fallen alle vier Prüfungen positiv aus, dann sollten Sie das Werk kaufen, auch wenn es einen hohen Preis hat. Klären Sie aber zuvor, ob es nicht inzwischen bereits als Taschenbuch auf dem Markt erschienen ist. Heute folgen die Taschenbuchausgaben oft sehr rasch auf die Originalausgabe.

Das Durcharbeiten eines Textes

1. Sie überfliegen den Gesamttext und notieren sich bereits durch Unterstreichen, was Sie für besonders wichtig halten. Dabei sollten Sie nur wirklich Wesentliches kennzeichnen, weil Sie sonst den für später gewünschten Überblick verlieren.
2. Das Überfliegen hat noch einen zweiten Sinn: Sie erkennen dabei, ob und welche Stellen Ihnen beim Aufnehmen und Verarbeiten des Textes besonders schwerfallen.
3. Jetzt versuchen Sie, sich einen Gesamtüberblick zu verschaffen. Dazu können Sie die Gliederung so nehmen, wie der Autor sie durchgeführt hat, nicht selten aber müssen Sie davon abweichen, unter anderem um weniger detailliert oder genauer zu systematisieren. Ihr oberstes Ziel muß dabei sein, den Stoff so zu gliedern, daß Sie mit einem Blick alles Wesentliche erkennen. Die Gliederung darf deshalb weder aus vollständigen Sätzen noch aus Satzteilen bestehen, sondern Sie müssen jeden Unterpunkt durch ein Schlagwort kennzeichnen.
4. Nachdem das Gerüst steht, müssen Sie es mit Fleisch anreichern. Sie beginnen deshalb erneut von vorne mit dem Lesen, diesmal aber so, daß Sie langsam und ruhig Satz für Satz studieren, unter Umständen auch mehrfach lesen, bis Sie glauben, ihn gänzlich verstanden zu haben. Schwierige Stellen sollen Sie mit eigenen Worten wiederzugeben versuchen. Ein Mensch hat erst dann einen Tatbestand gut genug begriffen, wenn er ihn sprachlich selbst ausdrücken kann.
5. Kommen im Text Fremdwörter oder Fachausdrücke vor, die Sie nicht kennen, dann schlagen Sie sofort in einem Fremdwörterbuch oder einem Fachlexikon nach, schreiben Sie den Text ab oder fotokopieren Sie ihn und versuchen dann, ihn mit eigenen Worten auszudrücken. Stellen Sie sich ein kleines Lexikon zusammen, in das Sie alle Ihnen unbekannten Wörter alphabetisch eintragen. So schaffen Sie sich ein Vokabelheft, wie Sie es in der Schule angelegt haben.
6. Versuchen Sie, immer nur kurze Texte zu bearbeiten. Nach spätestens einer Stunde sollten Sie eine kurze Pause von höchstens zehn Minuten einlegen und sich dann noch einmal das Gelernte vergegenwärtigen. Das sollten Sie nicht nur mündlich tun, sondern auf jeden Fall auch in schriftli-

cher Form. Ohne das Niederschreiben täuscht man sich leicht über sein wirkliches Können, weil man glaubt, etwas richtig behalten zu haben, aber sofort Probleme feststellen würde, wenn man versuchte, das Gelernte zu Papier zu bringen.

Das Ausschalten von Störfaktoren

Über das Stören durch Familienangehörige, Freunde und Bekannte wurde schon einiges gesagt (vgl. Seite 70). Hier geht es um weitere Faktoren, die am konzentrierten Lernen hindern. Sie erkennen sehr schnell, wie wenig gerne Sie ein bestimmtes Gebiet bearbeiten, wenn Sie beispielsweise bei jeder Störung froh sind, die Arbeit mit einem gewissen Recht unterbrechen zu können. Sie werden vielleicht schon bei der zeitlichen Vorplanung jene Stunden für ein unbeliebtes Thema nehmen, von denen Sie nach Ihrer bisherigen Erfahrung wissen, daß Sie dann häufiger gestört werden.

Zwar wird behauptet, man könne bei leiser Musik besser lernen, ich bezweifle diese These aber und rate Ihnen, lieber jedes Geräusch zu vermeiden.

Wenn Sie über längere Zeit konzentriert lernen wollen, dann müssen Sie Ihre Mahlzeiten danach einrichten. Sie dürfen nur wenig essen, sollten dies aber dafür häufiger tun und nur Speisen, die Ihnen nicht schwer im Magen liegen. Sie sollten in einem Raum lernen, in dem es möglichst wenig Störgeräusche von draußen gibt, aber auch nur wenige optische Reize, die ablenken können. Wer sieht schon nicht gerne nach draußen in eine schöne Naturlandschaft? Sie werden aber schnell erkennen, wie stark Ihre Gedanken dann in eine andere Richtung gehen.

Wenn Sie merken, daß Ihre Aufmerksamkeit nur für kurze Zeit ausreicht, Sie also schnell psychisch müde werden, dann bewältigen Sie dieses Problem nicht durch den Versuch, sich möglichst stark auf das Lernen zu konzentrieren. Statt dessen sollten Sie sich durch den häufigeren Wechsel der Thematik helfen.

Man kann sein Schicksal nicht zwingen, indem man stur versucht, eine einmal für das Lernen reservierte Zeit durchzuhalten. Die Lustlosigkeit nimmt zu, und das Lernergebnis muß schlechter werden. Sie sollen ebenso handeln wie ein kluger Lehrer im Unterricht: Es kommt nicht darauf an, wie weit er mit dem Lehrstoff gekommen ist, sondern daß das zu Lernende wirklich geistig aufgenommen und verarbeitet wurde.

Schriftliche und mündliche Erfolgskontrolle

Es wurde schon darauf hingewiesen, daß man sich selbst nicht mündlich, sondern schriftlich prüfen soll. Teilweise sind Aufgaben, oft in programmierter Form, in den Lehrbüchern enthalten. Sie sollen sich aber auf keinen Fall auf das Multiple-choice-System (= Auswählen der richtigen Lösung unter mehreren Antworten) beschränken, weil Sie auf jeden Fall einen bestimmten Anteil der richtigen Antworten dabei erraten. Andere Formen der programmierten Prüfung sollen hinzutreten wie

- das Aufbauen einer Rangfolge,
- das Zuordnen von Aufgaben zu den richtigen vorgegebenen Lösungen,
- das Ausfüllen von Lücken.

Sie müssen sich außerdem dazu zwingen, sich Aufgaben zu stellen, die Sie mit Stichwörtern frei beantworten müssen, aber auch durch geschlossene Sätze, zum Beispiel in der Form von Definitionen.
Außerdem ist es notwendig, einen anderen Menschen zu gewinnen, der Ihnen das Gelernte abprüft,

- indem er aus dem Lehrbuch fragt
- oder ein Stichwort gibt, das Sie ihm in sofort verständlicher Weise erklären müssen.

Die Analyse eines Stellenangebots

von Christa Titze

Ausgehend von einer Situation, in der das Angebot an Stellen erheblich geringer ist als die Zahl der Arbeitssuchenden, kommt der Gestaltung der Bewerbungsunterlagen eine ganz besondere Bedeutung zu. Das erste Problem besteht allerdings darin, Stellenanzeigen richtig zu lesen.

Das Stellenangebot

Schlägt man die Zeitung mit den Angeboten auf, so springen zunächst die großen Anzeigen mit den dicken Schlagzeilen ins Auge. Über dem Lesen der oft großartig klingenden Positionen ermüdet man leicht und dringt nicht mehr bis zu den bescheiden aufgemachten Anzeigen vor. Mit der Zeit entwikkelt der Leser aber einen Blick dafür, worauf es bei der Auswahl ankommt. Das Kleingedruckte sollte aussagen,

- wie groß das Unternehmen ist und welcher Branche es angehört,
- welche Anforderungen an den Bewerber gestellt werden und wie er in der Hierarchie des Unternehmens eingeordnet sein wird,
- womit das Unternehmen sich dem Bewerber positiv empfiehlt,
- den Sitz des Unternehmens.

Wird der begrenzte Raum einer Anzeige mit Phrasen oder Allgemeinplätzen, mit motivierenden Aufforderungen an den Bewerber ohne Sachaussage gefüllt, so darf der Leser annehmen, daß der Stellenanbieter keine exakten Vorstellungen über die Anforderungen und Kompetenzen für die Position hat.
Fühlt der Arbeitssuchende sich trotzdem von seiner Qualifikation her allein durch die Bezeichnung der Position angesprochen, so muß er in seiner Bewerbung schildern, was er der Anzeige entnommen zu haben glaubt. Er bietet damit von sich aus eine Klärung an, die er durch eine Bitte um weitere Informationen ergänzen kann.
Ein weiteres formales Kriterium ist die graphische Aufmachung des Textes. Unternehmen, die keinen Personalberater einschalten, sondern selbst inserieren, haben oft nicht die notwendige Erfahrung und legen vor allem Wert darauf, ihr Firmenzeichen herauszustellen, viel Text unterzubringen und ihn we-

nig zu gliedern. Diese Anzeigen lesen sich mühsamer – können aber gute Aussagen enthalten. Der Leser sollte sich nicht scheuen, auch solche wenig ansprechenden Angebote zu analysieren.
Anzeigen mit klaren Informationen lösen bei uns zwei Arten von Überlegungen aus:

a) Was sagt der Inhalt für meine Entscheidung, mich um die Stelle zu bewerben – oder auch nicht – aus?
b) Wie reagiere ich in meiner Bewerbung darauf?

a) Art des Unternehmens

Beachten Sie nicht nur Unternehmen der Branche, aus der Sie kommen, setzen Sie aber auch nicht ungeprüft voraus, daß Ihre Fachkenntnisse in jeder ähnlich bezeichneten Position wie bisher gleich anwendbar sind. Prüfen Sie, wieweit Sie bereit sind, zusätzliche Lernvorgänge auf sich zu nehmen, um Ihr Wissen in der neuen Position anwenden zu können.
Die Größe des Unternehmens sagt in der Regel etwas darüber aus, wie spezialisiert oder breitgefächert die Aufgaben sind und damit verbunden meistens wie exakt die Vorschriften sind, nach denen Sie arbeiten werden. Ihre Fähigkeiten entscheiden die Wahl des größeren oder des kleineren Unternehmens. Wer sorgfältige Detailarbeit bevorzugt, ist im größeren Betrieb besser untergebracht. In kleinen Unternehmen wird flexible Einstellung auf unterschiedliche Situationen verlangt, schnelle Auffassungsgabe und unkonventionelles Handeln.
In Ihrem Bewerbungsschreiben sollten Sie die als wichtig erkannte Eigenschaft nüchtern herausstellen, das gilt auch für Ihre Bereitschaft, sich durch eigene Studien auf die spezifischen Belange des Unternehmens einzustellen.

b) Anforderungen an den Stelleninhaber/Kompetenzen des Stelleninhabers

Anforderungen sind in fachliche und persönlichkeitsspezifische zu gliedern. Während die fachlichen meist durch die Bildungsvoraussetzungen und die Anzahl der Erfahrungsjahre gekennzeichnet werden, soll der Bewerber als Persönlichkeit oft einem Ideal entsprechen: Schnelle Auffassungsgabe, Entscheidungs- und Durchsetzungsfähigkeit, gute Kontaktfähigkeit und selbstverständlich intensiver Einsatz. Der Bewerber sollte sich fragen, wie weit die gewünschten Fähigkeiten durch die hierarchische Einordnung der Position zu relativieren sind. Sowohl der Gruppenleiter als auch der Hauptabteilungsleiter benötigen zum Beispiel Durchsetzungsvermögen, jedoch unterschiedlich stark je nach der zu tragenden Verantwortung.

Zu beachten bleibt, daß der Stellenanbieter gerade diese Eigenschaften ausgewählt hat. Vielleicht spiegeln sie wieder, ob es sich stärker um eine „Einzelkämpfer-Position“ oder um eine von vielen Kontakten abhängige handelt. Die geforderten Eigenschaften sind eventuell auch dahingehend zu deuten, ob die Aufgaben geregelt oder unter stark wechselndem Zeitdruck ablaufen. In Verbindung mit der Vorstellung über die Position kann dann eine Annahme getroffen und zu den eigenen Stärken/Schwächen in Beziehung gesetzt werden.
Der Stellensuchende sollte vermeiden, sich in seinem Bewerbungsschreiben allgemein zu loben. Instruktiver ist es, Beispiele aus der Vergangenheit zu nennen, in denen er die geforderten Eigenschaften beweisen mußte. Er kann zum Beispiel angeben, wie viele Mitarbeiter er zu führen hatte, wie weit er mit Koordinationsaufgaben betraut war oder welche Sachentscheidungen er zu treffen hatte. Je anschaulicher und nachvollziehbarer diese Angaben sind, desto überzeugender werden sie auf den Leser wirken.
Die in der Stellenausschreibung genannte Einordnung in die Hierarchie kann in der Regel nur einen kleinen Anhaltspunkt geben. Die Stelle eines Abteilungsleiters zum Beispiel kann sehr verschieden ausgestattet sein. Der Stellensuchende sollte sein Interesse also auch beibehalten, wenn er glaubt, aus den Angaben schließen zu können, daß die neue Funktion unter seiner bisherigen Qualifikation liegt. Alle diesbezüglichen Fragen können erst im Vorstellungsgespräch geklärt werden. In seinem Bewerbungsschreiben wird er sich also nur auf die Aufgaben und Anforderungen beziehen. Eine zusätzliche Bemerkung wie beispielsweise: „Mir liegt in erster Linie daran, meine Fähigkeiten nutzbringend einzusetzen“, könnte helfen, bei offensichtlicher Diskrepanz zwischen der bisherigen und der offerierten Position, die Befürchtungen des Stellenanbieters („Der Mann/die Frau ist zu gut für uns“) zu beseitigen.

c) Angebote des Unternehmens an den Bewerber

In diesem Punkt geht es meistens um soziale Vorteile wie die Hilfe bei der Wohnungssuche, das verbilligte Kantinenessen, die zusätzliche Altersversorgung, die verkehrsgünstige Lage des Arbeitsplatzes, die vereinbarte Gleitzeit und ähnliches. Der Bewerber wird dies aufmerksam lesen, aber davon sicher seine Entscheidung, sich um die Stelle zu bewerben, nicht abhängig machen. Sie sind – umgerechnet in finanzielle Vorteile – ein Faktor, der im Gehaltsgespräch zu berücksichtigen ist.

d) Sitz des Unternehmens

Viele Menschen geben bestimmten Regionen in der Bundesrepublik den Vorzug gegenüber anderen. Noch eingrenzender ist die Tatsache, wenn sie glauben, ihren Heimatort nicht verlassen zu können. Die Gründe sind das eigene

Haus, die schulpflichtigen Kinder, denen man den Wechsel ersparen möchte, die Sorge für einen Elternteil, den man weder allein lassen noch ihm einen Umzug zumuten kann, die Berufstätigkeit des Partners, der bei einem Wechsel eventuell arbeitslos würde, der Freundeskreis, der für die Freizeitgestaltung sehr wichtig ist. Dies sind zwar wohl zu überlegende Gründe, sie dürfen aber kein unumgängliches Gesetz sein. Die Kinder, die Eltern, der Partner verkraften Änderungen in ihren Lebensgewohnheiten oft besser als wenn der Hauptverdiener arbeitslos wird, oder es bleibt und das seelische Gleichgewicht der Familie dadurch gestört wird.

Auf keinen Fall sollte ein Stellensuchender von einer Bewerbung Abstand nehmen, nur weil er eine Änderung des Wohnortes voreilig ablehnt. Die Entscheidung kann ohnehin erst nach dem Vorstellungsgespräch, wenn alle Details der neuen Tätigkeit bekannt sind, vorbereitet werden. Das sollte in der Gegenüberstellung von Alternativen geschehen, die unter materiellen und menschlichen Gesichtspunkten erstellt werden müssen. Daran sollte stets die ganze Familie beteiligt sein. Jeder kann nur für sich gewichten, was ihm eine Änderung seiner Lebensgewohnheiten bedeutet.

In diesem Abschnitt sollte verdeutlicht werden, daß die überzeugende Aufbereitung der Bewerbungsunterlagen bereits beim sorgfältigen Lesen der Stellenanzeigen beginnt und daraus Überlegungen abzuleiten sind.

Erwartungen des Stellenanbieters an die Bewerbungsunterlagen

Auf eine Stellenanzeige gehen heute in der Regel 40 bis 160 Bewerbungen ein. Der Personalleiter oder Personalberater, der diese zu sichten hat, muß sich einen Kriterienkatalog schaffen, nach dem er stufenweise die nicht Geeigneten aussortiert und anschließend die Ausgewählten genauer analysiert. Für ihn ist es also wichtig,

- die wesentlichen Fakten wie Alter, schulischer Abschluß, Art der letzten Berufstätigkeit schnell zu übersehen;
- den beruflichen Werdegang chronologisch nachvollziehen zu können – ohne fortwährende Rechenkunststücke;
- eine Vorstellung über die Aufgaben und Anforderungen in der letzten Stelle und eventuell einer weiteren, die einen engen Bezug zur ausgeschriebenen Tätigkeit hat, zu gewinnen;
- eine plausible Erklärung für Unstimmigkeiten zwischen offensichtlichen bisherigen Interessen und Zielen und den Erfordernissen für die neue Stelle zu finden;
- den Gehaltsanspruch und frühesten Antrittstermin zu ersehen.

Diese Bedürfnisse sollen als Richtschnur für die Aufbereitung der Bewerbungsunterlagen herangezogen werden.
Die häufig sehr kurzen Begleitschreiben, die nicht mehr aussagen, als daß sich eine Person um die Stelle bewirbt, daß sie zu einem Gespräch bereit ist und manchmal noch die Nennung des frühesten Anfangstermins, bedeuten für den Stellenanbieter nicht mehr als ein Adressenblatt. Er erwartet dagegen eine persönliche Stellungnahme zur Bewerbung. Der Stellenanbieter möchte wissen:

- Was an der Anzeige reizte. Das sollte nicht nur die ansprechende Aufmachung sein, sondern die Art der Aufgabenstellung, der damit verbundene Entscheidungsspielraum, die Breite der Anforderungen, die dafür notwendige Detailarbeit, Sorgfalt und ähnliches.
- Die Erwartungen können zum Beispiel auf die Arbeit in einem Team, auf die Kontakte zu externen Partnern, auf die Entwicklung von Konzeptionen, auf die Zusammenarbeit mit verschiedenen Stellen des Hauses gerichtet sein.
- Die eigenen Positivpunkte für die Stelle sollten sich nicht darin erschöpfen, Eigenschaften wie Durchsetzungsvermögen, Entscheidungsfreude, Kontaktfähigkeit und anderes aufzuzählen, sondern der Bewerber sollte ausführen, daß er eine Zahl von Mitarbeitern geführt hat, er den Umsatz steigern konnte, seine Vorschläge realisiert wurden, er ein verbessertes Verfahren entwickelte oder bestimmte Erfahrungen sammelte.

Wer eine Anzeige aufmerksam analysiert, sich realistisch einschätzt und ehrliche Aussagen trifft, wird damit überzeugen. Zu idealistische Äußerungen oder eine Überinterpretation der eigenen Fähigkeiten dagegen wird der einfühlsame Leser erkennen und negativ werten.

Die aktive (Nicht)bewerbung

von Dr. Werner Siegert

Wenige Fernsehsendungen sind so bekannt und populär geworden wie „Einer wird gewinnen". Viel weniger bekannt ist, daß dieses Spiel sich tagaus, tagein im Alltag des Arbeitsmarktes wiederholt. „Showmaster" sind in diesen Fällen Personalleiter oder die für die Einstellung neuer Mitarbeiter verantwortlichen Führungskräfte. „Kandidaten" sind alle, die sich auf Personalanzeigen bewerben. Allerdings gibt es bei diesem Spiel keine Trostpreise, sondern allenfalls unverbindliche Vertrösterbriefe.
Die Chancen, bei diesem Spiel zu gewinnen, werden verständlicherweise um so geringer, je begehrter die Arbeitsplätze sind. In den letzten Monaten ist überdies die Routine der Personalbüros im Schreiben von Absagebriefen beträchtlich gewachsen. Schreibautomaten helfen ihnen dabei. Für den Bewerber entpuppen sie sich als Frustrationsmaschinerie.
Wer bei der Stellensuche dieser Maschinerie entgehen will, muß sich in der Kunst der (Nicht)bewerbung üben. Grundregel Nummer eins dieser Kunst:

- Gestalten Sie Ihre (Nicht)bewerbung so, daß sie nicht in der Personalabteilung landet.

Das bedeutet, daß Sie eine andere bedeutende Führungskraft in der Firma Ihres Interesses namentlich anschreiben müssen. Es genügt nicht, das (Nicht)-bewerbungsschreiben nur an die Firma schlechthin zu richten. Die Posteingangsstelle leitet sie dann pfeilgrad in den Eingangskorb des Personalbüros. Ein ähnliches Schicksal ereilen derartige Schreiben dann, wenn die Firma gerade eine Anzeige geschaltet hatte. Alles, was dann auch nur nach Bewerbung aussieht, wird für „Einer wird gewinnen" gesammelt. Daher Grundregel zwei:

- Schicken Sie Ihre (Nicht)bewerbung nicht dann an das Unternehmen Ihres Interesses, wenn dies eine entsprechende Personalanzeige aufgegeben hat.

Was ist eine (Nicht)bewerbung? Sie ist der Fuß in der Tür. Hinter ihr verbergen sich mehrere Arten von Kontaktversuchen, die alle eines gemeinsam haben: sie sehen so wenig wie möglich nach einer Bewerbung aus. Denn Grundregel Nummer drei lautet:

- Schicken Sie nichts, was nach einer Bewerbung aussieht, also insbesondere kein Lichtbild, keinen Lebenslauf.

Sie wissen, daß man in der schlechteren Position ist, wenn man etwas verkaufen will oder gar muß. Das geht Ihnen auch dann nicht anders, wenn Sie sich selbst verkaufen müssen. Der Käufer hat dann die Macht der Wahl. Wer die hohe Kunst der (Nicht)bewerbung beherrscht, lernt seine Kontaktbriefe so zu schreiben, daß das Unternehmen in eine Position versetzt wird, aus der heraus es in Zugzwang gerät. Das gelingt dann, wenn Sie nicht sich selbst, sondern primär Kenntnisse oder Fähigkeiten verkaufen, von denen Sie in Erfahrung gebracht haben, daß das Unternehmen sie braucht. Grundregel vier lautet demnach:

- Erwecken Sie bei Ihrem Kontaktpartner im Unternehmen Ihres Interesses das Gefühl, daß die von Ihnen angebotenen Kenntnisse, Fähigkeiten oder Problemlösungen zu wertvoll sind, um sie ungeprüft auszuschlagen oder einem Wettbewerber in die Hände fallen zu lassen.

Das gelingt Ihnen natürlich nur, wenn Sie viel über das Unternehmen Ihres Interesses und seine aktuellen oder zukünftigen Probleme wissen und Sie dazu beitragen können, diese besser zu lösen. Nun, das ist Grundregel Nummer fünf:

- Sammeln Sie so viele Informationen wie möglich über das Unternehmen Ihres Interesses und über den Arbeitsbereich, in dem Sie tätig werden wollen; vor allem über aktuelle und zukünftige Probleme, zu deren Lösung Sie beitragen können. Und ermitteln Sie den Namen des zuständigen Chefs.

Wenn Sie diese Grundregeln beherzigen, können Sie jetzt ans Werk gehen. Aber da wäre noch ein weiterer Punkt zu beachten. In der Überschrift steht: Aktive (Nicht)bewerbung. Aktiv heißt, daß Sie ein gerüttelt Maß an Arbeit und Aktivität entfalten müssen. Nicht nur gemäß Grundregel Nummer fünf, sondern auch darüber hinaus.

Sie brauchen Disziplin und Spürsinn

Zunächst müssen Sie wissen, was Sie eigentlich wollen. Wie sieht die von Ihnen gewünschte Position oder der von Ihnen gewünschte Arbeitsplatz aus? In welchen Unternehmen würden Sie am liebsten arbeiten? Besorgen Sie sich über alles Informationen gemäß Grundregel fünf. Das erfordert systematische Arbeit mit viel Spürsinn. Wahrscheinlich brauchen Sie dazu eine öffentliche Bibliothek, eventuell die Hilfe einer Industrie- und Handelskammer oder einschlägiger Verbände. Lesen Sie auch die Fachzeitschriften der Branche.
Der Beruf eines Stellensuchenden ist mit viel Arbeit verbunden und erfordert viel Disziplin. Am besten arbeiten Sie sogar nach einem festen Stundenplan.

Kommen Sie nicht als Bittsteller!

Noch eins: Verschaffen Sie sich seriöses Briefpapier mit gedrucktem Namen und Adresse. Investieren Sie hier eher ein paar Mark zuviel. Seriös heißt: nicht verspielt, romantisch, protzig, kein farbiges Papier, auch Briefumschläge dazu. Denken Sie daran: Sie kommen nicht als Bittsteller. Erst wenn Sie alle diese Vorbereitungen getroffen haben, können Sie nun eine Form der aktiven (Nicht)bewerbung in die Tat umsetzen.

„Ich kenne Ihre Probleme und wüßte eine Lösung"

Mit dieser Grundaussage schreiben Sie einen Brief an den zuständigen Fachmann oder Chef in den von Ihnen bevorzugten Unternehmen, so sachkundig und kurz wie möglich. Schließen Sie etwa so: „Gern würde ich mich mit Ihnen über die hier nur angedeutete Problematik unterhalten und wäre Ihnen dankbar, wenn Sie eine Stunde Zeit für mich hätten."
Ziel dieses Briefes ist, einen Gesprächstermin zu erwirken, bei dem Sie sich präsentieren können. Das ist „der Fuß in der Tür". Dann müssen Sie den Gesprächspartner für sich interessieren – und gewinnen.
Bitte ziehen Sie dann nicht die vorbereitete Bewerbung aus der Tasche. Allenfalls Unterlagen zur Problemlösung und zur betreffenden Firma, die erkennen lassen, daß Sie sich gründlich auf das Fachgespräch vorbereitet haben.

Zielgruppen-Kurzbewerbung

Auch die Zielgruppen-Kurzbewerbung ist eine Art (Nicht)bewerbung. Sie ähnelt dem vorangegangenen Brief, richtet sich aber an mehrere Unternehmen mit gleichlautendem Text, jedoch mit persönlicher Anrede der jeweilig zuständigen Führungskraft. Und: Sie trägt statt eines Absenders eine Chiffre. Dazu brauchen Sie die Hilfe eines versierten Personalberaters.
Gliedern Sie im übrigen Ihre Zielgruppen-Kurzbewerbung etwa nach folgendem Schema:

- Das Problem der Zielgruppe – so wie es sich in Ihren Augen darstellt – und die Notwendigkeit seiner Lösung.
- Selbstdarstellung, aus der hervorgeht, warum Sie sich für geeignet und kompetent halten können, das Problem zu lösen.
- Kurzdarstellung (!), wer Sie sind.
- Bitte um Kontakt bei Interesse.

Prüfen Sie anhand der nachfolgenden Checkliste, ob Sie richtig vorgegangen sind:

- Habe ich eine genau umschriebene Zielgruppe vor Augen?
- Kenne ich die aktuellen oder unmittelbar bevorstehenden Schwierigkeiten oder Probleme dieser Zielgruppe gut genug und habe ich diese genau beschrieben?
- Habe ich meine Lösungsvorstellung überzeugend genug angedeutet, ohne sie zu genau zu schildern? Habe ich das Interesse geweckt, ohne die Spannung zu nehmen?

- Habe ich meine Kompetenz überzeugend dargestellt?
- Habe ich meine bisherigen einschlägigen Erfolge aufgelistet?
- Habe ich mich gut präsentiert, ohne in die Gefahr zu geraten, eine Bewerbung vorzulegen, die gleich in der Personalabteilung landet?
- Leistungslauf statt Lebenslauf?

Machen Sie sich intensiv Gedanken, ehe Sie formulieren. Suchen Sie eine Antwort auf diese Frage: Wodurch könnten unmittelbar bevorstehende Schwierigkeiten bei einer Zielgruppe auftauchen? Zum Beispiel durch neue gesetzliche Vorschriften, durch Aufkommen neuer Technologien, durch die Veränderung von Märkten oder Verbrauchergewohnheiten (Bildschirmtexte etc.)

Ein weiterer Unterschied: Ziel des Schreibens ist nicht ein Gespräch, sondern eine Anstellung! Schließen Sie also: „Wenn Sie an meiner Mitarbeit in Ihrem Fachbereich interessiert sind, schreiben Sie bitte an ... Chiffre ...

Der Pate

Fast jeder Mensch läßt sich gern schmeicheln. Fast jeder Mensch hat es gern, als Fachmann und Helfer angesprochen zu werden. Die jeweils für Sie zuständigen Führungskräfte in Unternehmen auch. Nutzen Sie das vor allem, wenn Sie noch jung sind und nicht viel Berufserfahrung besitzen.

In diesem Fall besteht Ihre (Nicht)bewerbung aus einem höflichen Brief, in dem Sie sich kurz vorstellen (aber kein Wort über eine eventuelle gegenwärtige Arbeitslosigkeit!) und bitten, ob er (sie) Ihnen für eine halbe Stunde zu einem Gespräch zur Verfügung stehen könnte, um Ihnen einen Rat

a) zu einem möglichst präzise geschilderten Fachproblem (am besten dem, was die Firma auch hat!) und
b) über erfolgversprechende Schritte zur künftigen persönlichen Weiterbildung zu geben.

Verraten Sie dabei ruhig, daß Sie einige Ahnung haben. Der Angeschriebene wird sich einen so interessierten, informierten und bildungshungrigen Gesprächspartner zumindest einmal ansehen wollen – und merkt Sie für eine kommende Besetzung vor, falls gegenwärtig nichts frei ist.

Ich sehe was, was du nicht siehst

Ein beliebtes Spiel. In manchen, zugegeben nicht sehr häufigen Fällen, ein Karrierespiel, das Sie spielen können, wenn Sie Kenntnis eines Problems haben, mit dem sich Ihre Zielfirma herumschlägt oder demnächst beschäftigen muß. Nun geht es wie gehabt: Sie schreiben an den Zuständigen, schildern das von Ihnen erkannte Problem in Andeutungen. Sprechen die Vermutung aus, daß ihm, dem angesprochenen Experten, dies sicherlich bewußt sei, aber ein Gedanken- oder Erfahrungsaustausch wäre wohl sicherlich nützlich. Ob er wohl eine halbe Stunde für ein Gespräch erübrigen könne. Wenn Sie den Nagel auf den Kopf getroffen haben, sind Ihre Chancen groß.

Pokern, aber kein Falschspiel

„Zufällig erfuhr ich im Gespräch mit einem Branchenkenner, daß Sie in Ihrem Hause dringend an der Lösung des Problems interessiert sind . . ., daß Sie in Ihrem Hause immer wieder mit der Schwierigkeit zu kämpfen haben . . ., daß in Kürze einige wertvolle Kräfte des . . . -Bereiches ausscheiden werden . . ."
Wenn Sie tatsächlich über solche Kenntnisse verfügen, die auch stichhaltig sind, wird das seinen Eindruck auf die zuständige Führungskraft nicht verfehlen. Wenn Sie sich auf seriöse, taktvolle und konstruktive Weise als kompetenter Gesprächspartner ins Spiel bringen können, haben Sie mehr als nur einen Fuß in der Tür.

Bei wem lassen Sie denken?

„Kürzlich habe ich ein Produkt Ihres Hauses gekauft und war erschrocken, wie wenig sachkundig und gewandt das Verkaufsgespräch geführt wurde . . ."
„Seit einiger Zeit fällt mir auf, daß Ihre Werbebriefe nicht mehr die Überzeugungskraft und den Stil aufweisen, der dem Image Ihres Hauses angemessen wäre . . ."
„Kürzlich hatte ich auf der Hannover Messe Gelegenheit, Ihr Gerät . . . näher zu prüfen. Dabei ist mir aufgefallen, daß die Konstruktion einiger Teile unnötig kompliziert ist und keineswegs dem heutigen Stand der Technik entspricht. Auch dürften dadurch Ihre Produktionskosten unnötig hoch ausfallen . . ."
Wenn Sie solcher konstruktiven Kritik auch fachkundige Details folgen lassen können, die erkennen lassen, daß man es nicht mit einem Wichtigtuer oder Besserwisser zu tun hat, sondern mit einer wertvollen Fachkraft, dürfte Ihre Bitte um ein unverbindliches Gespräch ziemlich viel Chancen haben.

Referenzen – besser genutzt

„Kürzlich sprach ich mit Professor Robertson und erfuhr durch ihn, daß auch in Ihrem Hause an der Lösung des . . . Problems gearbeitet wird. Er empfahl mir, ich solle mich mit Ihnen in Verbindung setzen. Sie wären sicher an einem Gespräch interessiert . . ."
Wer so über „gemeinsame Bekannte" verfügt, kann auf diese Weise einen Fuß in die Tür setzen.
Wie kommt man an solche Kontakte? Kongresse, Fachtagungen sind eine gute Gelegenheit, Begegnungen herbeizuführen, zum Beispiel auch mit jenen Führungskräften, mit denen Sie später einen Besuchstermin vereinbaren wol-

len. „Darf ich Sie bei nächster Gelegenheit einmal besuchen?" ist ein hilfreicher Satz. Eine seriöse Visitenkarte, nicht allzu aufdringlich angeboten, hilft, den Kontakt vorzubereiten. Auf die Frage an Sie „Was machen Sie denn gegenwärtig?" antworten Sie nie „Ich bin arbeitslos" oder „Ich suche eine neue Stelle", sondern „Ich arbeite zur Zeit an einem (genau bezeichneten) Problem!" Wenn nachgefragt wird, wo Sie arbeiten, sollten Sie ohne zu zögern die Antwort bereit haben: „Bei einem Klienten (Kunden)!"

Nicht Lebenslauf, sondern Leistungslauf

Noch ein paar Tips: Grundsätzlich sind Sie nicht arbeitslos, sondern üben die Tätigkeit eines Stellungssuchenden aus. Vielleicht können Sie sich auch als selbständiger Freiberufler präsentieren.
Sollten Sie um einen schriftlichen oder mündlichen Lebenslauf gebeten werden, schildern Sie ihn als Leistungslauf. Konzentrieren Sie sich auf die Fragen:
1. Was ist mir bisher gelungen?
2. Was soll mir noch gelingen?
Bleiben Sie dabei aber auf dem Teppich und so bescheiden, daß der andere nicht den Eindruck bekommt, Sie seien zu teuer oder ein(e) mögliche(r) „Mann (Frau) mit der Säge", der (die) sich im Falle einer Einstellung für den Gesprächspartner zu einer Gefahr entwickeln könnte. Selbstverständlich dürfen Sie nicht unglaubwürdig, protzig und angeberisch wirken.

Bereichern Sie Ihren Gesprächspartner

Wenn Sie Ihrem Gesprächspartner etwas mitbringen wollen, nie verkappte Bewerbungsunterlagen, sondern bestenfalls die Kopie eines Fachartikels, den Entwurf einer Patentschrift, die Skizze einer Problemlösung. Bewerbungsunterlagen können Sie nachreichen, wenn es „gefunkt" hat.
Sollten Sie ihm wertvolle Ideen mitbringen können, interessante Informationen, hilft Ihnen das sehr viel weiter. Versprechen Sie, ihm irgend etwas zuzuschicken. Das verschafft Ihnen die Chance, den Kontakt zu pflegen. Versuchen Sie, sein Hobby herauszufinden, und schicken Sie ihm zwischendurch ohne großes Anschreiben die Kopie eines entsprechenden Zeitungsartikels oder Programms. Heften Sie eine Visitenkarte daran mit dem handschriftlichen Vermerk „Vielleicht interessiert es Sie?" oder „Als ich dies las, dachte ich an unsere kürzliche Begegnung".
Die (Nicht)bewerbung führt möglicherweise nicht sofort zum endgültigen Erfolg. Vielleicht endet das erste Gespräch unentschieden. Oder es führt zu einer Art losem Beraterverhältnis. Oder zu einem Beraterauftrag. Eine regelrechte Bewerbung ist sicherlich geradliniger: Einer wird gewinnen, die anderen verlieren. Bei der (Nicht)bewerbung verlieren Sie selten, gewinnen Sie häufiger.

Erfolgreiche Bewerbungsstrategie

von Berthold Trottnow

Über Erfolg und Mißerfolg in einem Unternehmen entscheiden Menschen. Sie entscheiden darüber, ob – und wenn ja, in welchem Unfang – investiert, rationalisiert und automatisiert wird. Sie entscheiden in den verschiedensten Funktionsbereichen und auf allen hierarchischen Ebenen darüber, wie und unter welchen Bedingungen Güter und Dienstleistungen entwickelt, produziert und vertrieben werden. Und sie entscheiden schlußendlich darüber, welchen und wie vielen Mitarbeitern bestimmte Aufgabenstellungen und Vollmachten zugedacht und übertragen werden. Weil dies so ist, bildet der gesamte Komplex der Personalbeschaffung und der Personalauslese heute einen wesentlichen Bestandteil der Unternehmenspolitik überhaupt. Wenn also das betriebliche Personalwesen – und in diesem insbesondere die Suche und Einstellung von qualifizierten Mitarbeitern – eine solche Bedeutung erlangt hat und auch behalten wird, ist es naheliegend, daß auch der Bewerber bei der Suche neuer Aufgabenstellungen und Positionen nicht mehr, wie bisher oft üblich, nach dem Zufallsprinzip, sondern systematisch und geplant, also strategisch vorgeht.
Mit anderen Worten: „Bewerbungsstrategie" bedeutet, sich im einzelnen Klarheit über folgende Fragen zu verschaffen:

- Welche berufliche Aufgabe strebe ich an?
  (Ermittlung des persönlichen Eignungsprofils)
- Wo bewerbe ich mich?
  (Branchen-Analyse)
- Wie bewerbe ich mich?

Ermittlung des persönlichen Eignungsprofils (Stärken/Schwächen-Analyse)

Ziel jedes beruflichen Wechsels ist es, eine neue, den eigenen Stärken, Neigungen und Kenntnissen möglichst optimal entsprechende Tätigkeit zu übernehmen. Ausgangsbasis muß dabei in jedem Falle eine gründliche IST-Aufnahme der gegenwärtigen beruflichen Situation sein. (Abb. 1, nächste Seite) Eine sehr wichtige Voraussetzung für die Bewerbung um die „richtige" Posi-

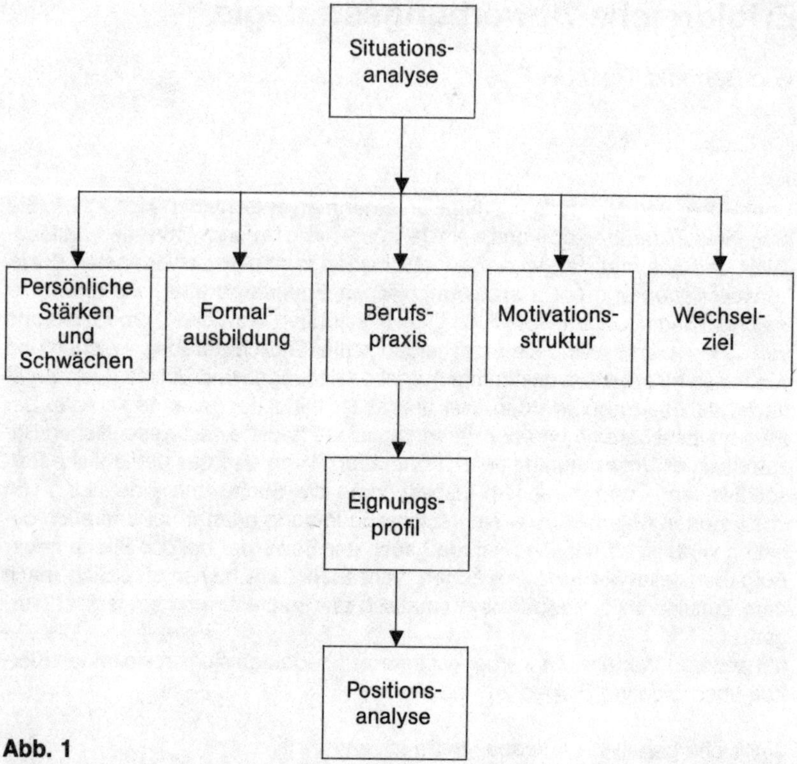

Abb. 1

tion ist die Kenntnis und Analyse der persönlichen Stärken und Schwächen. Die in Abbildung 2 aufgezeigten wichtigsten Charakter- und Persönlichkeitsmerkmale – bezogen auf berufliche Aufgabenstellungen – sollen als „geistiger Raster" und Checkliste dienen, um eine solche Bestandsaufnahme eigenständig und individuell durchzuführen.

Wir wissen heute, daß sowohl die Leistungsbereitschaft als auch die Leistungsfähigkeit von einer Vielzahl äußerer Einflußfaktoren geprägt werden. Sowohl bei der Ermittlung des Eignungsprofils als auch bei der Zielgruppen- und Branchenanalyse müssen diese Faktoren berücksichtigt werden. Das Zusammenspiel aller dieser Einflußgrößen ist in Abbildung 3 (Seite 90) dargestellt.

Belastbarkeit	Feinfühligkeit
Anpassungsfähigkeit	Dominanzstreben
Aufrichtigkeit	Cleverness
Selbstvertrauen	Unsicherheit
Pragmatismus	Phantasie
Aktivität	Passivität
Begeisterungsfähigkeit	Zurückhaltung
Kontaktfreude	Sachbezogenheit
Introversion	Extroversion
Teamfähigkeit	Eigenständigkeit
Führungswille	Gehorsam
Gelassenheit	Unrast
Temperament	Besonnenheit
Aufgeschlossenheit	Verschlossenheit
Tatkraft	Wissensdrang
Durchsetzungsfähigkeit	Konformität

Abb. 2: Wesentliche Charakter- und Persönlichkeitspaare

Bewerbungsunterlagen

Wir können heute davon ausgehen, daß auf erfolgreiche Stellenanzeigen je nach Umfang des angesprochenen Bewerberpotentials zwischen 60 und 160 Bewerber reagieren. Es liegt auf der Hand, daß es aus Gründen einer wirtschaftlichen Abwicklung nicht möglich ist, mit allen Bewerbern Kontakt aufzunehmen. Daher ist der wichtigste und für nahezu jeden Bewerbungsprozeß unverzichtbare Bestandteil die schriftliche Bewerbung.

Sie ist einerseits sehr häufig die erste „Visitenkarte" eines sich für eine bestimmte Aufgabenstellung interessierenden Mitarbeiters und andererseits für den Beurteilenden und Suchenden zunächst auch einzige Unterlage, um den Bewerber im Hinblick auf Persönlichkeit und Eignung zu prüfen.
Die häufigsten Fehler bei Bewerbungen nannten Personalleiter aller Branchen:

Unvollständige Bewerbungsunterlagen	21%
Zu hohe Einkommensvorstellungen	11%
Unklare Positionsvorstellungen	9%
Unzureichendes Ausdrucksvermögen	8%
Keine Prägnanz/Kürze	8%

Überheblichkeit	8%
Unzureichende Selbstdarstellung	8%
Schlechter persönlicher Eindruck	8%
Keine klare Berufsvorstellung	7%
Gleichgültigkeit	6%
Orthographische Fehler	5%
Versuch, etwas zu verschleiern	5%
Sonstige	26%

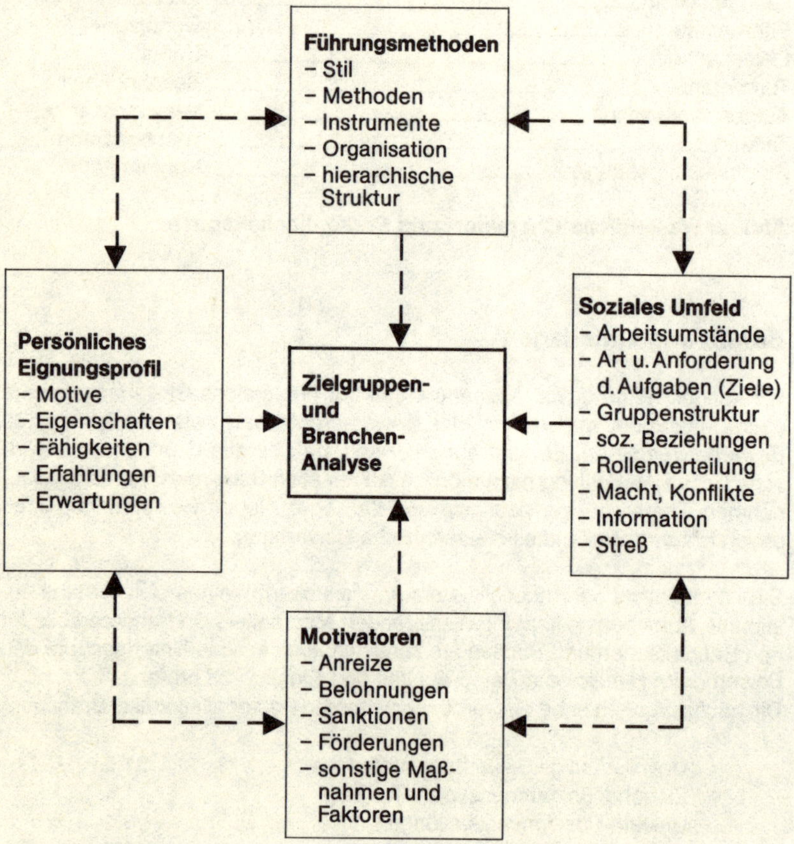

Abb. 3: Einflußfaktoren bei Zielgruppen- und Branchenanalyse

Stil, Inhalt und Gestaltung von Bewerbungsunterlagen sollten daher genügend Tatsachen, Hinweise und Anhaltspunkte für eine ziel- und urteilssichere Vorauswahl enthalten.

Unbedingt notwendige Unterlagen	Falls notwendig oder angefordert
Bewerbungsschreiben	Handschriftprobe
Lebenslauf	Arbeitsproben
Lichtbild	Referenzen
Ausbildungs- und Arbeitszeugnisse	Ärztliches Gutachten

Bewerbungsschreiben und Lebenslauf

Nicht selten führt bereits die unzureichende äußere Form einer Bewerbung zu ihrer vorzeitigen, ungeprüften Ablehnung. Denn es ist eben in der Tat kaum einleuchtend, warum solche Bewerber in ihrer beruflichen Arbeit anders handeln sollten als sie es mit ihrer Bewerbung halten: oberflächlich, unsystematisch und unordentlich.
Abgesehen von solchen klaren Fällen bieten die eingereichten Unterlagen darüber hinaus jedoch eine Vielzahl von Informationen, Anhaltspunkten und Hinweisen über und auf die fachliche und persönliche Qualifikation des Bewerbers. Das Bewerbungsschreiben als unverzichtbarer Bestandteil einer schriftlichen Bewerbung kann nach dreierlei Kriterien analysiert werden:

- stilistischer Eindruck,
- inhaltliche Gestaltung,
- Vollständigkeit der Angaben.

Allein der Schreibstil bietet eine Fülle von Bewertungs- und Beurteilungsmöglichkeiten. Nach Lückert können unter anderem folgende Beurteilungspunkte herangezogen werden:

1. Dynamischer Stil:	Häufiger Gebrauch von Verben, kürzere Sätze, eindeutige Angaben.
2. Statischer Stil:	Häufiger Gebrauch von Substantiven, Ineinanderschachtelung von Haupt- und Nebensätzen, komplizierte Satzgebilde.
3. Sachlicher Stil:	Verstandesgeprägt, knapp.
4. Erlebnisbestimmter Stil:	Weitschweifig, gefühlsbetont.
5. Ichaufbauschender Stil:	Aufdringlichkeit, Anbiederung.
6. Stil der Bescheidenheit:	Person des Bewerbers steht in der Aussage hinter dem sachlichen Argument.

7. Flüssigkeit des Stils: Vermeidung vielsilbiger Worte und langer Sätze.
8. Schwerfälligkeit des Stils: Verschachtelter Satzbau, lange Sätze, Wortschnörkeleien.

Die inhaltliche Gestaltung des Bewerbungsschreibens sollte ein objektives Urteil über die gegenwärtige berufliche Situation des Schreibenden ermöglichen. Sowohl überzogene, also das derzeitige Umfeld beschönigende und idealisierende Darstellungen als auch „Understatement", also untertreibende und zurückhaltende Formulierungen, sind hier fehl am Platze.
Kurz: Sinnvolle Gliederung mit entsprechenden Absätzen, erkennbare, klare Gedankenführung und systematischer Aufbau sollen die berufliche IST-Situation des Schreibers darstellen.
Die Beantwortung der nachstehenden Fragen dient der Überprüfung der Vollständigkeit der in einem Bewerbungsschreiben notwendigen Angaben:

- Um welche Position bewerbe ich mich?
  („Stellenanzeige vom ..." etc.)
- Warum möchte ich wechseln?
- Warum bewerbe ich mich gerade um diese Tätigkeit?
  (Kurze Angaben zur Qualifikation und jetzigen Position)
- Ist mein gegenwärtiges Beschäftigungsverhältnis gekündigt oder ungekündigt?
  (Eventuell Angabe des jetzigen Arbeitgebers)
- Wie hoch ist mein jetziges Einkommen?
- Verfügbarkeit
  (Wann ist mein frühester Eintrittstermin?

Das eigentliche Kernstück jeder Bewerbung ist der Lebenslauf. Dieser bietet einerseits den größten und tiefsten Einblick in die Gesamtentwicklung des Bewerbers und zeigt darüber hinaus in vielen Fällen wesentliche Lebens- beziehungsweise Charakterstrukturen auf. Es gehört allerdings ein hohes Maß an einschlägiger Erfahrung und auch Vorstellungs- und Einfühlungsvermögen dazu, einen Lebenslauf richtig zu lesen und zu deuten. Der geschulte Beurteiler vermag eine wahrheitsgetreue und objektive Analyse und Bewertung des Lebenslaufes selbst dann noch vorzunehmen, wenn der Bewerber beispielsweise nur einen Ausschnitt aus seinem Lebenslauf schildert und diesen dann eventuell auch noch beschönigt.
Die nachfolgende Darstellung der zwei Analysemöglichkeiten des Lebenslaufes soll es dem Leser ermöglichen, sich gedanklich in die Situation „der anderen Seite", also jener des Beurteilenden, des Personalleiters beziehungsweise

für die Einstellung von Mitarbeitern Verantwortlichen zu versetzen, um aus der Kenntnis dieser Zusammenhänge heraus seinen eigenen, schriftlichen Lebenslauf erarbeiten zu können. Da es den typischen Lebenslauf nicht gibt, sondern dieser immer eine individuelle und einmalige Struktur annimmt, halten wir diese Vorgehensweise für zweckmäßig und verzichten sinnvollerweise auch auf die Darstellung eines Muster-Lebenslaufes. Wir unterscheiden zwei Arten der Lebenslauf-Analyse:

1. Zeitfolge-Analyse
2. Tätigkeits-Analyse

Bei der Zeitfolge-Analyse wird untersucht, in welchem zeitlichen Rhythmus Ausbildungsphasen absolviert und Arbeitsplatzwechsel vorgenommen wurden. Außerdem wird auf eventuelle Zeitlücken geachtet.
Sinn dieser Betrachtungsweise ist, eine Aussage über Stetigkeit, Beharrlichkeit, Zielstrebigkeit und Einordnungsfähigkeit des Bewerbers zu erhalten. Selbstverständlich sind dabei nicht bei jedem Bewerber die gleichen Maßstäbe anzulegen: Je nach Lebensalter und Berufsbild wird die Situation unterschiedlich zu beurteilen sein. Darüber hinaus sind dabei eine Reihe sonstiger Einflüsse, die außerhalb der Person liegen, wie Krieg, Konjunktur, spezielle wirtschaftliche Verhältnisse in einer Region und vieles mehr zu berücksichtigen.
Die eindeutige und urteilssichere Bewertung der zeitlichen Abfolge von Positionswechseln ist in vielen Fällen nicht immer uneingeschränkt möglich und sollte daher auch vom erfahrenen und geübten Fachmann regelmäßig behutsam und sorgfältig angegangen werden.
So können Arbeitsplatzwechsel bei jüngeren Bewerbern häufig schon nach sehr kurzer Betriebszugehörigkeit vollzogen werden, ohne daß zwingend Rückschlüsse auf bestimmte persönliche Eigenschaften gezogen werden dürfen. Hingegen sollte sich der zeitliche Arbeitsverlaufsprozeß mit zunehmendem Lebensalter stabilisieren, das heißt, das Moment der Stetigkeit und die Orientierung am Gewohnten sollten sich verfestigen.
Oder negativ ausgedrückt: Je nach Berücksichtigung wirtschaftlicher, sozialer und ausbildungsmäßiger Faktoren, können sehr seltene Positionswechsel jüngerer Bewerber auf mangelnde Flexibilität, Energie und Zukunftsorientierung hindeuten, während sehr häufige Arbeitsplatzwechsel älterer Mitarbeiter Rückschlüsse auf fehlendes Integrationsvermögen, falsche Einschätzung der eigenen Qualifikation oder auch überhöhte Risikobereitschaft zulassen können.
Zu guter Letzt – und hier ist der Übergang zur Tätigkeitsanalyse fließend – ist ein Arbeitsplatzwechsel auf seine „innere Konsequenz“ hin zu untersuchen. Wir unterscheiden in diesem Zusammenhang sowohl aufsteigende als

auch absteigende Wechsel. Von einem aufsteigenden Positionswechsel sprechen wir zum Beispiel dann, wenn sich das neue Tätigkeitsfeld in seinen wesentlichen Faktoren wie Unternehmensgröße, Einkommen, Aufgabenspektrum etc. wesentlich verbreitert. Die Tätigkeitsanalyse ist damit ein unverzichtbares Instrument der indirekten Beurteilung.
Zunächst einmal gibt die Tätigkeitsanalyse Aufschluß über die fachliche Qualifikation des Bewerbers. Besitzt der Beurteilende überdies noch Spezialkenntnisse derjenigen Unternehmen, in denen der Bewerber tätig war, so ergibt sich aus dem Lebenslauf bereits ein sehr fundiertes Mosaik der beruflichen Kenntnisse und Erfahrungen. Außerdem ermöglicht die Tätigkeitsanalyse gewisse Rückschlüsse auf bestimmte Tatbestände beziehungsweise charakterliche Merkmale des Bewerbers. Wie oben bereits erwähnt, kann also Aufstieg auf bisherige Bewährung hindeuten, während beim positionellen Abstieg unter Umständen das Überschreiten des Leistungsgipfels mit im Spiele sein kann.

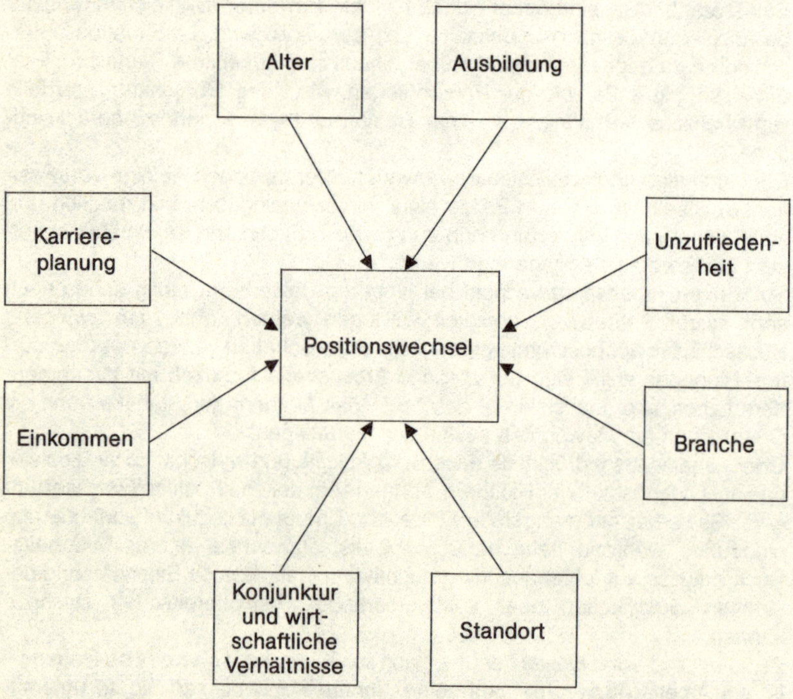

Abb. 4: Auslösende Faktoren für Positionswechsel

Bei kontinuierlichem Aufstieg – über mehrere Etappen hinweg gar – kann auf Ehrgeiz und Aktivität des Schreibers, verbunden mit plan- und zielbewußtem Handeln geschlossen werden.
Zusammenfassend ist zu sagen, daß die zeitliche Dauer und die Reihenfolge der einzelnen beruflichen Etappen in ihrer Gesamtdarstellung einen charakterologisch interessanten Einblick in die Persönlichkeit des Bewerbers geben. Die wesentlichen Einflußfaktoren, die einen Arbeitsplatzwechsel begründen und verursachen können, sind in Abbildung 4 noch einmal im Überblick dargestellt.

Schul-, Ausbildungs- und Arbeitszeugnisse

Schulzeugnisse – von den verschiedenartigsten Weiterbildungszertifikaten einmal ganz abgesehen – besitzen erfahrungsgemäß für die Personalauslese auf unterer Ebene eigentlich so gut wie keinen Aussagewert. Um so problematischer wäre es, würden sie bei Führungskräften mit in den Entscheidungsprozeß einbezogen. Wer unser Schul- und Hochschulsystem kennt und weiß, wie Noten zustande kommen, der kann ohne weiteres bei der Auswahl von Bewerbern für höhere Leistungsebenen auf die Bewertung von Diplomen verzichten.
Auch Betriebszeugnisse sind in vielerlei Hinsicht problematisch. Dabei ist jedoch zu differenzieren. Jedes Arbeitszeugnis besteht im Prinzip aus zwei Teilen:
Der erste Teil ist die gesetzliche vorgeschriebene Dienstbescheinigung und hat in aller Regel dokumentarischen Wert. Hier werden reine Tatsachen über Dauer und Art des Dienstverhältnisses bescheinigt. Deshalb ist dieser Zeugnisteil auch ein gutes Hilfsmittel zur Überprüfung von Angaben, die der Kandidat über sich selbst im Bewerbungsschreiben oder im Lebenslauf macht.
Der zweite Teil des Zeugnisses bezieht sich auf die Beurteilung der Führung und Leistung. Manche Zeugnisse sind hier geradezu Meisterleistungen sprachlicher Prosa. Trotz der allseits bekannten Signale, mit denen man nicht voll befriedigende Leistungen sprachlich positiv auszudrücken pflegt, ist hierauf in aller Regel kein Verlaß.
Wenn auch aus vorstehend genannten Gründen der Leistungsbewertung sowohl in Schul- als auch in Hochschulzeugnissen, zunehmend auch in Arbeitszeugnissen keine große Bedeutung bei der Auswahl von Führungskräften beizumessen ist, müssen diese Unterlagen doch als Pflichtbestandteil jeder Bewerbung angesehen werden.

Das Lichtbild

Ein Lichtbild gehört ohne Zweifel zu Recht in jede vollständige Bewerbung. Aus dem Bild jedoch auf Intelligenz, Tüchtigkeit oder gar Durchsetzungsvermögen und Führungsqualifikation zu schließen, wäre schlicht und einfach unseriös. Allerdings hat ein solches Photo durchaus eine reale Funktion: Zunächst einmal stellt es zwischen dem Bewerber und dem Beurteiler eine Art persönliches Verhältnis her, das in der Tat eine Beurteilungs- und Entscheidungshilfe sein kann. Die Gründe für Sympathie und Antipathie sollen an dieser Stelle nicht ausgeleuchtet werden, spielen aber bei Auswahlverfahren für alle betrieblichen Funktionen eine nicht zu unterschätzende Rolle, denn es leuchtet beispielsweise ohne weiteres ein, daß ein Ganzfoto aus dem letzten Urlaub in Verbindung mit anderen Hinweisen durchaus etwas über die Persönlichkeit eines Bewerbers aussagen kann.

Stellengesuch, ja oder nein?

Das Stellengesuch als Bestandteil einer Bewerbungsstrategie hat in den letzten Jahren zunehmend an Bedeutung gewonnen. Es ist bereits heute ein sehr häufig eingesetztes Instrument, das auch bei den Verantwortlichen in den Personalabteilungen nachhaltig beachtet wird. Der entscheidende Vorteil der Positionssuche über ein Stellengesuch ist die zwar kurzzeitige aber doch ungemein breit gestreute Ansprache der entsprechenden Zielgruppen. Wir haben heute in der Bundesrepublik eine unglaubliche Vielzahl von möglichen Anzeigenträgern: Etwa 550 Tageszeitungen, 12 Wochenzeitungen, weit über 400 Fachzeitschriften und zirka 200 sonstige Zeitschriften mit Stellenanzeigenteilen. Neben der richtigen Medienauswahl entscheiden im wesentlichen Anzeigenformat, Text, Gestaltung und Zeitpunkt der Veröffentlichung über Erfolg und Mißerfolg einer Anzeige. Die Größe sollte in etwa der Bedeutung der gesuchten Position entsprechen. Auch hier gibt es im Grunde keine „allein" gültigen Regeln. In den großen regionalen und überregionalen Tageszeitungen kann sich der weniger erfahrene Stellensuchende das rechte Augenmaß holen. Bei einer Anzeigenbreite von ungefähr 100 Millimeter gelten folgende Richtwerte:

Jahreseinkommen bis ca. 60.000 DM	20 mm Anzeigenhöhe
Jahreseinkommen von 60.000 bis 100.000 DM	40 mm Anzeigenhöhe
Jahreseinkommen über 100.000 DM	60 mm Anzeigenhöhe und mehr.

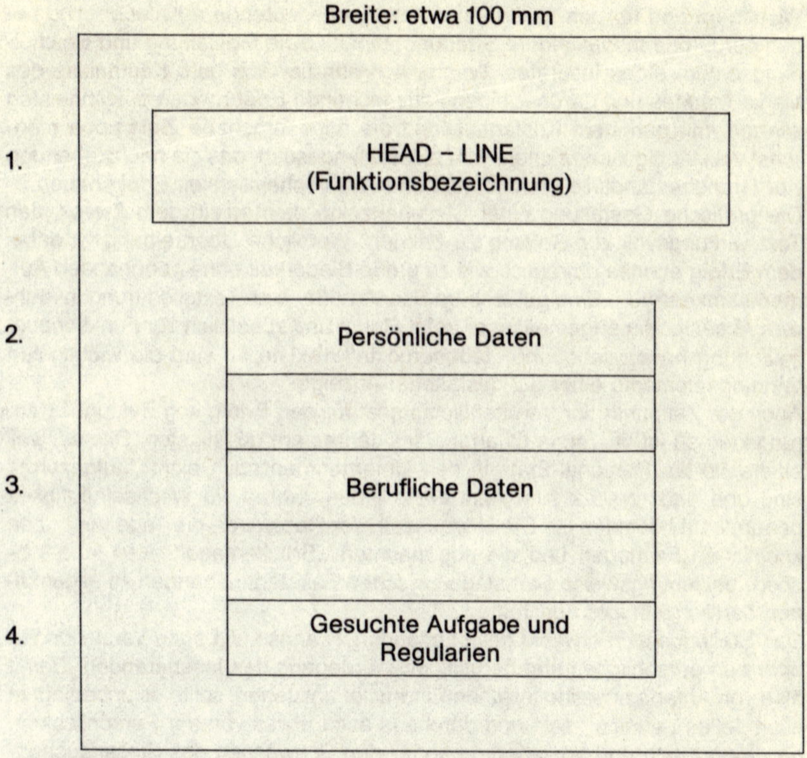

Abb. 5: Grundbestandteile eines Stellengesuchs

1. Head-Line (Funktionsbezeichnung)	Technischer Leiter, Kaufmännischer Leiter, Leiter Marketing und Vertrieb, Fertigungsleiter etc.
2. Persönliche Daten	Alter, Familienstand, Schul- und Ausbildungsabschlüsse, Auslandsaufenthalte, Sprachkenntnisse, persönliche Stärken.
3. Berufliche Daten	Berufsausbildung, Titel, Berufserfahrungen im einzelnen, berufliche Stärken.
4. Gesuchte Aufgabe	Positions-Beschreibung, hierarchische Einordnung, Standort, Branche, Unternehmensgröße.
5. Regularien	IST-Einkommen, Einkommenswunsch, frühester Eintrittstermin, eventuell Telefonnummer und Anschrift oder Chiffre-Nummer

Wichtigere und für den Erfolg einer Anzeige bedeutendere Kriterien sind neben der Größe insbesondere Streuung, Inhalt sowie Gestaltung und Erscheinungsdatum eines Inserates. Wenngleich nur ziemlich gute Kenntnisse des Media-Marktes und darüber hinaus ausreichende Erfahrungen gewährleisten können, mit geringem Kostenaufwand die angesprochene Zielgruppe möglichst vollständig zu erreichen, wird ein Stellengesuch, das die nachstehenden vier Grundbestandteile enthält, mit hoher Wahrscheinlichkeit Erfolg haben.
Die grafische Gestaltung einer Stellenanzeige dient allein dem Zweck, den Text wirkungsvoll zur Geltung zu bringen. Werbliche Übertreibung ist dabei dem Erfolg ebenso abträglich wie zu große Biederkeit ohne genügenden Aufmerksamkeitswert. Eine gut lesbare Schriftgröße, eine Textgliederung in mehrere Absätze, ein angemessener freier Raum und zusätzlich zur Funktionsbezeichnung herausgehobene „fettgedruckte" Textstellen sind die wichtigsten Wirkungselemente einer gut gestalteten Anzeige.
Auch der Zeitpunkt der Veröffentlichung ist für den Erfolg von Belang. Erfahrungsgemäß ist das erste Quartal eines Jahres am günstigsten. Dieses, weil einerseits die Personal-Etats in den Unternehmen noch nicht „aufgezehrt" sind und andererseits zum April eines jeden Jahres die Wechselhäufigkeit generell am höchsten ist. Die Urlaubszeit, der Dezember, die Tage vor hohen kirchlichen Festtagen und die sogenannten „Brückentage", also jene Wochen- beziehungsweise Samstage zwischen Feiertagen, bringen im allgemeinen deutlich weniger Zuschriften.
Das Stellengesuch erweckt beim Lesenden zwangsläufig erste Vorstellungen über den persönlichen und beruflichen Werdegang des Inserierenden. Damit also von Anfang an keine falschen Eindrücke entstehen, sollte es unbedingt in allen Teilen „ehrlich" sein und durchaus auch etwas von der Persönlichkeit, den Neigungen und Vorlieben, ja sogar den Schwächen des Stellensuchenden spüren lassen.

Zusammenfassung

Wir haben uns im Rahmen des vorstehenden Beitrages ausführlich mit der Frage des „WIE" einer Bewerbung befaßt. Wir haben dabei versucht, uns häufiger – wie schon erwähnt – in die Situation desjenigen, der die Bewerbung liest und mit der Beschaffung und Einstellung neuer Mitarbeiter betraut ist, zu versetzen und fragten uns dabei, welche Bewertungs-, Beurteilungs- und Interpretationskriterien er anlegen könnte. Umgekehrt darf dies nicht bedeuten, daß Bewerbungsunterlagen, ja der Bewerbungsprozeß schlechthin, dahingehend beeinflußt oder manipuliert werden dürfen, daß das persönliche Bild dessen, der sich bewirbt, so weit verfälscht wird, daß ein objektiver Schluß auf

die persönliche und fachliche Qualifikation unmöglich wird. Denn damit wäre keiner Seite gedient: Dem Personalleiter nicht, der spätestens im Vorstellungsgespräch erfährt, daß die schriftliche Darstellung des Bewerbers nicht den tatsächlichen Gegebenheiten entspricht, und auch dem Suchenden nicht, der in solchen Fällen sehr schnell ,,Farbe bekennen" muß und damit eine denkbar schlechte Ausgangslage (Referenzen etc.) für weitere Bewerbungsaktivitäten haben wird.
Wenn wir realistischerweise davon ausgehen, daß niemand von uns weder unbegrenzte noch gar keine persönlichen und fachlichen Kompetenzen besitzt, dann kann es einfach nur darum gehen, die vorhandenen Stärken zu analysieren und zu erkennen (= Eignungsprofil) und daraus ableitend die passenden Unternehmen und Branchen zu ermitteln (Unternehmens- und Branchenanalyse) sowie durch die beschriebene Anwendung der optimalen Bewerbungstechnik die Basis für eine erfolgreiche berufliche Entwicklung zu schaffen.

Literatur

Lückert, H. R.: Mitarbeiter auswählen, beurteilen und führen, München 1966
D. Dröll: Laufbahnberatung, Frankfurter Allgemeine Zeitung, Frankfurt 1979
B. Trottnow: Computerwoche, Jahrgang 1983/Nr. 17, CW-Publikationen, München 1983
U. Stopp: Betriebliche Personalwirtschaft 1975, Grafenau/Württ.
Wirtschaftswoche Spezial, Sondernummer 10/1978, S. 43

Die Vorstellung bei Firmen und Personalberatern

von Christa Titze

Stellensuchende, die in der Zeit knapper Stellenangebote zu einem Vorstellungsgespräch eingeladen werden, erhalten damit eine besondere Chance. Die Einladung kann einerseits Optimismus auslösen, andererseits aber auch Streß. Schließlich entscheidet der Verlauf des Gesprächs über die nächste Zukunft. Die beiden Extreme, Siegesbewußtsein und Furcht, können das Vorstellungsgespräch negativ beeinflussen. Wer glaubt, schon gewonnen zu haben, wenn es zu einem persönlichen Kontakt mit der entscheidenden Person kommt, versäumt leicht die sorgfältige Vorbereitung. Wer sich in Streß versetzt fühlt, wird eventuell versuchen, alle Hilfsmittel einzuschalten und vergißt darüber, sich innerlich auf die Anforderungen einzustellen. Die sachliche, nüchterne Frage: ,,Was kann ich tun?" ist die beste Ausgangsbasis. Die folgenden Hinweise dazu werden in diesem Artikel auf das Vorstellungsgespräch beschränkt. Aussagen zu Testverfahren und Arbeitsproben finden Sie im Bericht ,,Durch Tests und Arbeitsproben nicht verunsichern lassen", Seite 113.

Vorbereitung auf das Gespräch

Es gibt verschiedene Möglichkeiten, mit wem das Gespräch geführt wird:

- mit dem Personalleiter des Unternehmens,
- mit der Führungskraft, die den neuen Mitarbeiter sucht,
- mit einem Personalberater und eventuell dessen Team.

Gespräch mit dem Personalleiter

Führt ein Personalleiter das Gespräch, so handelt es sich meistens um einen erfahrenen Mann, der im Unternehmen die Kompetenz hat, Bewerber auszuwählen und sie dem anfordernden Vorgesetzten vorzuschlagen. Er wird seine Bemühungen vordringlich darauf ausrichten, die Persönlichkeit des Bewerbers zu erfassen. Die fachliche Einschätzung wird er dem anfordernden Vorgesetzten überlassen.

Gespräch mit dem anfordernden Vorgesetzten

In vielen mittleren und kleinen Unternehmen ist es noch üblich, daß der Vorgesetzte, der den neuen Mitarbeiter sucht, das Einstellungsgespräch führt und darüber entscheidet, wen er einstellen wird. Er wird wegen der geringen Erfahrung und der eigenen Betroffenheit in der Regel am stärksten subjektiv urteilen. Der Personalleiter verhandelt dann lediglich noch über die Vertragsbedingungen.

Gespräch mit dem Personalberater

Personalberater haben den Auftrag, einige geeignete Bewerber auszulesen und dem Unternehmen vorzuschlagen, das dann selbst die endgültige Entscheidung trifft. Der Personalberater hat die breiteste Erfahrung in der Gesprächsführung und wird in der Regel auch weitere Methoden wie Tests und Arbeitsproben anwenden. Er hat den Nachteil, daß er zu wenige Details über das Unternehmen kennt.

Ein erfahrener Interviewer als Gesprächspartner

Gehen wir davon aus, daß Sie auf einen erfahrenen Interviewer treffen. Sein dringlichstes Anliegen wird es sein, Sie als Menschen, als Persönlichkeit zu erkennen und zu verstehen.
Es gibt Eigenschaften und Fähigkeiten, die relativ stabil sind und solche, die durch Lernprozesse geändert werden können. So sind zum Beispiel

- Temperament und persönliches Tempo,
- Wertvorstellungen wie Ehrlichkeit, Gerechtigkeitssinn, Fairneß,
- der Einsatz von Energie in Form von Ausdauer und Konzentration,
- die Abstraktionsfähigkeit und
- anschauliches Vorstellungsvermögen

recht stabile Kennzeichen eines Menschen. Sie sind deshalb auch besonders geeignet, darauf Eignungsvorhersagen aufzubauen.
Erlernbar ist selbstverständlich fachliches Wissen, sprachlicher Ausdruck, die bessere Steuerung des eigenen Verhaltens und der Emotionen, der Umgang mit anderen Menschen. Die Lernfähigkeit selbst ist allerdings bei den Menschen unterschiedlich ausgeprägt. Eine wesentliche Voraussetzung dafür ist eine realistische Selbsteinschätzung, systematisches Denken und die Bereitschaft zum Lernen.
Der Bewerber sollte nicht versuchen, seine weitgehend stabilen Persönlichkeitseigenschaften durch Schauspielern zu verändern oder sie zu verdecken. Das kann höchstens dazu führen, daß er seine Überzeugungskraft verliert,

einen angespannten oder gehemmten Eindruck macht. Vielmehr sollte er sich darüber klar werden, was er will, auf welchen Gebieten seine Stärken liegen – aber auch, worin seine Schwächen bestehen. So wie er sich erkennt, muß er sich als Persönlichkeit akzeptieren. Er braucht in erster Linie ein angemessenes Selbstbewußtsein.

Der Vorgesetzte als Gesprächspartner

Sprechen Sie mit dem Vorgesetzten, der den neuen Mitarbeiter sucht, so wird ihn zunächst interessieren, ob Sie die notwendige Erfahrung und Vorbildung für die ausgeschriebene Stelle mitbringen. Für ihn ist es aber ebenso wichtig, daß er zu Ihnen einen positiven Kontakt aufbauen kann und die Vorstellung gewinnt, Sie würden sich recht problemlos in die Gruppe seiner Mitarbeiter einordnen.

Der Vorgesetzte wählt häufig als Beurteilungsmaßstab sich selbst. Der Bewerber sollte ihm an Wissen und Erfahrung nicht überlegen erscheinen, muß sich aber mit allen Fachbegriffen des Gebiets auskennen, so daß keine Verständigungsprobleme entstehen. Der Vorgesetzte erwartet, daß der Bewerber ähnliche Tätigkeiten ausgeübt hat.

Ist der Vorgesetzte sehr straff, zielstrebig und sachbezogen, wünscht er diese Eigenschaften auch vom Bewerber. Neigt er dazu, sich und seinen Arbeitsbereich eher breit und mit gewissem Stolz darzustellen, erwartet er, daß man ihm zuhört, Fragen stellt und Anerkennung gibt.

Ist er ein recht skeptischer und kritischer Mann, der sich distanziert verhält, erwartet er vom Bewerber exakte Antworten ohne Widersprüchlichkeit. Er wird schlagfertige Reaktionen, die sich nicht gegen ihn, die Aufgabe oder das Unternehmen richten, positiv bewerten.

Der Bewerber kann nicht vorher wissen, wer seine Gesprächspartner sein werden und welches Verhalten für sie typisch ist. So kann er sich nur vornehmen, sein jeweiliges Gegenüber nüchtern zu beobachten, zunächst mit seinen Beiträgen etwas zurückhaltend zu sein, um sich ein Bild vom anderen zu machen. Sich vollkommen an den Stil des anderen anzupassen wäre falsch. Der Bewerber sollte aber versuchen, auf sein Gegenüber einzugehen. Auf keinen Fall sollte er mit ihm in einen Wettstreit treten, fachliche Details korrigieren, Informationen durch den neuesten fachlichen Stand ergänzen, Probleme als unbedeutend abtun oder sofort Lösungen nennen. Trotzdem darf es nicht sein Ziel sein, „sein Licht unter den Scheffel zu stellen“. Er kann sein Wissen zum Beispiel durch Fragen an den anderen verdeutlichen. („Arbeiten Sie mit der Methode ...?“ oder „Verwenden Sie das Material ...?“) Stellen Sie fest, daß der Interviewer auf irgend etwas stolz ist, so zeigen Sie ihm dafür auch Ihre Anerkennung.

Vorklärung des eigenen Standpunktes

Stellen Sie die folgenden Fragen an sich selbst:

- Suche ich eine Fortsetzung meiner bisherigen Tätigkeit vom Anforderungsniveau her, oder möchte ich in die nächsthöhere Ebene aufsteigen?
- Strebe ich eine Änderung meiner Tätigkeit an, indem zum Beispiel ein bisheriger Aufgabenteilbereich zukünftig den Schwerpunkt für mich bilden soll, oder bin ich mit allen Variationen, die meine bisherige Tätigkeit zur Basis haben, einverstanden?
- Bin ich zu jeder Arbeit bereit, die ich aufgrund meiner Vorkenntnisse und meiner Erfahrung leisten kann – selbst wenn damit ein Statusverlust verbunden ist?
- Würde ich einen Aufgabenbereich übernehmen, für den ich mir zunächst noch zusätzliche Kenntnisse aneignen muß, der mich vor neue, höhere Anforderungen stellt?
- Welche Bedeutung hat für mich die Aufgabe und welche die Persönlichkeit des Vorgesetzten? Sollte ich bei einer unklaren Stellenbeschreibung und Kompetenzabgrenzung ablehnen?
- Bin ich bereit, Nachteile auf mich zu nehmen wie: längerer Arbeitsweg, Wohnortwechsel, geringeres Nettoeinkommen, weniger Zusatzleistungen, Reisetätigkeit, ungeregelte Arbeitszeit, ländliche oder Großstadt-Gegend, Aufgabe von Freizeit für Schulungen usw.
- Wie steht meine Familie zu meinen persönlichen Antworten auf diese Frage? Muß ich sie bei Abweichungen korrigieren? Wenn ja, welche, und wo liegt der Kompromiß?

Auch wenn ein Bewerber sich nach den Angaben in der Stellenausschreibung ein bestimmtes Bild von den Arbeitsbedingungen gemacht hat, so sollte er das nicht als gegeben nehmen, sondern offen sein für alle Überraschungen und neuen Informationen durch den Gesprächspartner.
Erkennt der Bewerber im Gespräch, daß die neue Stelle mit Bedingungen verbunden ist, die er in den Vorüberlegungen abgelehnt hat, unterscheidet er nach solchen, die unumstößlich gegeben sind, und anderen, die abänderbar sein müßten. Er wird dies durch Fragen prüfen, ohne seine Einstellung dazu deutlich zu sagen. Selbst bei geringem Interesse sollte man nicht sofort absagen, sondern sich noch zwei Tage Überlegungszeit freihalten.

Vorbereitung auf den Gesprächstermin

Sucht eine Führungskraft eine neue Stelle, so wird sie die Chance dazu selten am eigenen Wohnort finden. Wer morgens eine längere Anlaufzeit braucht, bis

er seinen vollen Leistungsstand erreicht hat, wird versuchen, den Gesprächstermin dementsprechend zu vereinbaren. Die Konzentration und Reaktionsfähigkeit ist für das Gespräch sehr wichtig, also ist in der Nacht davor für ausreichenden Schlaf zu sorgen.
Wer mit dem PKW anreist, sollte die Fahrtroute genau studieren, denn Verfahren bringt Zeitnot und damit Streß. Pünktliches Erscheinen ist dagegen bereits ein positives Kriterium.
Die Kleiderfrage ist keine Nebensächlichkeit. Der erste Eindruck kann bereits Vorurteile erzeugen. Die Kleidung ist so zu wählen, daß sie der Branche und der Position der ausgeschriebenen Stelle entspricht – nicht zu feierlich, aber auch nicht zu leger. Der Interviewer will bereits an der äußeren Erscheinung erkennen, ob der Bewerber die Position in dieser Hinsicht ausfüllen kann.
Der Bewerber wird seine Unterlagen vollständig mitnehmen. Dazu gehören bei manchen Berufen auch Arbeitsprodukte wie Werbeideen, Entwürfe von Messeständen, Vertragstexte, selbst entwickelte Beurteilungssysteme, Formulare und Vordrucke, organisatorische Regelungen für Arbeitsabläufe, Kostenstudien und vieles andere.
Eine Referenzliste kann wertvoll sein. Der Bewerber wird sie nicht von sich aus anbieten, aber auf Wunsch vorlegen. Auf dieser Liste können sowohl Männer oder Frauen aus der vergangenen beruflichen Tätigkeit stehen als auch Persönlichkeiten des öffentlichen Lebens, wie Hochschullehrer, Trainer, ein Verleger und andere.
Zur eigenen Vorbereitung gehört auch eine Checkliste mit Fragen an den Einstellenden. Beispiele:

- Wie lange besteht das Unternehmen?
- Welche Ziele verfolgt es?
- Welche Marktstellung hat es inne?
- Wurde die Stelle neu geschaffen, oder warum verließ der Vorgänger diese Position?
- Wie sehen die Zielvorstellungen für diese Stelle aus?
- Welche Kompetenzen und Verantwortlichkeiten sind mit der Position verbunden?
- Gibt es Stellenbeschreibungen?
- Gibt es Führungsleitsätze?
- Bietet das Unternehmen Möglichkeiten der Fortbildung? Wenn ja, welche?
- Zu welchen Stellen besteht die Notwendigkeit enger Zusammenarbeit, und wie ist die Kooperation geregelt?
- Soziale Leistungen: Kantine, Umzug, Wohnung, Dienstfahrten, Dienstwagen.
- Gehalt und Altersversorgung, Versicherungen, Prämien.

Die beiden letzten Punkte werden in der Regel im Detail nur mit dem Personalleiter besprochen und sind je nach Anstellungsvertrag sehr unterschiedlich zu regeln.
Es gibt Firmen, die großen Wert darauf legen, den Ehepartner des Bewerbers kennenzulernen. Wer das für ungerechtfertigt hält, sollte folgendes bedenken:

- Es gibt Berufe, bei denen der Partner von den Arbeitsbedingungen besonders betroffen ist. Wehrt er sich dagegen, wird das Familienleben gestört und die Leistungsfähigkeit des Stelleninhabers beeinträchtigt. Dabei kann es sich um häufige Reisetätigkeit handeln, um Repräsentationspflichten an Abenden oder Samstagen, um ungeregelte und lange Arbeitszeiten.

- Ein Wohnortwechsel betrifft den Partner oft stärker als den Bewerber selbst. Ist er bereit, zum Beispiel von der Stadt auf das Land zu ziehen oder umgekehrt?

- Die Bedürfnisse des Partners können nicht unberücksichtigt bleiben. So sind seine persönlichen Interessen, materiellen Ansprüche und das Image nicht zu vernachlässigen.

Aus der Sicht des Bewerbers kann es ebenfalls von Vorteil sein, wenn der Partner an den Gesprächen beteiligt ist und sich selbst einen Eindruck von der zukünftigen Tätigkeit, dem Vorgesetzten und dem Arbeitsumfeld schaffen kann. Er wird die Entscheidungen überzeugter mittragen. Als Beobachter kann er den Stellensuchenden unterstützen. Vom Partner sind dann auch die Kleidung und die körperliche Pflege sorgfältig zu überlegen. Die Kleidung sollte nicht zu auffällig oder aufreizend sein. Der erfahrene Interviewer wird eine funktionierende Partnerschaft wohl honorieren, nicht aber wenn der Partner versucht, einen stärkeren Eindruck als der Bewerber selbst zu hinterlassen. „Einigkeit macht stark" gilt auch hier.

Eine weitere Anforderung, auf die sich der Bewerber vorbereiten kann, ist die Information über das aktuelle Geschehen. Er sollte während der Zeit der Stellensuche sowohl die politischen als auch die Wirtschafts-Nachrichten aufmerksam verfolgen. Sein wesentliches Ziel muß es sein, die Fakten genau zu kennen. Dabei wird er sich auch eine eigene Meinung bilden. Sein Ziel darf es aber nicht sein, diese dem Interviewer von sich aus mitzuteilen, sondern er muß zu gegebener Zeit nachweisen können, daß er das aktuelle Geschehen verfolgt. Wird er zur persönlichen Stellungnahme aufgefordert, muß er für seinen Standpunkt eine sachlich abgewogene Beurteilung abgeben können. Grundtenor wird dabei stets der Arbeitgeberstandpunkt sein.

Die Gesprächsführung

Was erwartet den Bewerber?

Gehen wir von den drei häufigsten Formen der Gesprächsführung aus:

a) Der Interviewer bittet Sie, Ihren Lebenslauf ausführlich zu schildern. Er überläßt es Ihnen, wie Sie beginnen, und wird seine Zwischenfragen stellen, wenn er weitere Erläuterungen wünscht. Er geht chronologisch vor.

b) Der Interviewer erfragt Ihre Gründe für die Bewerbung um diese Stelle. Er geht also von der aktuellen Situation aus und erwartet Angaben zu Ihrer bisherigen Berufstätigkeit, zu Ihren Vorstellungen über die Stelle und zu Ihren Wünschen für Ihre berufliche Entwicklung. Er geht „strahlenförmig" vor.

c) Der Interviewer führt das Gespräch nach einem Leitfaden, einer Checkliste mit Fragen, die sich auf Ausbildung, Berufsentwicklung, Motive für die Tätigkeit, bisherige Erfolge im Beruf, Zukunftserwartungen und Hobbys beziehen können.

Während der erfahrene Interviewer den Bewerber möglichst viel reden läßt, neigt der weniger geübte Vorgesetzte dazu, schon in der ersten Hälfte des Gesprächs sein Unternehmen und die Arbeitsbedingungen ausführlich darzustellen. Hört der Bewerber hier aufmerksam zu, kann er mit seinen Vorstellungen auf die genannten Gegebenheiten und die Persönlichkeit des Interviewers eingehen.

Bei einem standardisierten Interview reichen oft schon kurze Angaben zu den Fragen, da der ungeübte Gesprächspartner häufig zufrieden ist, wenn er seine Checkliste abhaken kann.

Der erfahrene Interviewer bittet um Verständnis, daß er sich Notizen machen wird, er schreibt sich Stichworte auf, ohne daß damit der Kontakt gestört wird. Der Bewerber sollte diese Haltung innerlich nicht ablehnen, um deutlich zu machen, daß er nichts zu verbergen hat. Schreibt der Interviewer nicht mit, besteht die Gefahr, daß er für seinen ersten Eindruck vom Bewerber im Gespräch nur noch Bestätigungen sucht. Das kann positiv oder negativ für den Bewerber sein und ist von Sympathie/Antipathie abhängig.

Was nimmt der Interviewer wahr?

Der erfahrene Interviewer lenkt seine Aufmerksamkeit auf drei Bereiche:

a) Das Erscheinungsbild und das nonverbale Verhalten. Dazu gehören: Kleidung, Haartracht, Haltung, Gang, Mimik, Gestik, Blickkontakt.

b) Das verbale Verhalten wie Sprechtempo, Stimme, Betonung, Satzbau, Fremdwörter, Sprachstil, Berichtsstil (ausführlich, knapp, abschweifend usw.)

c) Die inhaltlichen Aussagen, was er aus der Vergangenheit berichtet, welche Vorstellungen und Wünsche er hat, seine Fachkenntnisse, seine Lebensgewohnheiten und beruflichen Erfahrungen.

Der Interviewer wird von den inhaltlichen Aussagen nur überzeugt sein, wenn er sie in Übereinstimmung bringen kann mit dem Eindruck, den er aus dem gegenwärtigen Verhalten des Bewerbers gewinnt. Ein Mensch, der von sich behauptet, ein guter Verkäufer zu sein, im Gespräch aber wortkarg ist, nicht flüssig formuliert und den Blickkontakt meidet, dürfte auf den Interviewer nicht glaubwürdig wirken.

Behält der Bewerber seine einmal eingenomme Sitzhaltung unverändert bei, läßt die Hände stets unter dem Tisch und ist in seiner Mimik ausdruckslos, so fällt es dem Zuhörer schwer, seinem Bericht über einen Konflikt zum Arbeitgeber, über ungerechte Behandlung oder auch über selbst erarbeitete Erfolge zu glauben. Wer über Ereignisse spricht, die eine emotionale Beteiligung erwarten lassen, kann sich nicht verhalten, als wäre er davon nicht berührt worden.

Eine zu glatte Lebensgeschichte, in der alles nach Wunsch verlief, wird den Interviewer stutzig machen. Die Darstellung würde der menschlichen Erfahrung nicht entsprechen.

Die geschilderten Diskrepanzen zwischen Aussagen und Verhalten oder Aussagen und Wahrscheinlichkeitsannahmen kommen dann zustande, wenn der Bewerber sich vornimmt, eine bestimmte Rolle vorzuspielen oder sich sorgfältig kontrolliert, um wenig Beobachtbares zu zeigen. Er wirkt unnatürlich.

Der Bewerber sollte sich also in seinem Wesen nicht verstellen. Doch kann er Geschehnisse, die nach seiner Ansicht negativ zu interpretieren sind, verschweigen. Das könnte zum Beispiel sein: Ein Schul- oder Ausbildungsabbruch, Streit mit einem Vorgesetzten, Unfallfolgen, als Urlaub genutzte Zeit zwischen zwei Arbeitsverhältnissen. Wird er direkt danach gefragt, so muß er den Vorfall kurz nennen und die daraus gewonnene Erfahrung. Falsch wäre es, Selbstanklagen zu führen (siehe auch „Rechtsfragen zum neuen Arbeitsverhältnis" Seite 123).

Wie sollte sich der Bewerber verhalten?

- Er ist pünktlich, eine kurze Wartezeit kann nicht schaden.
- Er tritt sicher in den Raum ein, geht auf den Interviewer zu, stellt sich vor und nimmt den angebotenen Platz ein.
- Er wartet, daß der Interviewer das Gespräch eröffnet, auf die ersten allgemeinen Worte reagiert er freundlich und trägt einen eigenen Gedanken bei (beispielsweise „Der Weg zu Ihnen ist gut ausgeschildert", „Ich kannte Ihr Haus durch die Leuchtschrift, die mir schon früher auffiel").
- Will der Interviewer unmittelbar in das Gespräch einsteigen, kann der Be-

werber fragen: „Was erwartet mich heute?" (Nur Gespräch oder auch andere Maßnahmen; nur ein Gesprächspartner oder mehrere; Zeitdauer; mit Besichtigung des Arbeitsplatzes/der Firma oder nicht?).

- Er geht auf alle Fragen so ein, daß der Gesprächspartner ihm folgen kann, ohne Gedankensprünge, nicht voraussetzend, daß der andere Ihre Stadt kennt, daß ihm Ihre früheren Arbeitgeber bekannt sind, er verwendet keine Fachausdrücke, Fremdwörter oder Abkürzungen, erklärt sie zumindest, es sei denn, der Gesprächspartner ist Spezialist.
- Er berichtet den Lebenslauf chronologisch. Das Elternhaus kann er kurz nennen (Beruf des Vaters, der Mutter, ältere/jüngere Brüder und Schwestern, wer noch in der Familie lebte). Er beginnt mit dem Abschluß der Schule oder der Lehre.
- Er nennt Gründe für jede Änderung. Dabei sollte er vermeiden, zu weit auszuholen und sich in Nebensächlichkeiten zu verlieren.
- Stellt er fest, daß der Interviewer eine Zwischenfrage hat, unterbricht er nach Abschluß des Satzes und macht eine Pause.
- Er bezieht den Interviewer ein, indem er sagt: „Ich möchte Ihnen das genauer schildern" oder „Sie kennen sicher die Einarbeitungsschwierigkeiten" oder „Die Arbeitsmarktsituation von 19... wird Ihnen noch bekannt sein".
- Er versucht, Mißverständnisse dadurch zu vermeiden, daß er unklare Fragen wiederholt oder präzisiert. Sieht er sich falsch verstanden, erläutert er nochmals seinen Standpunkt.
- Auf Fragen, welche Vorstellungen er von der angebotenen Tätigkeit hat, hält er sich an den Text der Anzeige: „Ich habe Ihrer Anzeige entnommen ..." oder „Vergleiche ich die Stelle mit jenen aus meiner Berufserfahrung, erwarte ich, daß ... (Anforderungen)"
- Wird er auf seine Zukunftspläne angesprochen, verweist er auf seine Erfahrung und sagt: „Ich habe es stets so gehalten, daß ich mich zunächst voll einarbeite und erst dann einen neuen Standpunkt festlege."
- Der Interviewer will mit Sicherheit wissen, warum Sie Ihr letztes Arbeitsverhältnis beendeten. Wer von sich aus kündigt, hat in der Regel bereits eine neue Stelle in Aussicht oder sah für sich keine andere Wahl. Ist der Bewerber arbeitslos, wird er eine verständliche Erklärung abgeben müssen. Er sollte das Unternehmen nicht negativ darstellen, über den letzten Vorgesetzten keine ungünstigen Aussagen machen, sondern möglichst objektiv einen Tatbestand nennen: „Es bestanden Meinungsunterschiede zu ...", „Ich war mit ... nicht einverstanden", „Meine begründeten Erwartungen wurden nicht erfüllt". Das Arbeitsverhältnis kann auch einvernehmlich beendet worden sein – halten Sie sich an den Text des Zeugnisses.
- Eine Kündigung durch das Unternehmen kann durch Arbeitsmangel, Weg-

rationalisierung der Stelle, Übernahme des Unternehmens durch ein anderes oder Konkurs bedingt sein. In diesen Fällen ist die ehrliche Darstellung sicher überzeugend. Treffen diese Gründe nicht zu, muß die Kündigung in Ihrer Person begründet sein. Da in den meisten Firmen der Betriebsrat/Personalrat sich für die Mitarbeiter einsetzt, darf der Interviewer in diesem Fall ein deutliches Fehlverhalten des Bewerbers vermuten. Dieser Verdacht kann durch eine falsche Darstellung nicht entkräftet werden – also ehrlich bleiben und auf Verständnis für eine menschliche Schwäche hoffen.

- Nach seiner Freizeitgestaltung gefragt, darf er nur wenige Interessengebiete aufzählen, sollte aber auch verdeutlichen, daß er flexibel ist und jeweils das einplant, was sich an Möglichkeiten bietet. Hat er sich in Vereinen engagiert, kann er das auf die Vergangenheit bezogen angeben. Was der Interviewer außerdem wissen will: Welchen Stellenwert die Freizeit für den Bewerber hat, wie sein privates, soziales Umfeld aussieht, welche Aktivität er aufbringt, ob er seine Gesundheit zum Beispiel durch Sport fördert und welche finanziellen Aufwendungen er für sein Hobby benötigt.
- Der Bewerber kann auch vorsichtig sein Interesse an Weiterbildungsveranstaltungen vorbringen und sich erkundigen, welche Möglichkeiten das Unternehmen anbietet.
- Für den neuen Arbeitgeber ist es auch wichtig, etwas über die Einstellung des Bewerbers zu allgemeinen Fragen wie Umweltschutz, Konsumgesellschaft, Wohlfahrtsstaat, Gewerkschaft, Wirtschaftssystem und ähnliches zu erfahren. Meist wünscht er sich Mitarbeiter, die den Leistungsstandpunkt vertreten, die wirtschaftliche Probleme realistisch einschätzen, die unsere Wirtschafts- und Gesellschaftsform akzeptieren und bereit sind, Verantwortung für sich selbst zu tragen.

Fragen des Bewerbers

Eine wichtige Überlegung ist, wann der Bewerber seine Fragen stellt. Er sollte dafür nicht den Beginn des Gesprächs wählen. Insbesondere die Frage nach dem Gehalt darf erst dann gestellt werden, wenn über die Anforderungen Klarheit besteht. Zwar ist es denkbar, daß ein Gespräch wegen der unterschiedlichen Gehaltsvorstellungen zu keinem Ergebnis führen kann. Stellt sich das erst zum Schluß heraus, hat das Gespräch dem Bewerber immerhin einen weiteren Markteinblick gegeben.
Alle Informationen, die der Bewerber über das Unternehmen und die ausgeschriebene Stelle benötigt, kann er in der Phase erbitten, in welcher der Interviewer darüber berichtet. Er hat ein Interesse daran, die augenblickliche Marktsituation für das Unternehmen und deren zukünftige Entwicklung kennenzulernen. Zur Position ist die genaue Aufgabenabgrenzung, sind die Be-

fugnisse, Vollmachten, Verantwortlichkeiten, die Zahl der Mitarbeiter zu erfragen, sowie die Einordnung in die Hierarchie.
Wenn das Gespräch in der Firma stattfindet und beide Partner eine weitgehende Bestätigung ihrer Erwartungen fanden, sollte der Bewerber darum bitten, sich den Arbeitsplatz ansehen zu können und – wenn nicht bereits geschehen – den Vorgesetzten kennenzulernen. Dabei läßt sich dann klären, wie die Arbeit bereits geregelt ist oder welchen eigenen Entscheidungsspielraum sie für den Stelleninhaber bietet.
Es erfordert viel Fingerspitzengefühl, die Fragen so zu stellen, daß sie nicht provokativ klingen, Kritik beinhalten („Arbeiten Sie noch nicht mit Bildschirmen?") oder den Eindruck erwecken, der Bewerber suche eine Tätigkeit, die weder Mehrarbeit noch zusätzliche Einarbeitung, noch problematische Koordinationsaufgaben nötig mache. Er enthält sich am besten weitgehend eigener Wertung.
Ganz am Ende des Gesprächs stehen die Fragen nach den gebotenen Leistungen: Wie ist die Stelle dotiert, 13 oder 14 Gehälter, ist es ein Tarifgehalt oder frei zu vereinbaren, gibt es Leistungszulagen und wie werden sie bemessen und zugeteilt, wird nach der Probezeit das Gehalt erhöht, werden Jahresprämien geboten, wie sind Weihnachtsgeld und Urlaubsgeld geregelt, steht ein Firmenwagen zur Verfügung und wie wird darüber abgerechnet? – Andere Fragen richten sich auf Beschaffung und Kosten einer Wohnung, die Altersversorgung, Unfallversicherung und Betriebsordnung.
Der Bewerber wird sich auch erkundigen, welche Rolle die Arbeitnehmervertretung im Unternehmen spielt. Nutzt sie alle Mitspracherechte aus, gibt es eine vertrauensvolle Zusammenarbeit?

Allgemeine Gesprächsregeln

Sind Sie auf Stellensuche, stehen Sie unter einem härteren Erfolgszwang als Ihr Gesprächspartner, der sicher viele Bewerber hat. Das darf Sie nicht verleiten, extrem zu reagieren – entweder sich übermäßig bereitwillig bis unterwürfig zu zeigen oder so forsch und fordernd aufzutreten, daß Sie arrogant wirken. Der Interviewer wird eventuell versuchen, Sie unter psychischen Streß zu setzen, indem er gerade da nachbohrt, wo Sie einen Negativpunkt zu haben scheinen. Er wird vielleicht versuchen, Ihnen Widersprüche nachzuweisen oder Sie durch Unterstellungen zu provozieren. Beobachten Sie den Interviewer genau in seinem Verhalten (lehnt sich zurück, prüfender Blick, unterbricht Sie), damit Sie auf einen „Angriff" vorbereitet sind. Reagieren Sie in solchen Phasen sehr sachlich und knapp. Versuchen Sie nicht, mit gleichen Mitteln zurückzuschießen. Sind Sie mit seinen Aussagen nicht einverstanden, dann sagen Sie nicht: „Das ist falsch" oder „Das habe ich nicht gesagt" oder „Das können Sie so nicht sehen". Besser ist die Reaktion: „Ich habe mich offensichtlich nicht klar ausgedrückt" oder „Es gibt viele Möglichkeiten zu handeln, ich habe diese gewählt, weil ..." oder „Darf ich meinen Standpunkt noch einmal darstellen?".

Nehmen Sie dem Partner solche „Angriffe" nicht übel, er will Sie nicht persönlich kränken, sondern Ihre Reaktionsweise testen.

Der erfahrene Interviewer vermeidet bis zum Schluß alle Hinweise, aus denen Sie entnehmen können, ob er Sie für geeignet hält. Wahrscheinlich hat er noch weitere Gespräche und will alle Bewerber erst vergleichen können. Lassen Sie sich aber zusichern, bis wann Sie mit einer Antwort auf Ihre Bewerbung rechnen können. Haben Sie selbst noch Zweifel, dann versprechen Sie Ihre Entscheidung nach Abstimmung mit dem Einstellenden zu einem festen Termin.

Durch Tests und Arbeitsproben nicht verunsichern lassen

von Dr. Klaus Rischar

Immer mehr Personalberater und Führungskräfte gehen dazu über, sich Arbeitsproben geben zu lassen und zunehmend auch Tests einzusetzen. Ihnen ist durch negative Erfahrungen deutlich geworden, wie leicht man sich – auch nach einem Einstellungsgespräch mit mehreren Führungskräften unabhängig voneinander – über die Fähigkeiten eines Bewerbers täuschen kann. Es gibt Menschen, die sich im Einstellungsgespräch weit unter Wert verkaufen und andere, die als Blender auch vor erfahrenen Personalfachleuten ihre Schwächen geschickt zu verdecken und ihre Stärken in viel zu starkem Maße herauszustellen verstehen. So geht die Zahl derjenigen, die sich auf das Studium der Bewerbungsunterlagen verlassen und Tests als wenig aussagekräftig ablehnen, mehr und mehr zurück.

Der unklare Begriff „Test"

In der Umgangssprache wird der Begriff „Test" oft gleichbedeutend mit Arbeitsprobe verwandt. Dabei denken die meisten Menschen an eine Prüfung des vorhandenen Wissens, wie zum Beispiel bei den sogenannten Schultests. Das Wort „Test" benutzt man außerdem, wenn Fertigkeiten ermittelt werden sollen, wie das Biegen eines Drahtes oder das Lösen einer Aufgabe geistiger Natur. In allen diesen Fällen liegt das Schwergewicht auf dem Prüfen. Unberücksichtigt bleibt dagegen die Zuverlässigkeit und damit die Güte des Verfahrens.

Der bekannte Testpsychologe Lienert hat den Test definiert als „ein wissenschaftliches Routineverfahren zur Untersuchung eines oder mehrerer empirisch abgrenzbarer Persönlichkeitsmerkmale mit dem Ziel, eine möglichst quantitative Aussage über den relativen Grad der individuellen Merkmalsausprägung zu treffen."

Was sagt dieser Satz dem Nichtfachmann?

1. Der wirkliche Test muß wissenschaftlich begründet sein. Der Begriff „wissenschaftlich" bezieht sich auf die Methode, mit der bei der Testerstellung gearbeitet wird, die Konzeption, die dem Test zugrundeliegt.
2. Routineverfahren bedeutet, daß die Testaufgaben stets in gleicher Form dargeboten werden müssen.

3. Ein Test kann sich auf die Prüfung einer einzigen speziellen Eigenschaft beschränken, wie das Abstraktionsvermögen, aber auch gleichzeitig mehrere erfassen.

4. Zu den Persönlichkeitsmerkmalen zählen

   - intellektuelle,
   - emotionale,
   - solche der Motivstruktur und
   - der Einstellung.

5. Meßbar sind die Eigenschaften im Hinblick auf ganz hohe bis sehr geringe Intensität. Wenn möglich – und das wird stets angestrebt – versucht man, quantitative Aussagen zu erhalten.

Ein Test muß eine Norm enthalten, die es ermöglicht festzustellen, wo der Prüfling im Verhältnis zu anderen Bewerbern seinen Standort hat. Verglichen wird mit Menschengruppen, zum Beispiel gleichen Alters oder derselben Vorbildung.

Worüber geben Tests Auskunft?

Nach Lienert sollen die Tests in drei Gruppen gegliedert werden:

1. Intelligenztests

- allgemeiner oder spezieller Art.

2. Leistungstests

- zum Beispiel zur Prüfung
  - der Fingerfertigkeit,
  - der Farbwahrnehmung,
  - der Fähigkeit zum Rechnen.

3. Persönlichkeitstests

- beispielsweise Motivation,
- Anspruchsniveau,
- Zu- oder Abneigung gegenüber bestimmten Tätigkeiten,
- Dominanz oder Integrationsfähigkeit (= Fähigkeit zum Anpassen),
- Intro- oder Extrovertiertheit.

Formale Unterschiede bei Tests

1. Tests, bei denen es stark auf die Schnelligkeit ankommt,
2. Papier- und Bleistifttests oder Tests mit Materialbearbeitung,
3. verbale Tests, also solche mit sprachlichen Vorgaben, oder nonverbale mit Figuren, Bildern, Mustern,
4. Tests, an denen eine Gruppe teilnehmen kann oder nur eine Person.

Der besondere Fall des projektiven Tests

Bei diesem Verfahren müssen bei der Auswertung Antworten mit Mustern/ Sätzen verglichen und vom Bewerber jeweils in die Kategorie eingeordnet werden, der sie am nächsten kommen. Noch schwieriger als die Deutung der hier behandelten Form ist die Interpretation von bildhaften Darstellungen und Symbolen.
Projektive Tests dürfen nur von Psychologen verwandt werden. Da er gesetzlich einer besonderen Schweigepflicht, vergleichbar dem Arzt, unterliegt, darf er dem auswählenden Unternehmen nur seine Schlußfolgerungen im Hinblick auf die Eignung nennen. Der Einsatz ist sehr problematisch, auch in juristischer Hinsicht, weil der projektive Test Erkenntnisse über die Persönlichkeit eines Menschen zu erfassen sucht, die weit über die Anforderungen an die Stelle im engeren Sinne hinausgehen. Als Bewerber können Sie nur schwer erkennen, ob ein Psychologe, auch ein solcher mit akademischer Abschlußprüfung, fähig ist, mit projektiven Tests sachgerecht umzugehen.

Häufige in der Personalauslese verwandte Testverfahren

1. Der Intelligenz-Struktur-Test (= IST) von Amthauer

Erfaßt werden unter anderem
- die sprachliche und
- rechnerische Intelligenz,
- räumliches Vorstellungsvermögen,
- Merkfähigkeit.

Die Dauer beträgt einschließlich Testeinweisung etwa 90 Minuten.

2. Das Leistungsprüfsystem (= LPS) von Horn

Erfaßt werden unter anderem
- Allgemeinbildung,
- Denkfähigkeit,
- technische Begabung,
- rasche Wahrnehmung.

Die Dauer beträgt 90 Minuten, möglich ist auch eine Kurzform.

3. Grundintelligenztest-Skala (= CFT 3) von Cattell

Erfaßt werden unter anderem
- das Erkennen von Regeln und Gesetzmäßigkeiten,
- Zielstrebiges und geordnetes Denken.

Die Dauer beträgt in der Langform 60 Minuten.

4. Mannheimer Intelligenztest (= MIT) von Conrad und anderen

Erfaßt wird ein allgemeines Intelligenzmaß.
Die Dauer beträgt etwa 60 Minuten.

5. Konzentrations-Leistungstest (= KLT) von Duker oder Lienert

Erfaßt wird die Konzentration mit der Methode des Grundrechnens, auch unter sehr starkem Zeitdruck.
Die Dauer beträgt 38 Minuten, in der Kurzform 20 Minuten.

6. Der Allgemeine Büroarbeitstest (= ABAT) von Lienert

Erfaßt werden unter anderem
- Sortieren,
- Prüfen,
- Rechtschreibung,
- Zeichensetzung.

7. Untersuchung des praktisch-technischen Verständnisses (= PVT) von Amthauer

Bewältigung von zeichnerisch dargestellten Problemen aus verschiedenen Bereichen der Technik.
Die Dauer beträgt 25 Minuten.

8. Mannheimer Rechtschreib-Test (= MRT) von Jäger und Jundt

Erkennen der Fehlerschwerpunkte.
Dauer etwa 45 Minuten.

Kann man Tests „knacken“?

Auf diese Frage kann trotz gegenteiliger Behauptungen in manchen populären Veröffentlichungen grundsätzlich mit Nein geantwortet werden. Weshalb?

1. Der Bewerber weiß in der Regel nicht genau, welche Eigenschaften geprüft werden sollen, teilweise sind es mehrere Fähigkeiten gleichzeitig.
2. Wenn ihm dies bekannt ist, dann weiß er nicht, wie die richtigen Lösungen lauten, es sei denn, er konnte sich die Musterlösungen beschaffen.
3. Es ist dem Bewerber unklar, wie die Testergebnisse ausgewertet werden. Dieses Wissen muß er aber besitzen, will er die Testergebnisse in seinem Sinne manipulieren.
4. Bei der Interpretation der Ergebnisse fließen subjektive Deutungen ein, zum Beispiel, ob der Einstellende einen Bewerber trotz der erkannten Schwächen wegen seiner großen Stärken einstellt.
5. In anderen Fällen kann nur ein diplomierter Psychologe die Ergebnisse sachgerecht deuten und verwenden.
6. Sogar Wiederholungen verändern das Testergebnis nur unwesentlich.

Muß man Angst vor Tests haben?

Es wurde bereits zu Beginn des Kapitels darauf hingewiesen, daß Leistungstestverfahren zu bedeutend objektiveren Bewertungen führen als ein Einstellungsgespräch. Vor Testverfahren müssen Sie sich als Bewerber nur fürchten, wenn Sie wissen, daß Sie im Einstellungsgespräch einen bedeutend besseren Eindruck hinterlassen als er Ihren Fähigkeiten entspricht. Die im Einstellungsgespräch möglichen Techniken der Manipulation versagen bei den Testverfahren. Seriöse Bewerber aber sollten froh sein, wenn sie sich Tests unterziehen können, weil sie so eine weitere Möglichkeit erhalten, ihr wahres Können darzustellen. Scharten im Einstellungsgespräch können sie so auswetzen.
Die Testergebnisse können schlechter ausfallen als es Ihren Fähigkeiten entspricht, wenn Sie ein Mensch sind, den jede Prüfungssituation schockt. Sie müssen aber beachten, daß Tests nur e i n wichtiges Instrument unter anderen Mitteln sind, die Auslese zu objektivieren. Ihre wirklichen Fähigkeiten bleiben für den Fachmann, auch wenn Sie unter starkem Streß entsprechende Fehler machen, selbst ohne Tests grundsätzlich erkennbar.

Die Arbeitsprobe

Eine Arbeitsprobe stellt die Simulation eines bedeutsamen Ausschnittes aus den praktischen Anforderungen an den Inhaber der zu besetzenden Stelle dar. Der Test versucht, Grundfähigkeiten so unabhängig wie möglich voneinander zu erfassen, die Arbeitsprobe dagegen verlangt ein komplexes Verhalten des Bewerbers. Die Objektivität eines Tests kann eine Arbeitsprobe niemals erreichen. Zwar kann die Aufgabe exakt gestellt sein, bei der Interpretation der

Ergebnisse aber besteht ein bedeutend größerer Ermessensspielraum. Es gibt außerdem für Arbeitsproben keine allgemeine Norm. Der Einstellende kann jedoch bei der Durchführung der gleichen Arbeitsprobe zwischen mehreren Bewerbern vergleichen.

Anforderungen an Arbeitsproben
1. Planmäßigkeit

Die Arbeitsprobe muß in allen ihren Bedingungen genau festgelegt sein.

2. Variierbarkeit

Derselbe Bewerber kann Aufgaben mit unterschiedlicher Zielstellung in systematischer Variation erhalten.

3. Wiederholbarkeit

Nicht jede Arbeitsprobe kann diese Anforderung erfüllen, weil zum Beispiel in einem simulierten Gespräch eine Wechselwirkung zwischen Bewerber und Gesprächspartner eintritt. Der die Gegenrolle Spielende wird sich bei mehreren Gesprächen nacheinander nicht immer ganz gleich verhalten. Er wird von Gespräch zu Gespräch erfahrener und damit stärker, oder er hat nach einigen Arbeitsproben eine wegen des Wiederholungscharakters schon stark zurückgegangene Motivation.

Einstellungsgespräch, Arbeitsprobe und Test

Im Einstellungsgespräch tauschen die Partner Informationen aus. Der Test verlangt bestimmte Leistungen, meist unter Zeitdruck. Die Arbeitsprobe stellt ebenfalls Leistungsanforderungen, aber anders als beim Test solche, die der Bewerber in seiner bisherigen beruflichen Laufbahn bereits selbst erlebt oder zumindest gesehen hat. Der letzte Fall liegt vor, wenn der Bewerber bisher keine Personalverantwortung gehabt hat, aber eine Vorgesetztenposition anstrebt.

Worüber geben Arbeitsproben Auskunft?

Arbeitsproben stellen kritische Vorfälle dar, die für die Bewältigung einer bestimmten beruflichen Position ausschlaggebend sind und deshalb je nach der zu besetzenden Stelle sehr unterschiedlich ausfallen. Einige Beispiele:

- Sichere Beherrschung der Rechtschreibung bei einer Sekretärinnenposition.
- Schnelles, möglichst fehlerfreies Schreiben mit übersichtlicher Raumaufteilung bei einer Schreibdame.
- Erfragen der Kundenwünsche und Eingehen auf sie bei einem Verkäufer.
- Klare Dienstanweisungen bei einer Führungskraft.
- Beherrschen der Interviewtechnik bei einem Redakteur.
- Anschauliche, verständliche, also zielgruppengerechte Unterrichtsgestaltung bei einem Ausbilder.
- Besonders stark entwickelte Fähigkeit zur Gemeinschaftsleistung bei einem Projektleiter.

Prüfung der Fähigkeit zum Führen

Ein Vorgesetzter soll situationsgerecht handeln, das heißt in der Regel, er soll kooperativ führen, aber auch autoritär vorgehen oder mit „Laisser faire", wenn er dadurch seine Ziele erreicht. Er darf sich nicht scheuen, Entscheidungen zu treffen und diese auch durchzusetzen, aber trotz klarer Linie mit einem Höchstmaß an Flexibilität.
Ein Beispiel aus einer Arbeitsprobe für Bewerber um Führungspositionen stellt die Regelung eines Urlaubsstreits unter Mitarbeitern dar. In den dazu erforderlichen Gesprächen kann der Einstellende feststellen,

- wie der Bewerber seine Problemlösung aufbaut,
- welche Gesprächsatmosphäre er zu schaffen versteht,
- wie er argumentiert,
- ob er selbstsicher auftritt, schüchtern oder überheblich,
- wie er sich sprachlich ausdrückt,
- wie er seine Emotionen steuert,
- wie er auf die Vorstellungen seiner Mitarbeiter eingeht,
- wie klar und eindeutig die vom Bewerber erzielten Ergebnisse sind.

Das Verhalten eines Menschen wird wesentlich geprägt durch seine Einstellung zur Führungsaufgabe und zum einzelnen Mitmenschen.

Wie verläßlich sind die Informationen aus den Arbeitsproben?

Man könnte behaupten, Arbeitsproben seien zu wenig aussagekräftig; denn

- die Reaktionsweisen des Bewerbers lassen sich zumindest in simulierten Gesprächen nicht messen, sondern nur schätzen;

- es gibt keine objektiven Sollvorstellungen;
- nicht jeder Einstellende besitzt genügend Erfahrungen im Entwickeln von Arbeitsproben, im Beobachten des Verlaufs, in der Deutung der Ergebnisse;
- simulierte Gespräche führen zu keinem natürlichen Verhalten;
- diese schon verfälschende Situation wird besonders verschärft durch den Einsatz des Videorecorders;
- der Gesprächspartner in den Arbeitsproben zählt nur selten zu der Zielgruppe, die er darstellen soll.

Obwohl diese Argumente alle mehr oder weniger berechtigt sind, ist es sinnvoll, Arbeitsproben durchzuführen. Jeder Mensch zeigt ein relativ stabiles Verhalten. Das bedeutet:

- Wer sensibel für zwischenmenschliche Beziehungen ist, wird diese Fähigkeit auch in der Arbeitsprobe einsetzen;
- wer sachorientiert vorgeht, wird dies in der simulierten Situation ebenso tun;
- wer flexibel zu handeln in der Lage ist, löst entsprechende Aufgaben.

Ein Bewerber kann sich vornehmen, im Gespräch kooperativ zu handeln. Das wird ihm nicht gelingen, wenn er es auch sonst nicht tut. Sein wahres, zum Beispiel durchgehend autoritäres Verhalten, wird der sorgfältige Beobachter an einzelnen Redewendungen und an Äußerungen seiner Körpersprache erkennen, die der Bewerber viel schlechter zu steuern versteht als seine Worte. Der Einstellende besitzt einen Vergleichsmaßstab, weil er allen Bewerbern die gleichen Aufgaben in den Arbeitsproben gestellt und möglichst ähnliche äußere Rahmenbedingungen geschaffen hat.

Wie muß der Einstellende sich verhalten?

Er muß gemeinsam mit einem Fachmann für die zu besetzende Stelle die Arbeitsprobe entwickeln: Der Spezialist liefert das Material, das er in eine Arbeitsprobe einarbeiten muß.
Bei simulierten Gesprächen sollte der Einstellende nicht selbst als Partner auftreten, sondern diese Aufgabe einer anderen Person übertragen, um sich ganz auf die schwere, vielfältige und verantwortungsvolle Aufgabe des Beobachters konzentrieren zu können.
Der fähige Einstellende wird stets die Gesamtsituation im Auge behalten und nicht in lange Diskussionen über Details eintreten. Er wird sachlich reagieren, statt von Vorurteilen gesteuert zu werden, Hypothesen hinterfragen, statt gestellte Behauptungen zu beweisen versuchen.

Zum Bewerber muß der Einstellende eine positive Grundhaltung haben. Er wird außerdem Wert darauf legen, daß sich der Bewerber in seiner Leistung, beispielsweise anhand von Videorecorder-Aufzeichnungen, selbst einschätzt.

Kann man sich weigern, Arbeitsproben mitzumachen?

In der Regel wird der Einstellende oder Personalberater nicht im einzelnen vorher sagen, was den Bewerber im Einstellungsverfahren erwartet. Der Bewerber erkennt aber an der Dauer der Zeit, für die er sich auf jeden Fall bereithalten soll, daß bedeutend mehr abläuft als mehrere Einstellungsgespräche. Tests und Arbeitsproben nehmen stets einige Stunden in Anspruch. Wer sich als Bewerber weigert, an einer Arbeitsprobe teilzunehmen, der behauptet zwar, er habe dies nicht nötig und verweist stolz auf Zeugnisse, Prüfungsergebnisse und Referenzen. Dieses Verhalten zeigt aber, wie unsicher er sich fühlt. Wenn er sich seiner Sache so sicher wäre, dann könnte ihn keine Arbeitsprobe schrecken, müßte er nicht fürchten, dabei „besonders schlecht auszusehen".
Sicherlich handelt es sich beim Ablegen der Arbeitsprobe um eine prüfungsähnliche Situation, die mit betrieblichen, auch schwerwiegenden Entscheidungszwängen nur eine gewisse Verwandtschaft aufweist. Gemeinsam ist aber beiden starker Streß. Wer Angst vor Arbeitsproben zeigt, der beweist damit eine nur geringe Streßstabilität. Er zeigt nicht die zum Beispiel für eine Führungskraft oder einen Spezialisten erforderliche Sicherheit.

Was soll man beim Ablegen der Arbeitsprobe beachten?

- Auf Entschuldigungen im vorhinein verzichten, sondern das nachfragen, was einem klar sein muß, bevor man sich einer Arbeitsprobe unterwirft;
- sehr konzentriert auf verlesene Instruktionen achten und entsprechende schriftliche Texte genau studieren, auf keinen Fall überhastet vorgehen, wozu man leicht verführt wird, wenn man unter starkem Zeitdruck handeln muß;
- so natürlich wie möglich auftreten, weil man sich letztlich sowieso nicht verstellen kann und sich sonst künstlich unter Streß setzt, weshalb man schlechter abschneidet, als es sein müßte;
- die in der Regel geringe Zeit zur Vorbereitung sollte man nutzen, um sich gedanklich und stichwortartig eine Strategie und Taktik zurechtzulegen, um vor allem für eine klare Linie im Gespräch zu sorgen und für systematisches Vorgehen bei der Lösung anderer Aufgaben.
- Bei der Selbsteinschätzung sollte man weder „fishing for compliments" betreiben, sich also bedeutend härter beurteilen, als es sachlich richtig ist,

noch jede Handlungsweise zu verteidigen und zu rechtfertigen suchen. Bei einer geeigneten Führungskraft stimmen Fremd- und Selbstbild im wesentlichen überein.

- Zielorientiertes Vorgehen muß man mit Flexibilität verbinden und stets genügend die zwischenmenschlichen Beziehungen beachten, also für eine auch bei harten Gesprächen vernünftige Gesprächsatmosphäre sorgen.
- Man sollte mit ruhiger, logischer Überlegung vorgehen. Es ist besser, Teilergebnisse zu erzielen und festzuhalten als zu versuchen, herauszufinden, welche Ähnlichkeiten zu bereits in der Berufslaufbahn bewältigten Problemen bestehen.

Vorteile der Arbeitsproben für den Bewerber

Viel klarer als bei der besten Erläuterung im Einstellungsgespräch wird durch die speziellen Arbeitsproben deutlich, welche Anforderungen wirklich im einzelnen auf einen zukommen. Durch das Einstellungsgespräch kann man nur Vorstellungen entwickeln, durch Arbeitsproben – sofern der Einstellende sie arbeitsplatzbezogen ausgewählt hat – dagegen konkret erleben, was an typischen Aufgaben zu bewältigen ist. Diese Erfahrung kann wesentlich zu einer abgesicherten Entscheidung über die Frage verhelfen, ob man selbst die ursprünglich angestrebte Position auch jetzt noch für geeignet hält. Außerdem kann man als Bewerber erkennen, wie bestimmte Aufgaben gelöst werden. Durch die Möglichkeit zur Selbsteinschätzung und durch den Vergleich mit dem Fremdbild kann der Bewerber sein bisheriges Bild von sich auf seine Richtigkeit hin überprüfen. Es überrascht immer wieder, wie wenig Menschen fähig sind, sich selbst und ihr eigenes Handeln objektiv genug einzuschätzen.

Rechtsfragen zum neuen Arbeitsverhältnis

von Dr. Klaus Rischar

Der Beurlaubungsanspruch

Voraussetzungen für den Freizeitanspruch

Als Arbeitnehmer haben Sie gemäß § 629 BGB den Anspruch auf Freizeit zur Stellensuche. Der Gesetzestext lautet wörtlich:
„Nach der Kündigung eines dauernden Dienstverhältnisses hat der Dienstberechtigte dem Verpflichteten auf Verlangen angemessene Zeit zum Aufsuchen eines anderen Dienstverhältnisses zu gewähren."
Was sagt der Satz für Sie aus?

1. Sie haben diesen Rechtsanspruch nur, wenn Sie bisher in einem „dauernden Dienstverhältnis" gestanden haben. Bei einem dauernden Dienstverhältnis kann es sich sowohl um ein Arbeitsverhältnis als auch um ein Berufsausbildungsverhältnis handeln. Wichtig ist der Begriff „dauernd". Entweder muß der Vertrag auf bestimmte, längere Zeit geschlossen worden sein oder auf unbestimmte Dauer. Diese Bedingungen erfüllt weder ein Probe- noch ein Aushilfsarbeitsverhältnis.
2. Der Vertrag muß bereits gekündigt worden sein. – Nach der Rechtsprechung steht der Kündigung ein Aufhebungsvertrag mit Auslauffrist gleich. Während bei der Kündigung eine Seite der anderen mitteilt, daß sie den Vertrag beenden will, einigen sich bei dem Aufhebungsvertrag beide auf ein Ende ihrer gegenseitigen Vereinbarungen.
3. Sie müssen als Arbeitnehmer rechtzeitig um die Gewährung von Freizeit nachgesucht haben. Nicht statthaft ist es deshalb, wenn Sie sich selbst die benötigte Freizeit nehmen.
4. Ihr bisheriger Arbeitgeber muß, soweit möglich, Ihre Interessen im Hinblick auf den Zeitpunkt der Freizeitgewährung berücksichtigen.
5. Es soll sich bei der Beurlaubung um eine „angemessene Zeit" handeln. Diese Aussage bezieht sich auf Dauer, Zahl und Zeitpunkt der Freistellungen. Die Interessen beider Parteien müssen gegeneinander abgewogen werden. Den Begriff der Angemessenheit kann ein Tarifvertrag näher erläutern.
6. Auf den Freizeitanspruch für Vorstellungsgespräche können Sie nicht zugunsten des Arbeitgebers verzichten.

Die Bezahlung der Vorstellungszeit

Der bisherige Arbeitgeber muß die vereinbarte Vergütung für die Zeit der Vorstellung beim neuen Arbeitgeber fortzahlen (§ 616 BGB). In diesem Gesetz wird wörtlich ausgeführt:
„Der zur Dienstleistung Verpflichtete wird des Anspruchs auf die Vergütung nicht dadurch verlustig, daß er für eine verhältnismäßig nicht erhebliche Zeit durch einen in seiner Person liegenden Grund ohne sein Verschulden an der Dienstleistung verhindert wird."
Die Freistellung gilt nur für eine nicht erhebliche Zeit. Einen längeren Zeitraum muß Ihnen Ihr Arbeitgeber auch dann nicht bezahlen, wenn Sie ihn zur Vorstellung benötigt haben. Ihr Rechtsanspruch auf die Fortzahlung der Vergütung gilt auch für die Dauer einer vom neuen Arbeitgeber angeordneten ärztlichen Untersuchung.
Im Gegensatz zum Freistellunganspruch können Sie auf die Fortzahlung der Vergütung verzichten. Dieser Fall kann auch dadurch eintreten, daß ein Tarifvertrag nur die Bezahlung geleisteter Arbeitszeit vorsieht; denn damit ist indirekt der Wegfall der Vergütungsfortzahlung während der Vorstellungszeit ausgesagt.
Haben Sie Ihren Urlaub in der Kündigungszeit, und stellen Sie sich während dieser Tage vor, dann entsteht für Sie dadurch kein zusätzlicher Freistellungsanspruch.

Anspruch auf Vorstellungskosten

Fordert der neue Arbeitgeber Sie auf, sich vorzustellen, dann muß er Ihnen die notwendigen Auslagen und Verdienstausfälle ersetzen. Dabei handelt es sich um

- Fahrtkosten, auch solche mit dem PKW, bei Bahn meistens 2. Klasse-Fahrschein,
- Übernachtungs- und
- Verpflegungskosten.

Es ist in diesem Fall gleichgültig, ob der Arbeitgeber Sie später einstellt oder nicht.
Will der Arbeitgeber keine Kosten übernehmen, dann muß er Ihnen diese Haltung bereits vor der Vorstellung bekanntgeben.

Keine Ansprüche

Stellen Sie sich beim Arbeitgeber unaufgefordert vor, zum Beispiel aufgrund einer

- Zeitungsanzeige oder
- einer Zuweisungskarte des Arbeitsamtes,

haben Sie keinen Anspruch auf Ersatz der Vorstellungskosten.

Das Arbeitsamt kann Zuschüsse zu den Vorstellungskosten geben (§ 53 AFG).

Richtiges Verhalten bei der Verweigerung der Vorstellungszeit

Es kann sein, daß der Arbeitgeber Ihnen zu Unrecht die zur Vorstellung notwendige Zeit nicht gewährt. In diesem Fall bestehen für Sie verschiedene Möglichkeiten:

- Klage beim Gericht auf Gewährung der notwendigen Freistellung,
- fristlose Kündigung,
- Verlangen auf Schadensersatz nach § 626 BGB,
- Beurlaubung ohne Erlaubnis, das heißt Zurückhalten Ihrer Arbeitskraft gemäß § 320 BGB.

Bewerbung auf ein Zeitungsinserat

Im Zeitungsinserat sucht ein Arbeitgeber Mitarbeiter. Damit will er jedoch nur aussagen, daß Sie oder andere Personen ihm ein Arbeitsangebot unterbreiten sollen. Wenn Sie sich deshalb auf das Zeitungsinserat hin unaufgefordert beim Arbeitgeber vorstellen, dann ist dieser nicht verpflichtet, Ihnen die entstandenen Vorstellungskosten zu ersetzen. Anders ist die Situation, wenn das Inserat zur persönlichen Vorstellung auffordert.
Am Inserat kann Sie gereizt haben, daß der Arbeitgeber dem gesuchten neuen Mitarbeiter ungewöhnlich vorteilhafte Bedingungen anbietet. Beispiele:

- hohe Aufwandsentschädigungen,
- eine bedeutende Auslösung,
- eine besonders günstige betriebliche Altersversorgung.

Wird mit Ihnen über solche Konditionen beim Einstellungsgespräch nicht gesprochen, dann muß der Arbeitgeber sie Ihnen nach dem Vertragsabschluß gewähren.

Die Auswahl des Bewerbers

Auskünfte über den Arbeitnehmer

Grundsätzlich (= Regel mit Ausnahmen) darf der neue Arbeitgeber über Sie Auskünfte einholen. Ihr früherer Arbeitgeber ist jedoch grundsätzlich nicht verpflichtet, dem Einstellenden Auskünfte über Sie als ehemaligen Mitarbeiter zu erteilen. Innerhalb eines Konzerns kann es dagegen die Verpflichtung zur wechselseitigen Auskunft ebenso geben wie zwischen öffentlichen Arbeitgebern, die sogar Personalakten weiterreichen dürfen.
Ihr früherer Arbeitgeber muß dem Einstellenden jedoch nur Auskünfte über Sie erteilen, wenn dieser ein besonderes Interesse nachweisen kann und das Informieren für ihn nicht zu mühselig ist. Die Pflicht zur Auskunftserteilung bezieht sich auf im Zeugnis behandelte Fragen. Weigert sich der ehemalige Arbeitgeber, dann muß er gegenüber dem Fragenden seine Entscheidung so begründen, daß der neue Arbeitgeber daraus keine nachteiligen Schlüsse über Sie zieht. Er müßte ausführen, daß er grundsätzlich keine Auskunft erteilt oder sich leider zu schlecht an Sie erinnert.

Auskunftserteilung trotz Verbot

Grundsätzlich kann der alte Arbeitgeber, auch ohne Ihr Einverständnis, Auskünfte über Sie erteilen. Der Einstellende muß jedoch nachweisen, daß er daran ein berechtigtes Interesse hat. Auf Ihren Wunsch oder Ihr Drängen hin kann sich der Arbeitgeber Ihnen gegenüber verpflichten, niemand Auskunft zu erteilen. Dieses Verlangen können Sie aber nicht bei einem öffentlichen Arbeitgeber gegenüber einer anderen Behörde durchsetzen.
Ihr früherer Arbeitgeber kann eine Auskunft verweigern, wenn Sie schon vor längerer Zeit bei ihm ausgeschieden sind. In diesem Fall kann er den Nachfragenden auf das Zeugnis verweisen.

Information über die Auskunftserteilung

Wenn Sie herausfinden, daß Ihr alter Arbeitgeber den neuen über Sie unterrichtet hat, können Sie verlangen, daß Sie über den genauen Inhalt informiert werden. Sie wären nämlich sonst nicht in der Lage festzustellen, ob die Auskunft über Sie sachlich zutreffend ist.
Dem neuen Arbeitgeber können Sie untersagen, sich bei dem Arbeitgeber über Sie zu erkundigen, bei dem Sie gegenwärtig noch beschäftigt sind. Es könnte nämlich dann geschehen, daß der jetzige Arbeitgeber Ihnen kündigt, weil Sie sich beworben haben, oder daß Sie sonstige berufliche Nachteile erleiden.

Anforderungen an die Auskunftserteilung

Die Auskunft des Arbeitgebers muß ebenso sorgfältig und wahrheitsgetreu wie im Zeugnis sein. Sie können versuchen, ihn haftbar zu machen, wenn er Ihnen nachweislich geschadet hat, zum Beispiel durch

- unrichtige,
- unvollständige,
- fehlerhafte Auskunft.

Vorschriften für das betriebliche Zeugnis

Das Zeugnis muß auf einem Firmen- oder einem neutralen Bogen abgefaßt sein, wobei aus der Unterschrift klar hervorgehen muß, welches Unternehmen für die Richtigkeit die Verantwortung trägt.
Es ist nicht statthaft, daß ein Arbeitgeber Zeugnisformulare verwendet. Er darf aber dem Zeugnisersteller Textbausteine geben, damit dieser sein Zeugnis rasch und aussagekräftig erstellen kann.
Das Zeugnis muß ohne jede Korrektur sein. Sonst entsteht beim Leser nämlich der Verdacht, daß der Text nachträglich geändert oder ergänzt worden ist.

Beachtenswertes bei Zeugnissen

- Die Dauer des Arbeitsverhältnisses.
- Das Datum der Ausstellung.
  Achten Sie darauf, daß Sie Ihr Zeugnis beim Weggang erhalten und nicht einige Zeit später, weil sonst der neue Arbeitgeber vermutet, es habe zwischen Ihnen und Ihrer Geschäftsleitung massiven Ärger gegeben.
- Der Kündigungsgrund.
  Ihn darf der Arbeitgeber nur mit Ihrer Zustimmung nennen.
- Aussagen über Art und Dauer der Beschäftigung, über Ihre Führung *und* Leistung.
  Die Aussagen über Leistung und Führung müssen die gesamte Dauer des Arbeitsverhältnisses betreffen.
- Die Beschreibung Ihrer Tätigkeit muß so exakt sein, daß der Leser sich richtig vorstellen kann, was Sie getan haben.
- Ihr außerdienstliches Verhalten darf nicht im Zeugnis erwähnt werden.
- Das gleiche gilt für die Aussage, daß Sie Mitglied des Betriebs- oder Personalrates gewesen sind, weil damit keine Aussage über Ihre betriebliche Tätigkeit getroffen wird. Die Erwähnung der Mitgliedschaft in einer Arbeit-

nehmervertretung könnte Ihnen allerdings bei manchen Arbeitgebern schaden.

- Das Zeugnis muß zwar der Wahrheit entsprechen, Ihnen gegenüber aber gleichzeitig wohlwollend abgefaßt sein. Durch diese doppelten Anforderungen, die in der betrieblichen Praxis gegensätzlicher Natur sein können, ist es schwierig, aber notwendig, im Zeugnis auf wichtige Schwächen zumindest verdeckt, aber für den Fachmann erkennbar, einzugehen.
- Das Zeugnis darf nur beweisbare Aussagen enthalten.
  Sie können als Arbeitnehmer Ihren alten Arbeitgeber über das Gericht zwingen, das zu beweisen, was er im Zeugnis über Sie ausgesagt hat.

Negative Aussagen durch Weglassen

Der Verfasser kann eine Formulierung wählen, die einem „sehr gut" entspricht. „Herr/Frau X hat jederzeit (= immer, stets) alle unsere Erwartungen zu unserer vollsten Zufriedenheit erfüllt."
Der Arbeitgeber kann durch Weglassen von „jederzeit" und „alle Erwartungen" Ihr Zeugnis verschlechtern. Die Beurteilung „zu unserer Zufriedenheit" erschwert Ihnen das Fortkommen beträchtlich. Es wird in diesem Fall häufig geschehen, daß Sie nicht mehr zu Vorstellungsgesprächen eingeladen werden.

Schlechte Beurteilungen

Seit Jahren ist bekannt, daß die Formulierung „er/sie bemühte sich" bedeutet, daß der Arbeitnehmer schwache Leistungen vollbracht hat. Die gleiche Interpretation gilt für den Satz:
„Herr/Frau X war ehrlich und bestrebt, den mit der ihm/ihr übertragenen Stelle verbundenen Anforderungen zu entsprechen."
Auf den ersten Blick scheint der Satz „Herr/Frau A führte die ihm/ihr übertragenen Aufgaben mit großem Fleiß und Interesse aus" Besseres auszusagen, aber das Urteil ist ebenso negativ. Der Arbeitgeber sagt nämlich nichts darüber aus, zu welchem Ergebnis die starken Anstrengungen des Arbeitnehmers geführt haben.
Es ist statthaft, daß der ausbildende Betrieb in sein Zeugnis für einen Auszubildenden den Tatbestand mit aufnimmt, daß dieser nicht beim ersten Versuch die Abschlußprüfung bestanden hat.
Wiederholtes Fehlen, das schließlich den Arbeitgeber zur Kündigung veranlaßt hat, darf dieser in das Zeugnis ebenso aufnehmen wie andere schwerwiegende und häufige Formen des Fehlverhaltens, zum Beispiel das unentschuldigte Fehlen bei der Arbeit. Verboten ist dagegen die Beschreibung eines einmaligen, wenn auch schwerwiegenden Fehlverhaltens.

Ausdrückliche Bescheinigung der Ehrlichkeit

Es gibt bestimmte berufliche Stellungen, mit derer erfolgreicher Erfüllung absolute Ehrlichkeit verbunden ist, zum Beispiel die Arbeit

- eines Verkaufsleiters,
- eines Verkäufers im Ladengeschäft,
- eines Kassierers oder Buchhalters,
- einer Hausangestellten.

Fehlt im Zeugnis bei diesen Berufen eine Aussage über Ehrlichkeit, dann muß der Leser davon ausgehen, daß der Arbeitnehmer diesem Erfordernis nicht entsprochen hat.

Aussagen über Krankheiten?

In der Regel darf im Zeugnis nichts über den gesundheitlichen Zustand des Arbeitnehmers stehen. So ist es nicht statthaft, über Krankheiten zu schreiben, weil dieser Tatbestand weder dem Gesichtspunkt der Führung noch der Leistung zugeordnet werden kann. Anders aber sieht die Situation bei einem Bankmitarbeiter aus, der an krampfartigen, der Epilepsie ähnlichen Anfällen leidet. Die zulässige Formulierung lautet:
„Herr/Frau B führte die ihm/ihr übertragenen Aufgaben trotz seiner/ihrer sich von Zeit zu Zeit zeigenden gesundheitlichen Schwierigkeiten zu meiner Zufriedenheit aus."

Aussagen über den Grund der Kündigung?

Als Arbeitnehmer können Sie durchsetzen, daß der Arbeitgeber im Zeugnis schreiben muß, Sie hätten von sich aus gekündigt. Diese Aussage erleichtert Ihnen nämlich das Fortkommen, dagegen kann die Formulierung „im gegenseitigen Einvernehmen" darauf hinweisen, daß der Arbeitgeber Sie eigentlich hätte kündigen können, aber entgegenkommenderweise nicht darauf bestand. Der Kündigungsgrund darf nur im Zeugnis stehen, wenn durch ihn Wesentliches an der Persönlichkeit des Arbeitnehmers charakterisiert wird. Selbstverständlich muß die Aussage wahr sein.

Zulässige und unzulässige Fragen im Personalfragebogen

1. Gewerkschaftszugehörigkeit

Fast nie zulässig, ausgenommen bei

- Redakteuren als Tendenzträgern,
- der Bewerbung um eine Stelle in einer Gewerkschaftsfirma,
- der Bewerbung um einen Arbeitsplatz mit Arbeitgeberfunktion wie dem des Personalleiters.

2. Religions- und Konfessionszugehörigkeit

Fast nie zulässig, ausgenommen bei Positionen in kirchlichen Einrichtungen, bei denen der Stelleninhaber durch sein tägliches Verhalten eine christliche Gesinnung nachweisen muß, zum Beispiel Chefarzt oder Erzieherin.

3. Fragen zur Familie

Zulässig sind folgende Fragen:

- Sind Sie ledig, verheiratet oder verwitwet?
- Vorname und Geburtsdatum von Ehegatten und Kindern.
- Sind Verwandte, Bekannte oder Freunde in unserem Betrieb beschäftigt, wenn ja, in welcher Position?

Nicht statthaft sind Fragen danach, ob Sie geschieden sind oder von Ihrem Ehepartner getrennt leben. In solchen Fällen dürfen Sie als Geschiedener oder gesetzlich getrennt Lebender „ledig“ eintragen.
Umstritten sind diese Fragen:

- Welchen Beruf übt Ihr Ehegatte aus?
- Welche Stellung hat er inne?

4. Bisherige Beschäftigungen

Sie sind verpflichtet, ihre bisherigen Beschäftigungen lückenlos anzugeben, gleichgültig, wie weit diese zeitlich schon zurückliegen. Angeben müssen Sie

- Name, Rechtsform und Sitz des jeweiligen Arbeitgebers,
- die dort eingenommene Position,

- die Dauer der Beschäftigung,
- Nebenbeschäftigungen.

Der Arbeitgeber darf Sie nur nach Ihrem Gehalt beim letzten Arbeitgeber fragen.

5. Einkommens- und Vermögensverhältnisse

In dieser Hinsicht bestehen in manchen Branchen Unklarheiten, vor allem in der Kreditwirtschaft. Dort meinen viele Arbeitgeber, sie dürften jeden Bewerber nach seinen Vermögensverhältnissen fragen. In Wirklichkeit ist aber die Frage nur statthaft bei Positionen, bei denen der Stelleninhaber entscheidende Einwirkung auf das Vermögen seines Arbeitgebers hat, zum Beispiel

- dem Leiter der Finanzbuchhaltung,
- dem Kassierer,
- dem Betriebsprüfer in der Steuerverwaltung,
- Personen, die über große Einkaufskompetenzen verfügen.

Anfällig für passive oder sogar aktive Bestechung sind auch Geheimnisträger, zum Beispiel in der Rüstungsindustrie.

6. Vorstrafen und Strafverfahren

Dem Arbeitgeber müssen Sie nur Vorstrafen angeben, die im Bundeszentralregister verzeichnet sind und im Führungszeugnis polizeilich genannt wurden *und* einschlägig sind. Darunter versteht man Strafen wegen Straftaten, die bei gleicher oder ähnlicher Arbeit vorgekommen sind wie jene, die Sie jetzt anstreben. Beispiele:

- vermögensrechtliche Straftaten bei Kassierern,
- politische bei Angestellten in der öffentlichen Verwaltung,
- verkehrsrechtliche bei Kraftfahrern,
- Verführung Minderjähriger bei Ausbildern.

Der gleiche Grundsatz wie bei Vorstrafen gilt bei Strafverfahren. Entscheidend ist, ob sie einschlägig sind, also Fehlverhalten betreffen, das sich auf die künftige Stelle bezieht.

7. Schwangerschaft

Manche Mitarbeiter von Personalabteilungen meinen, daß durch die neueste Rechtsprechung die Frage danach unzulässig sei. In Wirklichkeit darf der Einstellende danach nie mündlich, nur schriftlich fragen. Außerdem muß sich die Frage auf Anzeichen für eine Schwangerschaft beziehen, nicht zum Beispiel danach, ob

- Sie in den nächsten Jahren heiraten wollen,
- Sie sich ein Kind wünschen.

8. Gesundheitszustand

Die Notwendigkeit, ehrlich antworten zu müssen, hängt stets davon ab, wie wichtig eine Aussage für die Arbeit an der Stelle ist, die besetzt werden soll. Nicht entscheidend ist, ob Sie einmal schwer krank gewesen sind, sondern ob die mangelnde oder fehlende Gesundheit die Erfüllung der Pflichten an dem bestimmten Arbeitsplatz beträchtlich erschwert oder sogar unmöglich werden läßt.
Rechtswidrig sind Fragen des Arbeitgebers nach

- völliger Gesundheit,
- Operationen in der Vergangenheit,
- der letzten Krankheit,

es sei denn, eine Erkrankung könnte mit hoher Wahrscheinlichkeit wieder auftreten und die Erbringung der Arbeitsleistung erschweren.

9. Parteizugehörigkeit

Nur im öffentlichen Dienst darf diese Frage gestellt werden und auch dort allein nach der Zugehörigkeit zu einer Partei, die verfassungswidrig handelt.

10. Schwerbehinderteneigenschaft

Der Arbeitgeber darf diese Frage stellen, weil

a) Sie deshalb vielleicht zu wenig geeignet sind, die angestrebte Position auszufüllen;
b) der Einstellende wissen muß, ob er möglicherweise die Pflichtzahl an zu beschäftigenden Schwerbehinderten bereits erreicht hat.

11. Voraussichtlicher Wehrdienst

Diese Frage darf der Arbeitgeber nur in dem sehr seltenen Fall formulieren, wenn mit Ihrer Einstellung eine längere, teure Einarbeitungszeit verbunden ist, welche durch die Ableistung der Wehrpflicht massiv unterbrochen würde.

Tests und Gutachten

Zulässigkeit von psychologischen Testverfahren

Sie sind nicht verpflichtet, an einem Test teilzunehmen. Der Arbeitgeber kann von Ihnen erst ein Ja oder Nein erwarten, wenn er Sie
a) über die Reichweite des Tests und
b) die Bedeutung für den möglichen Arbeitsplatz
ausreichend informiert hat.
Allerdings: Bei vielen Firmen scheiden Sie aus der Personalauslese aus, wenn Sie sich nicht einem Test unterwerfen, weil die Vergleichbarkeit unter den Bewerbern nicht mehr gewahrt ist.

Bereitschaft zum graphologischen Gutachten

Wie bei der Teilnahme am Testverfahren ist Ihre Einwilligung erforderlich. Die Graphologie ist keine Pseudowissenschaft wie die Astrologie, sondern eine Teildisziplin der Psychologie. Bei den Juristen herrscht teilweise die Meinung vor, daß Sie bereit sind, sich einem graphologischen Gutachten zu unterwerfen, wenn Sie auf Verlangen des Personalsuchenden Ihren Lebenslauf handschriftlich abgefaßt haben. Sie müssen in diesem Fall damit rechnen, daß Ihr Eingehen auf die gestellte Bedingung als Ja zum graphologischen Gutachten gilt.

Pflichten nach Aufnahme der Vertragsverhandlungen

Durch die Aufnahme der Vertragsverhandlungen entstehen Sorgfalts- und Loyalitätspflichten, für Sie ebenso wie für den Arbeitgeber. Wenn ein Dritter Sie veranlaßt hat, Ihre Bewerbungsunterlagen an einen Arbeitgeber zu senden, muß dieser nicht nur für eigenes Fehlverhalten, das Sie schädigt, einstehen, sondern auch für das Verschulden seiner zuständigen Mitarbeiter, es sei denn, diese hätten ohne Wissen oder sogar gegen den Willen des Arbeitgebers gehandelt.

Der Arbeitgeber muß Ihnen gegenüber haften, wenn er Sie veranlaßt hat, Ihren bisherigen sicheren Arbeitsplatz aufzugeben, aber Sie dann doch nicht einstellt. Es bestand Einigkeit über den abzuschließenden Vertrag, so daß der eigentliche Abschluß nur noch eine Formsache zu sein schien.
Der Arbeitgeber muß Ihnen gegenüber verdeutlichen, daß er Sie nur mit Zustimmung seines Betriebsrates einstellen will. Ist der Verhandlungspartner nicht zum Vertragsabschluß berechtigt, dann hat er Ihnen dies deutlich zu machen.

Verletzung der Mitteilungspflichten

Keine der beiden Parteien darf die andere Seite über wesentliche Gesichtspunkte täuschen. So muß Ihnen der Arbeitgeber genau genug erklären, was er von Ihnen an Leistung und Verhalten erwartet, zum Beispiel die Erfüllung von überdurchschnittlichen Anforderungen. Sie dürfen den Arbeitgeber nicht täuschen, also vorgeben, Aufgaben erfüllen zu können, von denen sie klar wissen, daß Sie dazu ungeeignet sind. Wenn Sie zum Beispiel zum Zeitpunkt des Arbeitsbeginns oder schon in Kürze eine Kur antreten müssen, dann ist es Ihre Pflicht, darauf hinzuweisen.
Über einschlägige Strafverfahren oder Vorstrafen (siehe Punkt 6 ,,Vorstrafen und Strafverfahren") müssen Sie von sich aus unterrichten.
Der Arbeitgeber, zum Beispiel ein Ausbildungsbetrieb, darf den Berufsanfänger oder einen erwachsenen Umschüler nicht darüber im unklaren lassen, daß vielleicht das notwendige Gehalt nicht aufgebracht werden kann.

Die Obhutspflichten des Arbeitgebers

Der Arbeitgeber hat Ihre Bewerbungsunterlagen so sorgsam aufzubewahren, daß sie nicht beschädigt werden.
Beide Seiten müssen über die Verhandlungen Stillschweigen bewahren, das heißt keinem Dritten Informationen weitergeben oder zulassen, daß dies geschieht. Zu den Geheimhaltungspflichten des Arbeitgebers zählt zum Beispiel Ihr Gesundheitszustand.

Die rechtlichen Grundlagen der Arbeitsbedingungen

Es besteht Vertragsfreiheit in dreifacher Hinsicht:

- bei der Wahl des Vertragspartners,
- bei den Inhalten,
- bei der Form, das heißt, ob schriftlich oder mündlich.

Folgende Gegebenheiten können die Vertragsfreiheit einschränken:

- Gesetze,
- Tarifverträge,
- Betriebsvereinbarungen, wie Verträge zwischen Arbeitgeber und Betriebsrat,
- betriebliche Übung.

Durch Tarifverträge werden nur Parteien erfaßt, die tarifgebunden sind, also Sie selbst, wenn Sie bei der Gewerkschaft Mitglied sind, die den Tarifvertrag abgeschlossen hat, und der Arbeitgeber, wenn er im Arbeitgeberverband ist. Von den Bestimmungen des Tarifvertrages darf der Arbeitgeber, wenn er Mitglied des entsprechenden Arbeitgeberverbandes ist, nur zu Ihren Gunsten abweichen, es sei denn, der Vertrag sieht ausdrücklich negative Abweichungsmöglichkeiten vor. Selten ist ein Tarifvertrag als allgemeinverbindlich erklärt worden. In diesem Fall sind auch nichttarifgebundene Arbeitgeber und Arbeitnehmer verpflichtet, seine Bestimmungen einzuhalten.
Die betriebliche Übung ist von Bedeutung

a) als Grundlage für ausdrückliche oder stillschweigende Vertragsvereinbarungen,
b) zur Auslegung von Vereinbarungen,
c) als Grundlage für Vertragsergänzungen,
d) als Begrenzung für die Weisungsbefugnis (= Direktionsrecht) des Arbeitgebers.

Abschluß und Form des Arbeitsvertrages

Sie können Ihren Arbeitsvertrag schriftlich oder mündlich abschließen. Entscheidend ist, daß Einigkeit zwischen Ihnen und dem Arbeitgeber über die wesentlichen Vertragsinhalte besteht: über die vom Arbeitnehmer zu leistende Arbeit und die dafür vom Arbeitgeber zu entrichtende Vergütung. Die genauen Arbeitspflichten bestimmt der Arbeitgeber kraft seines Direktionsrechtes.
In der Regel sprechen die Einbehaltung Ihrer Arbeitspapiere und die Anmeldung zur Sozialversicherung durch den Arbeitgeber dafür, daß ein Arbeitsvertrag abgeschlossen worden ist. Beabsichtigen Sie und der Arbeitgeber nur einen Arbeitsvertrag auf bestimmte Dauer, und treten Sie Ihre Arbeit an, bevor Sie sich mit ihm über die Vertragsdauer geeinigt haben, so kommt dadurch bereits der Arbeitsvertrag zustande. Die Vertragsdauer selbst ist ein zweites Problem.

1. Gesetzliche Ausnahmen von der Formfreiheit

Die Angestellten der Krankenkassen, der Berufsgenossenschaften, der Gemeinden und Kreise müssen schriftlich eingestellt werden. Ein mündlicher Vertragsabschluß gilt als nichtig.

2. Tarifvertragliche Vorschriften

Ein Tarifvertrag kann bestimmen, daß der Arbeitsvertrag und jede spätere vertragliche Änderung schriftlich abgefaßt werden müssen. Von der Einhaltung der Schriftform kann die Gültigkeit des Vertrags abhängig sein.

3. Dienst- oder arbeitsvertragliche Formvorschrift

Durch den Dienst- oder Arbeitsvertrag selbst kann die Wahrung der Schriftform vorgeschrieben sein. Wieder sind beide Lösungen möglich: Entweder gilt der Vertrag als rechtsungültig, ist er nur mündlich abgeschlossen, oder die nichtschriftliche Form läßt ihn dennoch gültig werden. Zu beachten ist, ob auch jede Änderung schriftlich geschehen muß.

Arbeitspapiere und Meldepflicht

Vorlagepflicht der Arbeitspapiere

Sie müssen zu Beginn Ihres Arbeitsverhältnisses dem neuen Arbeitgeber Ihre Arbeitspapiere aushändigen. Zu ihnen zählen die Lohnsteuerkarte und das Versicherungsnachweisheft. Umstritten ist, ob die Verletzung dieser Pflicht durch Sie – nach vorheriger Abmahnung – den Arbeitgeber zur fristlosen Entlassung berechtigt.
Sie können verlangen, daß der Arbeitgeber Ihnen eine Quittung über die Vorlage der Arbeitspapiere gibt.

Verwahrungspflicht der Arbeitspapiere

Der Arbeitgeber hat Ihre Arbeitspapiere während der gesamten Dauer des Arbeitsverhältnisses sorgfältig aufzubewahren und Ihnen nach dem Ende unverzüglich wieder zurückzugeben. Er kann von Ihnen haftbar gemacht werden, wenn er

- die Arbeitspapiere zurückbehält,
- beschädigt oder wenn sie
- verlorengehen.

Meldepflichten des Arbeitgebers

Der neue Arbeitgeber muß Ihren Eintritt der zuständigen Krankenkasse (§ 317 RVO) und dem Arbeitsamt (§ 10 AFG) melden. In der Sozialversicherung gilt jedoch der Grundsatz, daß die Mitgliedschaft mit allen Konsequenzen unabhängig von der Meldung erfolgt, sobald ein Arbeitsverhältnis vorliegt. Mit diesem Augenblick entstehen sowohl Beitragspflichten als auch Leistungen.

Pflichten des Arbeitnehmers

Sie müssen als Arbeitnehmer aus dem Ihnen vom Versicherungsträger übersandten Nachweisheft den Versicherungsausweis entfernen und bei Ihren Unterlagen sorgfältig aufbewahren. Das übrige Versicherungsheft ist dem Arbeitgeber auszuhändigen.

Für die Meldung des Beginns einer versicherungspflichtigen Beschäftigung muß der Arbeitgeber dem Versicherungsnachweisheft eine „Anmeldung" entnehmen, um sie auszufüllen und innerhalb von zwei Wochen nach Beginn der Beschäftigung bei der zuständigen Institution einzureichen.

Wenn Sie ein krankenversicherungspflichtiger Arbeitnehmer sind, dann hat die Anmeldung bei der Krankenkasse zu erfolgen, der Sie als Mitglied angehören.

Anfechtung des neuen Arbeitsvertrages

Wie jeder Vertrag kann auch der Arbeitsvertrag wegen Irrtum (§ 119 BGB), Drohung oder arglistiger Täuschung (§ 123 BGB) angefochten werden.

Es gilt im Hinblick auf die Frist der Anfechtung der gleiche Grundsatz wie bei einer fristlosen Kündigung: Der zur Anfechtung Berechtigte muß innerhalb von zwei Wochen, nachdem er den Grund erfahren hat, den Arbeitsvertrag anfechten. Seine Anfechtung bleibt allerdings erfolglos, wenn es sich um die gleichen Gründe wie bei der außerordentlichen Entlassung handelt.

Die Anfechtung ist ausgeschlossen, wenn das Arbeitsverhältnis bereits längere Zeit ohne Beanstandungen besteht und die Anfechtungsgründe unbedeutsam geworden sind.

Eine Anhörung des Betriebsrates ist nicht erforderlich.
Sie müssen anders als bei einer Kündigung als Arbeitnehmer nicht innerhalb von drei Wochen beim Arbeitsgericht klagen.

Unzulässig ist die Umdeutung einer ordentlichen Kündigung in eine Anfechtung.

Eigenschaftsirrtum

Nach § 119, 2 BGB liegt ein Eigenschaftsirrtum vor, wenn solche Eigenschaften bei der Person oder der Sache nicht vorhanden sind, die wesentliche Bedeutung für das Arbeitsverhältnis haben.

Beispiele für wesentliche Eigenschaften

„Wesentliche Eigenschaften“ sind beispielsweise

- die Ehrlichkeit eines Kassierers,
- die sittliche Unbescholtenheit eines Lehrers, Erziehers, Ausbilders,
- die Leistungsfähigkeit, wenn der Arbeitnehmer sonst die vorgesehenen Aufgaben nicht erfüllen kann,
- eine Krankheit, wenn der Arbeitnehmer deshalb nicht nur vorübergehend zu den vertraglich übernommenen Arbeiten unfähig ist oder ihm die Fähigkeiten dazu überhaupt fehlen,
- einschlägige Vorstrafen.

In der Regel keine wesentliche Eigenschaft

Nicht zum Begriff „wesentliche Eigenschaft“ gehören

- eine Schwangerschaft, da dieser Zustand nur vorübergehend anhält (Beispiele für Ausnahmen: Schauspielerin, Tänzerin),
- die Schwerbehinderteneigenschaft (Ausnahme: Der Schwerbehinderte ist für die vorgesehene Arbeit ungeeignet).

Arglistige Täuschung

Dieser Fall liegt vor, wenn Sie als Bewerber

- in zulässiger Weise vom Arbeitgeber gefragt worden sind oder nach Treu und Glauben von sich aus auch *ohne* ausdrückliche Befragung den Tatbestand hätten nennen müssen;
- die Frage bewußt falsch beantwortet oder die dem Arbeitgeber unbekannten Tatbestände bewußt verschwiegen haben;
- wissen oder erkennen mußten, daß die von Ihnen verschwiegene Tatsache wesentlich für die Entscheidung des Arbeitgebers zur Begründung des Arbeitsverhältnisses werden würde und wenn
- die verschwiegene Tatsache für die Begründung des Arbeitsverhältnisses ursächlich war.

Der Arbeitsvertrag kann nicht angefochten werden, wenn Sie erst während des Arbeitsverhältnisses die arglistige Täuschung begehen.

Rechtsfolgen der Anfechtung vor Vollzug des Arbeitsvertrages

Der Arbeitsvertrag ist von vornherein nichtig oder kann durch die Anfechtung rückwirkend beseitigt werden. Werden nur einige Vertragsbedingungen angefochten, dann bleiben die übrigen im allgemeinen weiterhin wirksam.

Rechtsfolgen nach Vollzug des Arbeitsvertrages

Der Arbeitgeber kann sich nur für die Zukunft durch eine einseitige Erklärung vom bereits bestehenden Arbeitsverhältnis mit Ihnen lösen. Er muß keine Kündigungsbeschränkungen beachten. Für die Vergangenheit ist das Arbeitsverhältnis wie ein fehlerfrei zustande gekommenes zu behandeln, das heißt

- Ihnen als Arbeitnehmer können rückwirkend keine Vergütungsansprüche entzogen werden, auch dann nicht, wenn Sie aus persönlichen Gründen an der Arbeitsleistung verhindert waren oder der Arbeitgeber vorübergehend Ihre Arbeitsleistung nicht angenommen hat.
- Für die Vergangenheit können Sie Urlaubsansprüche erheben.

Arbeitsvertrag und verwandte Verträge

Für ein Arbeitsverhältnis sprechen

- die Weisungsbefugnis des Dienstberechtigten oder seines Vertreters;
- Ihre Pflicht, bestimmte Arbeitszeiten einzuhalten oder Anordnungen für die zeitliche Einteilung der Arbeit zu befolgen;
- die vertragliche Beschäftigung Ihrer Arbeitskraft ganz oder überwiegend;
- die Verrichtung der Arbeit durch Sie an einem Ihnen zugewiesenen Arbeitsplatz oder an einem zur Erfüllung der Aufgabe von Natur aus bestimmten Ort;
- Ihre Eingliederung in eine bestimmte Arbeitsorganisation und das Angewiesensein auf die Organisation und die Arbeitskräfte des Dienstberechtigten;
- Ihre Pflicht zur regelmäßigen Berichterstattung und
- zur Entschuldigung bei Abwesenheit;
- das Unternehmerrisiko des Dienstberechtigten, der die Kosten der Arbeitsausführung zu tragen hat und dem das Ergebnis Ihrer Leistung zugutekommt;

- daß Sie Tätigkeiten verrichten, die üblicherweise in abhängiger Beschäftigung geschehen.

Hauptunterschiede zwischen Werkvertrag und Arbeitsvertrag

Werkvertrag	*Arbeitsvertrag*
• Schuldung eines bestimmten Erfolges.	• Schuldung einer bestimmten Tätigkeit.
• Bemessung nach dem herbeizuführenden Erfolg.	• Bemessung meist nach der Zeitdauer.
• Verantwortung für den Erfolg beim Verpflichteten.	• Verantwortung für den Erfolg beim Dienstberechtigten.

Schwierigkeiten ergeben sich im Einzelfall. Nicht entscheidend ist die Berechnung der Vergütung, da es die Bezahlung nach Erfolg auch beim Arbeitsvertrag gibt, zum Beispiel beim Akkord- oder Prämienvertrag. Als maßgeblich erweisen sich statt dessen Ihr Wille und der Ihres Vertragspartners und die Ausgestaltung der vertraglichen Beziehungen.

Befristeter und unbefristeter Arbeitsvertrag

Nach dem BGB § 620 stehen gleichberechtigt nebeneinander:
1. ein Arbeitsverhältnis auf unbestimmte Dauer,
2. eines auf bestimmte Zeit.

Beim unbefristet geltenden Arbeitsvertrag handelt es sich um den Normalfall. Wer einen zeitbestimmten Arbeitsvertrag fordert, der muß die Notwendigkeit dazu nachweisen.

Der befristete Arbeitsvertrag

Beispiele für zulässige befristete Arbeitsverträge sind

- Probearbeitsverhältnis,
- Aushilfs-,
- Saisonarbeitsverhältnis,
- Befristung, weil Sie als Arbeitnehmer es wünschen.

Beispiele für unzulässig befristete Arbeitsverträge sind

- Möglichkeit der Stelleneinsparung im Haushaltsplan,
- Sorge des Arbeitgebers wegen der künftigen Geschäftsentwicklung,

- sogenannter Kettenarbeitsvertrag, das heißt mehrfache befristete Arbeitsverträge nacheinander ohne Grund.

Beim Abschluß des befristeten Arbeitsvertrages darf Ihre Entscheidungsfreiheit nicht eingeengt gewesen sein.
Der sachliche Grund muß nicht nur für die Befristung als solche, sondern auch für deren Dauer gegeben sein.
Werden Sie nach Ablauf der Befristung vom Arbeitgeber weiterbeschäftigt, dann ist aus dem ursprünglich befristeten inzwischen ein unbefristetes Arbeitsverhältnis geworden.

Formen der Befristung

Die Befristung kann für eine bestimmte Dauer erfolgen: Tage, Wochen, Monate, Jahre. Möglich ist eine Festlegung nach dem Kalender bis zu einem bestimmten Tag, zum Beispiel dem 20. 6. 19..
Zulässig ist die Befristung für eine bestimmte Saison, zum Beispiel die Bädersaison an der See oder die Zeit des Sommerschlußverkaufs.
Der Arbeitsvertrag geht zu Ende mit dem Eintritt eines bestimmten Ereignisses, zum Beispiel der Genesung eines Arbeitnehmers, der Erfüllung einer Aufgabe.
Das Arbeitsverhältnis endet nicht automatisch mit dem Eintritt in das Pensionsalter. Jedoch kann diese Regelung einzel- oder kollektivvertraglich vereinbart werden, wenn der Arbeitgeber eine betriebliche Altersversorgung zugesagt hat.

Rechtsfolgen der Zeitbestimmung

Das befristete Arbeitsverhältnis hört automatisch mit dem Zeitablauf auf, ohne Rücksicht auf sonst bestehende Kündigungsbeschränkungen wie Mutterschaftsschutz.
Eine ordentliche Kündigung ist während des Laufs der Befristung nur gestattet, wenn diese Möglichkeit vertraglich ausdrücklich vorgesehen ist. Eine außerordentliche Entlassung bleibt dagegen zulässig.

Das Probearbeitsverhältnis

Das Probearbeitsverhältnis soll dem Arbeitgeber ermöglichen, darüber zu entscheiden, ob Sie für die vorgesehene Stellung geeignet sind, und Ihnen gestatten, sich zu vergewissern, ob Sie in diesem Betrieb auf Dauer arbeiten wollen und Ihnen die angetretene Stelle zusagt.

Abschluß und Inhalt

Es gelten grundsätzlich die gleichen Regeln wie bei einem sonstigen Arbeitsvertrag. Das Vorhandensein oder Fehlen bedeutsamer Eigenschaften kann zumeist während der Probezeit festgestellt werden. Deshalb ist eine Anfechtung weitgehend ausgeschlossen, es sei denn, der Arbeitnehmer erweist sich als absolut ungeeignet.

Befristetes Probearbeitsverhältnis

Die Dauer der Probezeit können der Arbeitgeber und Sie frei vereinbaren. Tarifverträge gestatten aber oft nur eine dreimonatige Dauer.
Im allgemeinen stellen sechs Monate die obere Grenze dar, da § 1, 1 KSchG eine sechsmonatige Wartezeit für das Einsetzen des Kündigungsschutzes voraussetzt.
Haben Sie sich nach Meinung des Arbeitgebers in dieser Zeit nicht genügend bewährt, dann wird eine einmalige Verlängerung möglich sein.

Unbefristetes Arbeitsverhältnis mit vorgeschalteter Probezeit

Der Arbeitgeber und Sie einigen sich auf die gesetzlich zulässige oder tariflich gestattete Mindestkündigungszeit. Die gesetzliche Mindestkündigungszeit für Arbeiter beträgt zum Beispiel nur zwei Wochen, ein Zeitraum, der tarifvertraglich weiter verkürzt werden kann.
Bei Angestellten ist eine Mindestkündigungsfrist von einem Monat einzuhalten. Die Kündigung kann nur zum Letzten eines Monats erfolgen (§ 622, 1 BGB).
Während der Probezeit kann mit der vereinbarten kürzeren Frist gekündigt werden, auch wenn der Endzeitpunkt des Arbeitsverhältnisses nach Ablauf der Probezeit liegt.
Ist zur Wirksamkeit einer Kündigung die Zustimmung einer Verwaltungsbehörde notwendig, wie des Gewerbeaufsichtsamtes bei einer Schwangeren (§ 9 MSchG), so muß diese auch während der Probezeit eingeholt werden. Das gilt aber nicht für Schwerbehinderte während einer sechs Monate nicht überschreitenden Probezeit.

Das Aushilfsarbeitsverhältnis

Das Aushilfsarbeitsverhältnis gehört in der Regel zu den zeitbestimmten Arbeitsverhältnissen. Es kann aber auch als unbefristetes Arbeitsverhältnis abgeschlossen werden. Durch die Einstellung zur Aushilfe soll einem plötzlich

und vorübergehend auftretenden Bedarf abgeholfen werden. Durch seinen Zweck unterscheidet sich das Aushilfs- vom Probearbeitsverhältnis.
Unzulässig ist der Abschluß eines Probearbeitsverhältnisses nach einem Aushilfsarbeitsverhältnis.

Befristetes Aushilfsarbeitsverhältnis

Die Befristung kann aus dem Zweck der Arbeit hervorgehen (§ 620, 2 BGB), zum Beispiel

- Sommerschlußverkauf,
- Erkrankung eines Angestellten.

Die durch den Aushilfszweck gekennzeichnete Dauer kann die Höchstdauer darstellen, weshalb eine vorherige ordentliche Kündigung zur gesetzlichen Frist erfolgen kann.

Urlaub, Feiertagsbezahlung, Krankheit

Der Anspruch auf Urlaub ist nur ausgeschlossen, wenn das Arbeitsverhältnis nicht ununterbrochen einen vollen Monat bestanden hat (§ 5, 1 BUrlG).
Den Feiertag muß Ihnen der Arbeitgeber zahlen, wenn er in die Vertragsdauer fällt.
Der Anspruch auf Fortzahlung der Vergütung besteht nur für die Dauer des Arbeitsverhältnisses.

Die Pflichten aus dem Arbeitsvertrag

Der Ort der Arbeitsleistung

In der Regel wird der Ort derjenige des Betriebes des Arbeitgebers sein. Der Umfang des Direktionsrechts des Arbeitgebers ist besonders weitgehend, wenn Sie keinen festen Arbeitsplatz innehaben, zum Beispiel auf Baustellen tätig sind. Der Auslandseinsatz kommt aber nur in Frage, wenn diese Möglichkeit vertraglich vorbehalten war.

Versetzung

An einen anderen Ort müssen Sie sich nur versetzen lassen, wenn dies ausdrücklich festgelegt war. Das geschieht zum Beispiel in Filialunternehmen bei

den Führungskräften. Beim öffentlichen Arbeitgeber kann die Versetzung die Folge einer Änderung der Verwaltungsbezirke darstellen.
Ohne weiteres kann der Arbeitgeber Sie am selben Ort in eine andere Betriebsabteilung versetzen. Ausnahme: Es ist für Sie eine besondere Erschwernis damit verbunden.

Betriebsverlegung

Wenn der Betrieb an einen anderen Ort verlegt wird, dann müssen Sie folgen. Ausnahme wieder: Besondere Erschwernis. Entscheidend sind nicht kommunale Grenzen, sondern zum Beispiel sehr viel schlechtere Verkehrsverbindungen. In diesem Fall dürfen Sie in der Regel befristet kündigen.

Art der zu leistenden Arbeit

Die Art der von Ihnen zu leistenden Arbeit ergibt sich aus dem Arbeitsvertrag. In dessen Rahmen kann der Arbeitgeber Ihnen bestimmte Arbeiten zuweisen. Es gibt drei Formen der Eingrenzung der zu verrichtenden Arbeit:

1. Für eine bestimmte Tätigkeit

zum Beispiel Sachbearbeiter in der Exportabteilung oder Abteilungsleiter in der Entwicklungsabteilung. Dieser eingeengte Vertragsinhalt ergibt sich meist aus einer Stellenbeschreibung.

2. Für eine fachlich umschriebene Tätigkeit

zum Beispiel Angestellter, Verkäufer. In diesem Fall müssen Sie alle Arbeiten verrichten, die beispielsweise zum Berufsbild des Industriekaufmanns zählen.

3. Allgemeine Umschreibung der Tätigkeit

zum Beispiel bei Hilfsarbeiten. In diesem Fall muß der Arbeitnehmer alle Arbeiten verrichten, die für ihn zumutbar sind und zu erwarten waren.
im öffentlichen Dienst kann Ihnen jede zumutbare Beschäftigung zugewiesen werden, die sich im Rahmen der vereinbarten Vergütungsgruppe befindet.
Das Direktionsrecht Ihres Arbeitgebers kann nachträglich eingeschränkt werden, zum Beispiel wenn sich Ihre Arbeitspflicht auf eine ganz bestimmte Tätigkeit konkretisiert hat. Diese Situation liegt vor, wenn Sie längere Zeit eine bestimmte Tätigkeit verrichten und sich auch aus anderen Umständen, wie Ausbildung oder Beförderung, ergibt, daß Sie auf Dauer für die Arbeit vorgesehen sind.

Nebenarbeiten

Sie müssen die Nebenarbeiten verrichten, die üblicherweise zu Ihrer Tätigkeit zählen wie

- Heranschaffen des benötigten Materials,
- Aufräumen und Säubern Ihres Arbeitsplatzes,
- Pflege und Wartung von Maschinen, Werkzeug, Waren.

Vorübergehend müssen Sie andersartige Tätigkeiten übernehmen. Nicht jede in Ihrem Betrieb auftretende Schwierigkeit kann als Notfall gelten, Eilaufträge beispielsweise nicht. Keinen Notfall stellt ein dauernder Mangel an Arbeitnehmern dar. Anders sieht die Situation aus bei Erkrankung, Urlaub oder sonstigem Ausfall von Kollegen. In diesem Fall müssen Sie vorübergehend sowohl höher- als auch geringerwertige Arbeiten ausführen.

Verhalten bei Streiks

Wenn Sie sich nicht selbst am Streik beteiligen, müssen Sie Ihre bisherige Arbeit weiter ausführen. Sie sind aber nicht verpflichtet, Arbeiten zu übernehmen, die bisher Streikende ausgeführt haben. Ausnahme: Wenn für den Betrieb ein nicht mehr gutzumachender Schaden entstehen würde.

Versetzung: Übernahme einer anderen Tätigkeit

Von einer Versetzung spricht man im Arbeitsvertrags-, nicht im Betriebsverfassungsrecht, wenn sich Ihr Aufgabenbereich nach Art, Ort und Umfang der Tätigkeiten ändert. Der Arbeitgeber kann im Rahmen seines Weisungsrechts üblicherweise eine Versetzung anordnen, wenn er sich zuvor die Zustimmung des Betriebsrates dazu eingeholt hat. Über die Einschränkungen wurde bereits geschrieben.
Minderwertig ist eine Arbeit für Sie, wenn sie nach Tätigkeits-, Berufsbild oder nach allgemeiner Anschauung als geringerwertig gilt. Hinnehmen müssen Sie eine nur geringfügige Verschlechterung Ihres Ansehens.
Jede Versetzung auf einen schlechter bezahlten Arbeitsplatz überschreitet die Grenzen des Direktionsrechtes und ist deshalb unzulässig.
Von der Wertigkeit der Arbeit nicht betroffen werden Arbeitsplätze, auf denen keine Schmutz-, Gefahrenzulagen, Wegegelder, Produktionsprämien gezahlt werden.
Der Arbeitgeber darf bei Ihrer Versetzung nicht gegen den Gleichbehandlungsgrundsatz verstoßen.
Nicht jede das Direktionsrecht überschreitende Versetzung stellt eine Ände-

rungskündigung dar. Um eine Änderungskündigung handelt es sich, wenn dadurch eine Umgestaltung des Arbeitsvertrages erreicht werden soll.
Die Notwendigkeit zur Versetzung kann sich aus der Fürsorgepflicht Ihres Arbeitgebers ergeben, wenn Sie Ihre eigentliche Tätigkeit nicht mehr ausüben können und er durch die Versetzung zum Beispiel Ihre Kündigung vermeiden will.

Zeit der Arbeit

Die Arbeitszeit wird grundsätzlich durch den Arbeitsvertrag bestimmt. Wird dazu im Vertrag nichts ausgesagt, dann gilt die betriebsübliche Arbeitszeit als vereinbart. Im Rahmen dieser Arbeitszeit kann der Arbeitgeber grundsätzlich einseitig die wöchentliche Arbeitszeit auf die einzelnen Wochentage verteilen, Beginn und Ende der täglichen Arbeitszeit und der Ruhepausen festlegen. Dazu benötigt der Arbeitgeber die Zustimmung seines Betriebsrates.
Die Vertragsfreiheit ist erheblich eingeschränkt durch Arbeitszeitordnung, Gewerbeordnung, Jugendarbeitsschutzgesetz, Mutterschutzgesetz. Alle vertraglichen Vereinbarungen, die gesetzlichen Bestimmungen widersprechen, auch wenn Sie als Arbeitnehmer ihnen ausdrücklich zugestimmt haben, sind rechtsungültig.

Arbeitszeitrechtliche Begriffe

Die Arbeitszeit ist die Zeit vom Beginn bis zum Ende der Arbeit ohne Ruhepausen (§ 2, 1 AZO). Grundsätzlich beginnt und endet die Arbeitszeit mit dem Betreten und Verlassen des Betriebes (Stechuhr). Kollektivvertraglich oder durch betriebliche Übung kann bestimmt sein, ob das Umkleiden vor oder nach der Arbeit zur Arbeitszeit zählt.

Überstunden und Mehrarbeit

Überstunde: das Überschreiten Ihrer normalen Arbeitszeit.
Mehrarbeit: Überschreiten der gesetzlich zulässigen Arbeitszeit.

Arbeitsbereitschaft

Dabei handelt es sich um eine Zeit, in der Sie sehr aufmerksam sein müssen, aber keine Arbeit verrichten. Sie müssen nämlich jederzeit mit dem Arbeiten beginnen können. Beispiele:

- Der Pförtner sitzt hinter der geschlossenen Tür und öffnet nur auf ein Klingelzeichen hin.

- Der Fahrer wartet auf seinen Einsatz.
- Die Verkäuferin wartet auf einen Kunden.

Es ist zulässig, die Arbeitsbereitschaft pauschal abzugelten.

Bereitschaftsdienst

Sie müssen sich an einem von Ihrem Arbeitgeber festgelegten Ort innerhalb oder außerhalb des Betriebes aufhalten, um, sobald es notwendig ist, mit dem Arbeiten zu beginnen. Dabei können Sie sich aber ausruhen oder schlafen.

Rufbereitschaft

Sie müssen sich an einem von Ihnen selbst bestimmten, aber Ihrem Arbeitgeber zu nennenden Ort auf Abruf zur Arbeit bereithalten.

Wegezeit ist keine Arbeitszeit

Nicht als Arbeitszeit gilt die Zeit, die Sie benötigen, um von Ihrer Wohnung zum Arbeitsplatz und zurück zu kommen. Anders ist die Situation, wenn Sie ausnahmsweise außerhalb Ihres Betriebes beschäftigt sind. Reisen Sie unmittelbar von Ihrer Wohnung zu dem außerhalb des Betriebes liegenden Arbeitsplatz an, so müssen Sie sich die Zeit anrechnen lassen, die Sie üblicherweise zum Betrieb benötigt hätten.

Dienstreisezeit

Gehört die Dienstreisezeit zur arbeitsvertraglichen Hauptleistung, zum Beispiel beim Außendienstmitarbeiter, so stellt sie vergütungspflichtige Arbeitszeit dar. Ist dies nicht der Fall, dann gibt es zwei Möglichkeiten:

1. Wird die Dienstreisezeit während der Arbeitszeit zurückgelegt, so ist sie normal zu vergüten (§ 324 BGB).
2. Wird die Dienstreisezeit außerhalb der Arbeitszeit zurückgelegt, dann ist zu unterscheiden:
   a) Bei Mitfahrt in einem Bus oder bei der Reise mit dem Zug – was für den Arbeitnehmer keine besondere Last bedeutet – besteht keine Vergütungspflicht.
   b) Bringt die Zeit dagegen eine Belastung für den Arbeitnehmer, zum Beispiel durch das eigene Lenken des Kraftfahrzeuges, so ist die Dienstreisezeit zu vergüten.

Nachtarbeitszeit

20.00 bis 6.00 Uhr, Ausnahmen durch Tarifvertrag.

Ruhezeit

Im voraus festgelegte Zeiten der Arbeitsunterbrechung von mindestens 15 Minuten Dauer.
Keine Bezahlung.

Arbeitsunterbrechung

a) Aus technischen Gründen,
b) sogenannte Kurzpausen in teil- oder vollmechanischen Betrieben.
Wie Arbeitszeit zu vergüten.

Materielle Hilfen der Arbeitsämter

von Dr. Frank Grätz

1. Berufsausbildungsbeihilfe

Beihilfe zur Berufsausbildung gewährt das Arbeitsamt

- für eine betriebliche Ausbildung in einem anerkannten Ausbildungsberuf,
- für die Teilnahme an Grundausbildungs- und Förderungslehrgängen und anderen berufsvorbereitenden Maßnahmen.

Voraussetzung ist unter anderem, daß der Auszubildende für den angestrebten Beruf geeignet und die Ausbildung in dem gewählten Beruf unter Berücksichtigung von Lage und Entwicklung des Arbeitsmarktes zweckmäßig ist. Berufsausbildungsbeihilfe wird grundsätzlich als Zuschuß gewährt. Dabei wird ein entsprechender Bedarf für den Lebensunterhalt des Auszubildenden und seinen Ausbildungsaufwand berücksichtigt. Das Einkommen des Auszubildenden wird grundsätzlich voll angerechnet, das seines Ehegatten und seiner Eltern nur, soweit es bestimmte Freibeträge übersteigt.

Anspruchsberechtigte

Jugendliche und Erwachsene aller Altersgruppen.

Rechtsgrundlagen

a) Arbeitsförderungsgesetz vom 25. 6. 69.

b) Anordnung des Verwaltungsrates der Bundesanstalt für Arbeit über die individuelle Förderung der beruflichen Ausbildung (A Ausbildung) vom 31. 10. 69 in der jeweils geltenden Fassung.

c) Anordnung des Verwaltungsrates der Bundesanstalt für Arbeit über die individuelle Förderung der beruflichen Fortbildung und Umschulung (A Fortbildung und Umschulung) vom 23. 3. 76 in der jeweils geltenden Fassung.

2. Berufliche Fortbildung und Umschulung

Gefördert wird die Teilnahme an beruflichen Bildungsmaßnahmen, die darauf abzielen, berufliche Kenntnisse und Fertigkeiten zu erhalten, zu erweitern oder der technischen Entwicklung anzupassen, oder die einen beruflichen Aufstieg ermöglichen, wenn eine abgeschlossene Berufsausbildung oder angemessene Berufserfahrung vorliegt (berufliche Fortbildung).
Gefördert wird auch die Teilnahme an Maßnahmen, die den Übergang in eine andere geeignete Tätigkeit ermöglichen sollen (berufliche Umschulung).
Zur Verbesserung der Vermittlungsaussichten von Arbeitslosen wird die Teilnahme an Maßnahmen gefördert, in denen insbesondere über Fragen der Wahl von Arbeitsplätzen und die Möglichkeit der beruflichen Bildung unterrichtet wird. Außerdem sollen diese Maßnahmen zur Erhaltung oder Verbesserung der Fähigkeit beitragen, Arbeit aufzunehmen oder an beruflichen Bildungsmaßnahmen teilzunehmen.
Sind die Voraussetzungen erfüllt, werden die notwendigen Kosten, die durch die Teilnahme an einer Bildungsmaßnahme entstehen, ganz oder teilweise übernommen. Dies sind insbesondere Lehrgangskosten, Kosten für Lernmittel, Fahrkosten, Kosten der Arbeitskleidung und der Krankenversicherung, Kosten der Unterkunft und Mehrkosten für Verpflegung, wenn die Teilnahme an einer Maßnahme notwendig ist, die auswärtige Unterbringung erfordert, sowie Kinderbetreuungskosten in besonderen Härtefällen.
Teilnehmern an Maßnahmen mit ganztägigem Unterricht wird Unterhaltsgeld gewährt. Das Unterhaltsgeld beträgt 75 Prozent für Teilnehmer mit mindestens einem Kind oder einem pflegebedürftigen Ehegatten, sonst 68 Prozent des um die gesetzlichen Abzüge, die bei Arbeitnehmern gewöhnlich anfallen, verminderten Arbeitsentgelts. Voraussetzung ist, daß die Teilnahme an der Bildungsmaßnahme notwendig ist, damit ein Antragsteller, der

a) arbeitslos ist, beruflich eingegliedert wird;
b) von Arbeitslosigkeit unmittelbar bedroht ist, nicht arbeitslos wird;
c) keinen beruflichen Abschluß hat, eine berufliche Qualifikation erwerben kann;
d) einen Beruf ergreifen will, in dem ein Mangel an Arbeitskräften auf dem für ihn in Betracht kommenden Arbeitsmarkt besteht oder in absehbarer Zeit zu erwarten ist, diesen ausüben kann. Eine Umschulung wird abgelehnt, wenn der Antragsteller einen Beruf ausübt, in dem ein Mangel an Arbeitskräften auf dem für ihn in Betracht kommenden Arbeitsmarkt besteht.

Das Unterhaltsgeld beträgt 58 Prozent und wird als Darlehen gewährt, wenn diese Voraussetzungen nicht erfüllt sind und die Teilnahme an einer gleichwertigen Bildungsmaßnahme mit berufsbegleitendem Unterricht nicht erwartet werden kann.

Anspruchsberechtigte

Gefördert werden

a) Antragsteller mit einer abgeschlossenen Berufsausbildung, wenn sie danach mindestens drei Jahre beruflich tätig waren und
b) Antragsteller ohne abgeschlossene Berufsausbildung, wenn sie mindestens sechs Jahre beruflich tätig waren.

Ist der Antragsteller als Teilnehmer an einer Fortbildungs- oder Umschulungsmaßnahme bereits einmal nach dem Arbeitsförderungsgesetz gefördert worden, so wird er nur dann noch einmal gefördert, wenn er danach mindestens weitere drei Jahre beruflich tätig gewesen ist.

Hiervon abweichend bestehen bezüglich der Dauer der Berufstätigkeit weitere zum Teil günstigere Regelungen.

Leistungen werden solchen Antragstellern gewährt, die innerhalb der letzten drei Jahre vor Beginn der Maßnahme mindestens zwei Jahre lang eine die Beitragspflicht zur Bundesanstalt begründende Beschäftigung ausgeübt haben oder die aufgrund eines Anspruchs von einer Dauer von mindestens 156 Tagen Arbeitslosengeld oder im Anschluß daran Arbeitslosenhilfe bezogen haben. Der vorgenannte Rahmen von drei Jahren kann im bestimmten Umfang erweitert werden, wenn eine beitragspflichtige Tätigkeit wegen Geburt und der Betreuung von Kindern oder wegen einer förderlichen Auslandstätigkeit nicht ausgeübt wurde. Antragsteller, die diese Voraussetzungen nicht erfüllen, können unter besonderen Bedingungen bei Erfüllung bestimmter weiterer Voraussetzungen Leistungen wie Lehrgangsgebühren, Lernmittel usw., jedoch kein Unterhaltsgeld erhalten.

Voraussetzung ist unter anderem, daß die Förderung nach Lage und Entwicklung des Arbeitsmarktes zweckmäßig ist und mit einer erfolgreichen Teilnahme an der beruflichen Bildungsmaßnahme gerechnet werden kann.

Rechtsgrundlagen

wie unter 1.

3. Bewerbungskostenübernahme

Als Bewerbungskosten können die notwendigen Kosten, die üblicherweise im Zusammenhang mit der Bewerbung entstehen, übernommen werden, zum Beispiel Schreibkosten, Porto, Telefonkosten, allerdings innerhalb von sechs Monaten nur bis zu einem Betrag von 400 DM, in Härtefällen bis zu einem Betrag von 800 DM.

Leistungen zur Förderung der Arbeitsaufnahme (FdA-Anordnung) dürfen nur gewährt werden, wenn der Arbeitsuchende die erforderlichen Mittel nicht selbst aufbringen kann.

Anspruchsberechtigte

a) Arbeitslose oder von Arbeitslosigkeit unmittelbar bedrohte Arbeitnehmer, die beim Arbeitsamt arbeitsuchend gemeldet sind.
b) Berufsanwärter, die beim Arbeitsamt als Bewerber um eine berufliche Ausbildungsstelle gemeldet sind.
c) Sofern sie sich in einem Arbeits- oder Ausbildungsverhältnis befinden nur dann, wenn sie von Arbeitslosigkeit unmittelbar bedroht sind.

Rechtsgrundlagen

a) Arbeitsförderungsgesetz vom 25. 6. 69, §§ 53 und 54, § 242 (3).
b) Anordnung des Verwaltungsrates der Bundesanstalt für Arbeit zur Förderung der Arbeitsaufnahme (FdA-Anordnung) vom 18. 12. 69 in der jeweils geltenden Fassung.
c) Richtlinien der Bundesregierung zur Förderung der Arbeitsaufnahme in Berlin vom 31. 1. 62 in der jeweils geltenden Fassung

4. Reisekosten

Bezahlt werden Reisekosten, die das Arbeitsamt für notwendig hält für Fahrt, Verpflegung und Übernachtung anläßlich
a) einer Arbeitsberatung, Eignungsuntersuchung oder ärztlichen Untersuchung, wenn diese erforderlich sind;
b) einer persönlichen Vorstellung, wenn diese zur Erlangung einer Arbeitsstelle zweckmäßig ist;
c) der Anreise zur Aufnahme einer auswärtigen Arbeit oder zur Teilnahme an einer Maßnahme zur Förderung der beruflichen Bildung, wenn ein Wechsel des Aufenthaltsortes erforderlich ist;
d) einer unvermeidbaren Rückreise, die vor oder innerhalb einer bestimmten Frist nach der Aufnahme der auswärtigen Arbeit oder Berufsausbildung angetreten wird, wenn die Arbeit oder Berufsausbildung ohne Verschulden des Arbeitnehmers oder des Auszubildenden nicht angetreten oder fortgeführt werden kann und eine anderweitige zumutbare Vermittlung durch das Aufnahmearbeitsamt nicht möglich ist.

Es werden gezahlt
- Die Fahrtkosten der niedrigsten Klassen des zweckmäßigsten öffentlichen Verkehrsmittels, unter Berücksichtigung möglicher Fahrpreisermäßigungen.

- Für Verpflegung und Übernachtung wird ein Tages- und Übernachtungsgeld nach bestimmten Sätzen gewährt.

Anspruchsberechtigte

Ansprüche auf Erstattung der Reisekosten haben

a) Arbeitslose oder von Arbeitslosigkeit unmittelbar bedrohte Arbeitnehmer, die beim Arbeitsamt arbeitsuchend gemeldet sind.

b) Berufsanwärter, die beim Arbeitsamt als Bewerber um eine berufliche Ausbildungsstelle gemeldet sind. Sofern sie sich in einem Arbeits- oder Ausbildungsverhältnis befinden nur dann, wenn sie von Arbeitslosigkeit unmittelbar bedroht sind.

c) Ebenso Begleitpersonen von Minderjährigen, wenn die Begleitung erforderlich ist.

Rechtsgrundlagen

wie unter 3.

5. Fahrkostenbeihilfe

Beihilfe zu den Fahrkosten wird gewährt für die tägliche Hin- und Rückfahrt zwischen Wohnung und Arbeitsstelle, wenn die Unterbringung des Arbeitnehmers unter den üblichen Bedingungen des Arbeitsmarktes erschwert ist.

Es werden ersetzt

Die Fahrkosten der niedrigsten Klasse des zweckmäßigsten öffentlichen Verkehrsmittels bis zur vollen Höhe für die Dauer bis zu einem Jahr.

Anspruchsberechtigte

Arbeitslose oder von Arbeitslosigkeit unmittelbar bedrohte Arbeitnehmer, die beim Arbeitsamt arbeitsuchend gemeldet sind.

6. Umzugskosten

Kosten für den Umzug können übernommen werden, wenn der Umzug wegen der auswärtigen Arbeitsaufnahme oder des Antritts eines Ausbildungsverhältnisses erforderlich ist, und zwar

a) Kosten des zweckmäßigsten Transports des Umzugsgutes,

b) Reisekosten für die Reise des Antragstellers und der Familienangehörigen, soweit diese zur Fortsetzung der häuslichen Gemeinschaft an den Arbeitsort mitreisen oder folgen.

Anspruchsberechtigte

Arbeitslose oder von Arbeitslosigkeit unmittelbar bedrohte Arbeitnehmer, die beim Arbeitsamt arbeitsuchend gemeldet sind. Berufsanwärter, die beim Arbeitsamt als Bewerber um eine berufliche Ausbildungsstelle gemeldet sind. Sofern sie sich in einem Arbeits- oder Ausbildungsverhältnis befinden nur dann, wenn sie von Arbeitslosigkeit unmittelbar bedroht sind.

7. Trennungsbeihilfe

Beihilfe wegen Trennung von der Familie kann bis zu einer Bezugsdauer von zwei Jahren seit der erstmaligen Aufnahme einer auswärtigen Arbeit gewährt werden. Die Trennungsbeihilfe kann erneut gewährt werden, wenn die Bezugsdauer von zwei Jahren verbraucht und seit dem letzten Tag, für den Trennungsbeihilfe gewährt worden ist, ein Jahr verstrichen ist. In Härtefällen kann die Einjahresfrist verkürzt werden.
Die Höhe der Trennungsbeihilfe richtet sich nach dem Arbeitsentgelt und wird nach folgender Tabelle als Zuschuß gewährt.

Tabelle für Trennungsbeihilfe

Bruttoarbeitsentgelt bis einschließlich (DM)			Trennungsbeihilfe (DM)			
			1. Jahr		2. Jahr	
wöchentlich	4-wöchentlich	monatlich	wöchentlich	täglich	wöchentlich	täglich
270	1.080	1.170	161	23	80.50	11,50
330	1.320	1.430	147	21	73,50	10,50
390	1.560	1.690	133	19	66,50	9,50
450	1.800	1.950	119	17	59,50	8,50
510	2.040	2.210	105	15	52,50	7,50
570	2.280	2.470	91	13	45,50	6,50
630	2.520	2.730	77	11	38,50	5,50
690	2.760	2.990	63	9	31,50	4,50

Anspruchsberechtigte

Arbeitslose oder von Arbeitslosigkeit unmittelbar bedrohte Arbeitnehmer, die beim Arbeitsamt arbeitsuchend gemeldet sind.

8. Familienheimfahrten

Kosten für Heimfahrten werden ersetzt, wenn die Unterbringung des Arbeitnehmers unter den üblichen Bedingungen des Arbeitsmarktes erschwert und die tägliche Hin- und Rückfahrt zwischen Wohnung und auswärtiger Arbeitsstelle nicht zumutbar ist und die Arbeitsaufnahme deshalb eine von den Familienangehörigen getrennte Haushaltsführung erfordert.

Gezahlt werden als Zuschuß die Fahrkosten für monatlich eine Heimfahrt bis zur Dauer eines Jahres in Höhe der Kosten der niedrigsten Klasse des zweckmäßigsten öffentlichen Verkehrsmittels. Bis zur Dauer von zwei Jahren können Familienheimfahrten gewährt werden in Härtefällen und für arbeitslose Arbeitsuchende, die 55 Jahre und älter oder unabhängig vom Alter länger als ein Jahr arbeitslos sind oder in ihrer Erwerbsfähigkeit nicht nur vorübergehend um wenigstens 80 v. H. gemindert sind.

Anspruchsberechtigte

Arbeitslose oder von Arbeitslosigkeit unmittelbar bedrohte Arbeitnehmer, die beim Arbeitsamt arbeitsuchend gemeldet sind.

9. Überbrückungsbeihilfe

Überbrückungsbeihilfe kann in der Regel als Darlehen, im Härtefall als Zuschuß gewährt werden, um bei einer Arbeitsaufnahme den Lebensunterhalt des Arbeitnehmers und seiner Familienangehörigen bis zur ersten vollen Lohn- oder Gehaltszahlung sicherzustellen. Die Überbrückungsbeihilfe soll auch die Bestreitung von Aufwendungen ermöglichen, die mit der Arbeitsaufnahme im Zusammenhang stehen.

Gezahlt wird für den Lebensunterhalt bis zur Höhe von 400 DM wöchentlich für längstens zwei Monate; für sonstige Aufwendungen, die mit der Arbeitsaufnahme im Zusammenhang stehen, bis zu einer Gesamthöhe von 500 DM. Für ein Arbeitsverhältnis dürfen nicht mehr als 1000 DM Zuschuß gewährt werden.

Anspruchsberechtigte

a) Arbeitslose oder von Arbeitslosigkeit unmittelbar bedrohte Arbeitnehmer, die beim Arbeitsamt arbeitsuchend gemeldet sind.
b) Berufsanwärter, die beim Arbeitsamt als Bewerber um eine berufliche Ausbildungsstelle gemeldet sind. Sofern sie sich in einem Arbeits- oder Ausbildungsverhältnis befinden nur dann, wenn sie von Arbeitslosigkeit unmittelbar bedroht sind.
c) Berufsanwärter nur, wenn ihr Lebensunterhalt in der bisherigen Weise nicht gesichert ist.

10. Sonstige Hilfen

Als sonstige Hilfen, die sich zur Erleichterung der Arbeitsaufnahme für notwendig erweisen, können als Zuschuß oder Darlehen gewährt werden:

a) Übernahme von Anschaffungskosten für Beförderungsmittel, wenn der Antragsteller für die tägliche Fahrt zwischen Wohnung und Arbeitsstelle auf ein eigenes Fahrzeug angewiesen ist.
b) Übernahme von Kosten für andere Hilfsmittel, zum Beispiel zur Verbesserung des Erscheinungsbildes des Antragstellers, wenn sie für die Berufsausübung notwendig sind.
c) Ersatz des Verdienstausfalles, der unvermeidbar entsteht anläßlich einer Arbeitsberatung, Eignungsuntersuchung oder ärztlichen Untersuchung, zu der eine Dienststelle der Bundesanstalt für Arbeit eingeladen hat, oder wenn sich Teilnehmer an einer Maßnahme zur Arbeitsbeschaffung auf Veranlassung oder mit Zustimmung des Arbeitsamtes bei einem Arbeitgeber zur Begründung eines Dauerarbeitsverhältnisses vorstellen.
d) Vorleistungen – auf Antrag des Arbeitgebers –, soweit Arbeitgeber für die Arbeitsaufnahme von Arbeitnehmern Leistungen zu gewähren haben oder zu gewähren sich bereit erklären, wenn die Arbeitsaufnahme sonst verzögert würde. Der Arbeitgeber hat der Bundesanstalt für Arbeit diese Kosten zu erstatten.
e) Für eine Arbeitserprobung zur Feststellung oder Erprobung einer beruflichen Eignung mit Zustimmung des Arbeitsuchenden.

Die Höhe der Hilfen

Zu a.
Es können bis zu 4000 DM als Darlehen gewährt werden. In Härtefällen kann ein Darlehen bis zu 8000 DM gewährt werden. Eine angemessene Eigenbeteiligung oder Beteiligung anderer Stellen ist Voraussetzung.

Zu b.
Bei angemessener Eigenbeteiligung können bis zu 800 DM gewährt werden, davon bis zu 400 DM als Zuschuß.
Zu c.
Der Verdienstausfall kann in voller Höhe ersetzt werden.
Zu d.
Die Vorleistung kann bis zur vollen Höhe der vorgesehenen Leistungen des Arbeitgebers erbracht werden.
Zu e.
Tagespauschale von 10 DM arbeitstäglich neben der Weiterzahlung von Arbeitslosengeld oder Arbeitslosenhilfe, Übernahme von eventuell entstehenden Reise-, Unterbringungs- und Verpflegungskosten sowie Kosten für Fahrten und Arbeitsausrüstung.

Anspruchsberechtigte

Arbeitslose oder von Arbeitslosigkeit unmittelbar bedrohte Arbeitnehmer, die beim Arbeitsamt arbeitsuchend gemeldet sind.

11. Hilfen für Tätigkeiten im Ausland

Leistungen zur Arbeitsaufnahme im Ausland können gewährt werden, wenn an ihr ein besonderes arbeitsmarkt- und sozialpolitisches Interesse besteht. Im einzelnen sind nachstehende Leistungen möglich:

a) Reisekosten zur Vorstellung bis zu einem Vorstellungsort im Inland oder bis zur deutschen Grenzstation.
b) Reisekosten bis zum Arbeitsort, bei Arbeitsaufnahme im außereuropäischen Ausland bis zur deutschen Grenzstation.
c) Reisekosten für Familienangehörige, wenn diese zur Fortsetzung der häuslichen Gemeinschaft mitreisen oder innerhalb eines Jahres seit der Abreise des Antragstellers folgen, bis zum Arbeitsort, bei Arbeitsaufnahme im außereuropäischen Ausland bis zur deutschen Grenzstation.
d) Sonstige Kosten, die für die Reise ins Ausland nach in- oder ausländischen Vorschriften unvermeidbar sind.
e) Bei Arbeitsaufnahme im europäischen Ausland Umzugskosten, wenn der Umzug innerhalb eines Jahres seit der Abreise des Arbeitsuchenden durchgeführt wird.
f) Bei Arbeitsaufnahme im europäischen Ausland Überbrückungsbeihilfe.
g) Trennungsbeihilfe: Die Leistungshöhe ist ähnlich wie bei Arbeitsaufnahme im Inland.

12. Berufsfördernde Maßnahmen für Behinderte

a) Während der Teilnahme an berufsfördernden Maßnahmen hat der Behinderte Anspruch auf Übergangsgeld. Dieser Anspruch besteht jedoch nur, wenn der Behinderte innerhalb der letzten fünf Jahre vor Beginn der Maßnahme mindestens zwei Jahre lang eine die Beitragspflicht begründende Beschäftigung ausgeübt oder Arbeitslosengeld oder Arbeitslosenhilfe bezogen hat. Der Berechnung des Übergangsgeldes sind 80 v. H. des entgangenen regelmäßigen Entgelts, höchstens jedoch das entgangene regelmäßige Netto-Arbeitsentgelt, zugrunde zu legen. Es beträgt unter Berücksichtigung der persönlichen Verhältnisse in der Regel entweder 90 oder 75 v. H. des errechneten Betrages.
Besteht kein Anspruch auf Übergangsgeld, kann der Behinderte bei der Teilnahme an Maßnahmen der beruflichen Ausbildung beziehungsweise an berufsvorbereitenden Maßnahmen Ausbildungsgeld erhalten. Die Höhe des Ausbildungsgeldes ist nach Familienstand und Art der Unterkunft gestaffelt und orientiert sich an den Sätzen des Bundesausbildungsförderungsgesetzes.
b) Leistungen zu den Kosten der Maßnahme, zum Beispiel Lehrgangsgebühren und Ausbildungskosten, Lernmittel, Arbeitskleidung, Unterkunft und Verpflegung, Reisekosten.
c) Sonstige Leistungen, insbesondere Bewerbungskosten, Reisekosten, Fahrkostenbeihilfe, Umzugskosten, Arbeitsausrüstung, Trennungsbeihilfe, Überbrückungsbeihilfe, Beförderungsmittel, Führerschein, Hilfsmittel, technische Arbeitshilfen, Verdienstausfall, Wohnkosten.

Anspruchsberechtigte

Personen, die körperlich, geistig oder seelisch behindert sind, deren Aussichten, beruflich eingegliedert zu werden oder zu bleiben, infolge der Behinderung nicht nur vorübergehend wesentlich gemindert sind und die deshalb besonderer Hilfen bedürfen. Den Behinderten stehen Personen gleich, denen eine solche Behinderung droht.

13. Kurzarbeitergeld

Kurzarbeitergeld wird Arbeitnehmern in Betrieben gewährt, wenn ein vorübergehender, unvermeidbarer Arbeitsausfall eintritt, der auf wirtschaftlichen Ursachen oder auf einem unabwendbaren Ereignis beruht. Durch den Arbeitsausfall muß sich die Arbeitszeit von mindestens einem Drittel der im Betrieb oder

kurzarbeitenden Abteilung beschäftigten Arbeitnehmer um mehr als 10 v. H. vermindern. Zugleich muß der Umfang dieses Arbeitsausfalls in der Regel einer Größenordnung von mehr als 3 v. H. der regelmäßigen betriebsüblichen und tariflich zulässigen Arbeitszeit aller Arbeitnehmer des gesamten Betriebes entsprechen. Das Kurzarbeitergeld, ein teilweiser Lohnersatz, soll den Arbeitnehmern die Arbeitsplätze und den Betrieben die eingearbeiteten Arbeitnehmer erhalten.
Das Kurzarbeitergeld bemißt sich

- nach dem Arbeitsentgelt, das der Arbeitnehmer ohne den Arbeitsausfall in der Arbeitsstunde erzielt hätte (Stundenlohn), und
- nach der Zahl der Arbeitsstunden, die der Arbeitnehmer ohne Arbeitsausfall am Ausfalltag geleistet hätte (Ausfallstunden).

Die Höhe des Kurzarbeitergeldes richtet sich nach einer vom Bundesminister für Arbeit und Sozialordnung erstellten Leistungstabelle.

Anspruchsberechtigte

Sind die betrieblichen Voraussetzungen erfüllt, so haben beitragspflichtig beschäftigte Arbeitnehmer Anspruch auf Kurzarbeitergeld, wenn sie infolge des Arbeitsausfalles ein vermindertes Arbeitsentgelt oder kein Arbeitsentgelt beziehen. Die Antragstellung erfolgt durch den Arbeitgeber.

14. Arbeitslosengeld

Kann einem Arbeitslosen nicht sofort zumutbare Arbeit vermittelt werden, so erhält er unter bestimmten Voraussetzungen Arbeitslosengeld anstelle des ausfallenden Arbeitseinkommens. Das Arbeitslosengeld ist eine Versicherungsleistung.
Die Bemessung des Arbeitslosengeldes orientiert sich an dem in tariflicher Arbeitszeit erzielten Arbeitslohn. Die Höhe des Arbeitslosengeldes richtet sich nach einer vom Bundesminister für Arbeit und Sozialordnung erstellten Leistungstabelle. Für wie lange Arbeitslosengeld bewilligt wird, hängt von der Dauer der beitragspflichtigen Beschäftigung innerhalb der letzten drei Jahre ab: mindestens für 104, höchstens für 312 Wochentage.

Anspruchsberechtigte

Anspruch auf Arbeitslosengeld hat, wer arbeitslos ist, der Arbeitsvermittlung zur Verfügung steht, die Anwartschaftszeit erfüllt, sich beim Arbeitsamt ar-

beitslos gemeldet und Arbeitslosengeld beantragt hat. Die Anwartschaftszeit hat erfüllt, wer innerhalb der letzten drei Jahre vor der Arbeitslosenmeldung 360 Kalendertage beitragspflichtig beschäftigt war. Bei saison- und witterungsabhängig Beschäftigten genügen unter Umständen 240 beitragspflichtige Beschäftigungstage.
Entwicklungshelfer, die innerhalb von drei Jahren nach Beendigung des Entwicklungsdienstes arbeitslos werden, erhalten Arbeitslosenbeihilfe. Sie entspricht im wesentlichen dem Arbeitslosengeld.
Nähere Informationen über Arbeitslosengeld und Arbeitslosenhilfe enthält das „Merkblatt für Arbeitslose", das beim Arbeitsamt angefordert werden kann.

15. Arbeitslosenhilfe

Wer arbeitslos ist, hat unter bestimmten Voraussetzungen Anspruch auf Arbeitslosenhilfe. Die Arbeitslosenhilfe wird aus Steuermitteln finanziert. Der Bemessung der Arbeitslosenhilfe liegt zugrunde:

- Sofern sie im Anschluß an Arbeitslosengeld gewährt wird, das Arbeitsentgelt, nach dem sich zuletzt das Arbeitslosengeld gerichtet hat,
- andernfalls das Arbeitsentgelt derjenigen Beschäftigung, für die der Arbeitslose nach bestimmten Kriterien in Betracht kommt; in bestimmten Fällen (Arbeitslosenhilfe im Anschluß an eine Ausbildung) allerdings nur 75 v. H. dieses Arbeitsentgelts.

Die Höhe der Arbeitslosenhilfe richtet sich nach einer vom Bundesminister für Arbeit und Sozialordnung erstellten Leistungstabelle.
Ein Anspruch auf Arbeitslosenhilfe besteht grundsätzlich ohne zeitliche Begrenzung. Die Arbeitslosenhilfe soll jedoch jeweils nur für längstens ein Jahr bewilligt und nur dann erneut bewilligt werden, wenn die Voraussetzungen nachweislich weiterhin bestehen.

Anspruchsberechtigte

Anspruch auf Arbeitslosenhilfe hat, wer arbeitslos ist, der Arbeitsvermittlung zur Verfügung steht, sich beim Arbeitsamt arbeitslos gemeldet und die Leistung beantragt hat, keinen Anspruch auf Arbeitslosengeld hat, bedürftig ist und im letzten Jahr vor der Arbeitslosmeldung Arbeitslosengeld bezogen oder mindestens 150 Kalendertage in einer beitragspflichtigen Beschäftigung gestanden hat. Berücksichtigt werden hierbei aber auch Zeiten des Wehr-, Zivil- und Polizeivollzugsdienstes und Zeiten eines öffentlich-rechtlichen Dienstverhältnisses. Unter bestimmten Voraussetzungen können auch Personen Arbeitslosenhilfe erhalten, die nicht Arbeitslosengeld bezogen oder in beitragspflichtiger Beschäftigung gestanden haben.

16. Konkursausfallgeld

Arbeitnehmer haben bei Zahlungsunfähigkeit ihres Arbeitgebers (Konkurs etc.) Anspruch auf Ausgleich ihres ausgefallenen Arbeitsentgelts.
Maßgebend für die Höhe des Konkursausfallgeldes ist in der Regel das für die letzten drei Monate des Arbeitsverhältnisses vor Eröffnung des Konkursverfahrens oder den gleichgestellten Ereignissen geschuldete und nicht gezahlte Netto-Arbeitsentgelt. Ferner werden die noch ausstehenden Pflichtbeiträge zur gesetzlichen Krankenversicherung, zur gesetzlichen Rentenversicherung und die Beiträge zur Bundesanstalt für Arbeit für den gleichen Zeitraum entrichtet.

Anspruchsberechtigte

Alle Arbeitnehmer. Der Antrag ist grundsätzlich innerhalb einer Ausschlußfrist von zwei Monaten nach Eröffnung des Konkursverfahrens oder dem gleichgestellten Ereignis zu stellen.

17. Leistungen an Arbeitgeber

Zu den bisher aufgezählten Zuschüssen kommen eine Reihe von Leistungen an Arbeitgeber, die der einzelne Arbeitgeber durchaus initiieren kann und die deshalb dann seine Chancen auf dem Arbeitsmarkt steigern können. Dazu gehören zum Beispiel Einarbeitungszuschüsse und -beihilfen oder Förderung betrieblicher Aus- und Weiterbildung, die die Arbeitsämter finanzieren.

Dienstleistungen und wichtige Amts-Adressen

von Dr. Frank Grätz

Zu den Aufgaben der Bundesanstalt für Arbeit gehören die Beratung und Vermittlung von Arbeitnehmern. Gerade auf dem Gebiet der Fach- und Führungskräfte hat diese Dienststelle Anstrengungen unternommen, ihre gesetzliche Aufgabe besser zu erfüllen. Folgende Dienststellen können für die Führungskraft von Bedeutung sein:

Büro Führungskräfte der Wirtschaft (BFW)

Das BFW berät und vermittelt Angehörige der obersten Führungsebene in der deutschen Wirtschaft. Es befaßt sich mit Positionen auf der Vorstands-, Direktions- oder Geschäftsführungsebene mittlerer und großer Unternehmen, Positionen, die unternehmerische Fähigkeiten erfordern.
Qualifizierte Persönlichkeiten mit entsprechenden Wirkungsbereichen in Verbindung zu bringen ist eine Aufgabe, die großes Einfühlungsvermögen verlangt. Sie setzt Übersicht und Detailkenntnis voraus. Für das BFW sind diese Voraussetzungen selbstverständliche Arbeitsgrundlagen. Die Mitarbeiter des BFW kommen selbst aus leitenden Positionen der Wirtschaft. Sie berücksichtigen die jeweilige Situation der Bewerber ebenso wie die spezifischen Anforderungen des künftigen Tätigkeitsbereiches.
Strenge Diskretion wird garantiert. Informations- und Beratungsgespräche finden im BFW oder an anderen Orten unter vier Augen statt. Bei den Gesprächen wird ein Bild über den Bewerber und seine Wünsche vermittelt. Ebensolche detaillierte und ausführliche Gespräche gelten den Vorstellungen und Wünschen der Auftraggeber. Das BFW inseriert in der Tages- und Fachpresse, wenn der Arbeitsmarkt in seiner vollen Breite angesprochen werden soll.

Zentralstelle für Arbeitsvermittlung (ZAV) – Inlandsabteilung

Aufgabe der Inlandsabteilung ist die Zusammenarbeit mit Arbeitgebern und Bewerbern bei der Besetzung von Positionen der oberen Führungsebene. Hierzu gehören Geschäftsführer mittlerer und größerer Unternehmen, Hauptabteilungsleiter, Abteilungsleiter und leitende Stabskräfte. Die einzelnen Berufsbereiche der Inlandsabteilung werden von berufserfahrenen Akademikern geleitet. Diese besprechen mit Arbeitgebern das fachliche und persönliche

Anforderungsprofil der gesuchten Bewerber. Sie beraten Bewerber über ihre Berufsaussichten und Entwicklungsmöglichkeiten.
Neben der Vermittlung von Führungspositionen obliegt der Inlandsabteilung in einigen Bereichen der Geistes- und Naturwissenschaften sowie der Human- und Veterinärmedizin auch die Betreuung besonders qualifizierter Fachkräfte vom Hochschulabsolventen aufwärts. Außerdem umfaßt ihre Aufgabe die Beratung und Vermittlung von Schwerbehinderten mit Hochschulabschluß.

Zentralstelle für Arbeitsvermittlung (ZAV) – Auslandsabteilung

Die Auslandsabteilung der ZAV ist vor allem für folgende Personengruppen tätig:

- Deutsche Arbeitnehmer, die im Ausland eine Tätigkeit aufnehmen oder aus dem Ausland nach Deutschland zurückkehren wollen.
- Ausländische Arbeitnehmer, die in der Bundesrepublik Deutschland eine Beschäftigung anstreben oder aus der Bundesrepublik ins Ausland vermittelt werden wollen.

Die Auslandsabteilung vermittelt Angehörige aller Berufe, von der Au-pair-Haustochter bis zum Manager. Sie informiert über Stellenangebote und berät in Fragen, die mit einer Arbeitsaufnahme im Ausland zusammenhängen. Die Auslandsabteilung hat Vermittlungskontakte zu Arbeitgebern und Arbeitnehmern in Industrieländern, Entwicklungsländern und zu internationalen Organisationen.
Die ZAV ist Partner der europäischen Arbeitsverwaltungen und steht mit ihnen in ständigem Informationsaustausch. Folgende Schwerpunkte zeichnen sich ab:

- Vermittlung von Fach- und Hilfskräften im Rahmen des europäischen Systems für die Übermittlung von Stellen- und Bewerberangeboten (SEDOC-System).
- Vermittlung von Fachkräften zu deutschen und ausländischen Arbeitgebern in Europa und Übersee.
- Vermittlung von jungen Arbeitnehmern zur sprachlichen und beruflichen Fortbildung in europäische Länder.
- Vermittlung von deutschen Staatsangehörigen aus dem Ausland (unter anderem Entwicklungshelfer und Fachkräfte der Entwicklungshilfe), die wieder in der Bundesrepublik Deutschland tätig werden wollen.

CIM – Centrum für internationale Migration und Entwicklung

CIM ist eine Arbeits- und Bürogemeinschaft der Deutschen Gesellschaft für Technische Zusammenarbeit (GTZ) GmbH und der Bundesanstalt für Arbeit (BA). Durch diese Form der Zusammenarbeit soll ein Zusammenwirken der entwicklungspolitischen und arbeitsmarktpolitischen Erfahrungen und Möglichkeiten beider Organisationen gewährleistet werden, um so die bestmögliche Effektivität für die personelle Zusammenarbeit zu erreichen.
Die Aufgaben des CIM sind

- Vermittlung von integrierten Fachkräften und
- Reintegration.

Integrierte Fachkräfte

Der Einsatz „integrierter Fachkräfte" stellt eine immer bedeutsamere Ergänzung der klassischen Formen der personellen Zusammenarbeit dar. Die im Rahmen dieses Programmes geförderten Fachkräfte schließen einen Arbeitsvertrag mit einem örtlichen Arbeitgeber im Ausland, sind diesem verantwortlich und voll in seine Organisation integriert. Zuschüsse an integrierte Fachkräfte werden nur gewährt, wenn der vorgesehenen Tätigkeit eine überdurchschnittliche entwicklungspolitische Bedeutung zukommt. In diesen Fällen können Gehalts- und Versicherungszuschuß gezahlt sowie in Einzelfällen andere Nebenleistungen gewährt werden.

Reintegranten

Reintegrationshilfe heißt: Unterstützung von Studienabsolventen und Arbeitnehmern aus Entwicklungsländern bei der Rückkehr und beruflichen Eingliederung in den Herkunftsländern. Die Erfahrung zeigt, daß viele wirtschaftliche, soziale und persönliche Probleme nach der Rückkehr erst dann gelöst werden können, wenn die berufliche Existenz gesichert ist. Die Bemühungen um eine erfolgreiche Wiedereingliederung der Ausländer in ihrer Heimat konzentrieren sich daher auf den künftigen Arbeitsplatz. Rückkehrwillige Ausländer werden unterstützt durch:

- Arbeitsvermittlung und Beratung,
- gezielte Einzelförderungsmaßnahmen für eine erfolgreiche, berufliche Wiedereingliederung,
- rückkehrbezogene Fortbildungslehrgänge (zum Beispiel in internationaler Managementpraxis oder auf dem Gebiet der Hochschuldidaktik für Nachwuchswissenschaftler),

- Informations- und Fachseminare zur Vorbereitung auf die Rückkehr,
- die Förderung von Selbsthilfeinitiativen ausländischer Studenten und Arbeitnehmer.

Büro-Führungskräfte zu internationalen Organisationen

Das BFIO befaßt sich mit der Vermittlung qualifizierter deutscher Bewerber zu internationalen Organisationen. Dem BFIO obliegen die folgenden Hauptaufgaben:

- Information und Beratung von Interessenten für den internationalen Dienst,
- zentrale Sammlung von Personalunterlagen interessierter und geeigneter Bewerber,
- zentrale Erfassung und Auswertung der Vakanzen bei internationalen Organisationen,
- Bekanntmachung der Stellenausschreibungen an geeignete Bewerber, Wirtschaftskreise, Universitäten und Institute, Berufs- und Fachverbände und sonstige Stellen,
- Vorauswahl und Benennung von Bewerbern an die zuständigen Bundesministerien. Für Experten der Vereinten Nationen ist das BFIO „NATIONAL RECRUITMENT SERVICE FOR UNITED NATIONS TECHNICAL ASSISTANCE" zuständig.

Zur Erfüllung dieser Aufgaben arbeitet das BFIO eng mit dem Auswärtigen Amt und den übrigen zuständigen Bundesministerien zusammen.
An die Bewerber für den internationalen Dienst werden hohe Anforderungen hinsichtlich des beruflichen, spezialisierten Fachwissens und der Sprachkenntnisse gestellt. Bei seiner Bewerbung trifft der deutsche Kandidat auf harte Konkurrenz von Kandidaten aus anderen Mitgliedsstaaten der Organisation. Das BFIO führt deshalb in Zusammenarbeit mit den zuständigen Bundesministerien und den Internationalen Organisationen persönliche Interviews mit den Bewerbern, um eine Auswahl der am besten qualifizierten Kandidaten treffen zu können.

Örtliche Arbeitsämter

Diese Dienststellen betreuen überwiegend Nichtführungskräfte in der Vermittlung und Beratung. Darüber hinaus sind die Arbeitsämter auch zuständig für Arbeitslosengeld und -hilfe sowie für andere finanzielle Leistungen der Bundesanstalt für Arbeit.

Wichtige Anschriften von Dienststellen der Bundesanstalt für Arbeit

Bundesanstalt für Arbeit, Regensburger Str. 104, 8500 Nürnberg 30, Tel. 0911/17–1

Institut für Arbeitsmarkt- und Berufsforschung (IAB) der Bundesanstalt für Arbeit, Regensburger Str. 104, 8500 Nürnberg 30, Tel. 0911/17–1

Centrum für internationale Migration und Entwicklung (CIM), Bettinastr. 62, 6000 Frankfurt am Main 1, Telefon 0611/740131 Telex 416915

Zentralstelle für Arbeitsvermittlung (ZAV), Feuerbachstr. 42–46, 6000 Frankfurt am Main 1, Tel 0611/71111

Büro-Führungskräfte der Wirtschaft (BFW), Feuerbachstr. 42–46, 6000 Frankfurt am Main 1

- Fachvermittlung für besonders qualifizierte Fach- und Führungskräfte (ZAV), Feuerbachstr. 42–46, 6000 Frankfurt am Main 1
- Auslandsvermittlung (ZAV) mit Büro-Führungskräfte zu Internationalen Organisationen (BFIO), Feuerbachstr. 42–46, 6000 Frankfurt am Main 1
- Zentrale Bühnen-, Fernseh- und Filmvermittlung (ZBF), Feuerbachstr. 42 bis 46, 6000 Frankfurt am Main 1
- Zentrale und Internationale Fachvermittlung für Hotel- und Gaststättenpersonal (ZIHOGA), Feuerbachstr. 42–46, 6000 Frankfurt am Main 1

Fachvermittlungsdienste (FVD)

Die Fachvermittlungsdienste betreuen Bewerber mit abgeschlossenem Studium oder gleichwertiger Befähigung, vom Absolventen bis zur Führungskraft. Alle Fachvermittlungsdienste und die Zentralstelle für Arbeitsvermittlung sind untereinander durch ein EDV-System verbunden, so daß im Bedarfsfall der gesamte Arbeitsmarkt erschlossen werden kann. Diese Dienststellen, die örtlich meist größeren Arbeitsämtern angeschlossen sind, betreuen auch Führungskräfte, die von der ZAV nicht betreut werden.

Fachvermittlungsdienste für besonders qualifizierte Fach- und Führungskräfte
8900 Augsburg, Sieglindenstr. 19, Tel. 0821/3151–1
1000 Berlin 61, Charlottenstr. 90–94, Tel. 030/2584–1
4800 Bielefeld 1, Friedenstr. 19, Tel. 0521/587–1
4630 Bochum, Hofsteder Str. 128, Tel 0234/623–1
2800 Bremen 1, Doventorsteinweg 48–51, Tel. 0421/3077–1
4000 Düsseldorf, Fritz-Roeber-Str. 2, Tel. 0211/8226–1
6000 Frankfurt, Fischerfeldstr. 10–12, Tel. 0611/2171–1
6300 Gießen, Landgraf-Philipp-Platz 3–7, Tel. 0641/305–1
2000 Hamburg 1, Kurt-Schumacher-Allee 16, Tel. 040/24844–1
3000 Hannover 91, Hanomagstr. 9, Tel. 0511/4737–0

7500 Karlsruhe, Werderstr. 40, Tel. 0721/69 05–1
2300 Kiel 1, Wilhelmplatz 12–13, Tel. 0431/907–1
5000 Köln 41, Haselbergstr. 20, Tel. 0221/5717–1
6500 Mainz, Schießgartenstr. 6, Tel. 06131/912–1
8000 München, Lindwurmstr. 117, Tel. 089/5154–1
8500 Nürnberg, Kontumazgarten 19, Tel. 0911/284–0
6600 Saarbrücken, Am Arbeitsamt 1–5, Tel. 0681/50 04–0
7000 Stuttgart, Dillmannstr. 7, Tel. 0711/2087–1
8700 Würzburg, Ludwigkai 2–3, Tel. 0931/807–1

Zentrale Bühnen-, Fernseh- und Filmvermittlung der Bundesanstalt für Arbeit

Generalagentur Frankfurt, 6000 Frankfurt a. M. 1, Feuerbachstr. 42–46, Tel. 0611/711 11
Agentur Hamburg, Film- und Fernsehvermittlung, 2000 Hamburg 70, Tonndorfer Hauptstr. 90, Tel. 040/66885400–01
Bühnenvermittlung, 2000 Hamburg 13, Mittelweg 41, Tel. 040/446821, 441424/25
Agentur München, 8000 München 40, Leopoldstr. 19, Tel. 089/335081
Agentur Berlin, 1000 Berlin 15, Kurfürstendamm 206, Tel. 030/8838031 oder 8838054

Fachvermittlung für Hotel- und Gaststättenpersonal

7570 Baden-Baden, Lange Str. 75, Tel. 07221/3491
4000 Düsseldorf, Fritz-Roeber-Str. 2, Tel. 0211/8226–1
2000 Hamburg 1, Kurt-Schumacher-Allee 16, Tel. 040/24844–1
3000 Hannover 91, Hanomagstr. 9, Tel. 0511/47370
8000 München 2, Thalkirchner Str. 54, Tel. 089/5154–1
8500 Nürnberg, Kontumazgarten 19, Tel. 0911/284110
6200 Wiesbaden, Klarenthaler Str. 34, Tel. 06121/445–1
Für Berlin
Arbeitsamt I Berlin (West), 1000 Berlin 45, Händelplatz 1–2, Tel. 030/8303–1

„Messe-servis"

Standpersonal, Vorführer, Dolmetscher und kaufmännische Angestellte, Wachpersonal und Mannequins werden über folgende Adressen vermittelt:
Arbeitsamt III Berlin (West), 1000 Berlin 19, Hammarskjöldplatz 1–3, Tel. 030/30 34–214/215 (030/34–215)

4000 Düsseldorf, Fritz-Roeber-Str. 2, Tel. 02 11/82 26–4 17, 82 26–4 83
6000 Frankfurt am Main, Friedrich-Ebert-Anlage 57, Tel. 06 11/75 23 39
2000 Hamburg 13, Edmund-Siemers-Allee 1 (Universität), Tel. 0 40/2 48 44–24 01
2000 Hamburg 36, Jungiusstr. (Messegelände), Tel. 0 40/24 84 43 74
3000 Hannover, Messegelände, Eingang Nord 1, Tel. 05 11/89 28 57
5000 Köln 21, Messegelände, Halle 11, Tel. 02 21/81 19 20
8000 München 2, Ganghoferstr., Tel. 0 89/50 44 66
8500 Nürnberg, Messezentrum (Service-Center), Tel. 09 11/8 25 66 bzw. Breite Gasse 36, Tel. 0911/212–531, 20 30 41

Landesarbeitsämter

Landesarbeitsamt Schleswig-Holstein-Hamburg, 2300 Kiel, Projensdorfer Str. 82, Tel. 04 31/30 15–1
Landesarbeitsamt Niedersachsen-Bremen, 3000 Hannover, Altenbekener Damm 82, Tel. 05 11/80 04–1
Landesarbeitsamt Nordrhein-Westfalen, 4000 Düsseldorf, Josef-Gockeln-Str. 7, Tel. 02 11/43 06–1
Landesarbeitsamt Hessen, 6000 Frankfurt a. M. 71, Saonestr. 2–4, Tel. 06 11/66 70–1
Landesarbeitsamt Rheinland-Pfalz-Saarland, 6600 Saarbrücken 3, Neugrabenweg 1a, Tel. 06 81/30 15–1
Landesarbeitsamt Baden-Württemberg, 7000 Stuttgart 1, Hölderlinstr. 36, Tel. 07 11/20 87–1
Landesarbeitsamt Nordbayern, 8500 Nürnberg 30, Regensburger Str. 100, Tel. 09 11/17–1
Landesarbeitsamt Südbayern, 8000 München 22, Schackstr. 2, Tel. 0 89/38 77–1
Landesarbeitsamt Berlin, 1000 Berlin 61, Friedrichstr. 34–37a, Tel. 0 30/25 84–1

Outplacement – Neue Chancen und Positionen für freigestellte Führungskräfte

von Dr. Lothar J. Seiwert

Positionskrisen und Personal„ausstellung"

Der Eintritt eines Mitarbeiters oder einer Führungskraft in ein Unternehmen ist ein so selbstverständlicher Vorgang, daß hierüber kein großes Aufheben mehr gemacht wird. In der Regel sind beide Seiten positiv eingestimmt und voller zuversichtlicher Erwartungen für die zukünftige Zusammenarbeit. In Japan wird der meist „lebenslängliche" Eintritt eines Mitarbeiters in „sein" Unternehmen noch mit einem feierlichen Ritual zusammen mit seiner Familie begangen, das in seiner Bedeutung für den Lebensweg des betreffenden Menschen (s)eine Hochzeit noch übertrifft. Doch was geschieht, wenn der eingestellte Mitarbeiter bei uns den umgekehrten Weg gehen, das heißt „ausgestellt" werden soll?
Positionskrisen von Führungskräften entstehen immer dann, wenn der betreffende Mitarbeiter mit seinen Fähigkeiten und Leistungen nicht mehr in der Lage ist, dem Anforderungsprofil einer Stelle zu entsprechen, oder andere Umstände einer Weiterbeschäftigung entgegenstehen. Dies kann zum Beispiel der Fall sein, wenn die Stelle aus verschiedenen Gründen weggefallen ist und andere vergleichbare Positionen nicht angeboten werden können. Bei jüngeren Führungskräften lassen sich Positionsprobleme durch entsprechende Personalentwicklungs- und -förderungsmaßnahmen, Umsetzungen oder – in Grenzfällen – durch Nahelegen der Kündigung lösen. Zum Problemfall wird eine Personalfreisetzung vor allem dann, wenn es sich um langjährige, meist altgediente Mitarbeiter handelt.
Positionskrisen und dadurch bedingte Personalfreisetzungen können folgende Ursachen haben (vgl. Abb. 1 auf der nächsten Seite).

Veränderung exogener Faktoren

- Marktbedingungen
- Umwelteinflüsse
- Wirtschaftspolitische Einflüsse
- Sozialpolitische Einwirkungen

Veränderungen betriebswirtschaftlicher und organisatorischer Rahmenbedingungen

- Fusionen, Stillegungen
- Ablauf- und strukturorganisatorische Maßnahmen
- Veränderungen von Aufgaben- und Stellenbeschreibungen

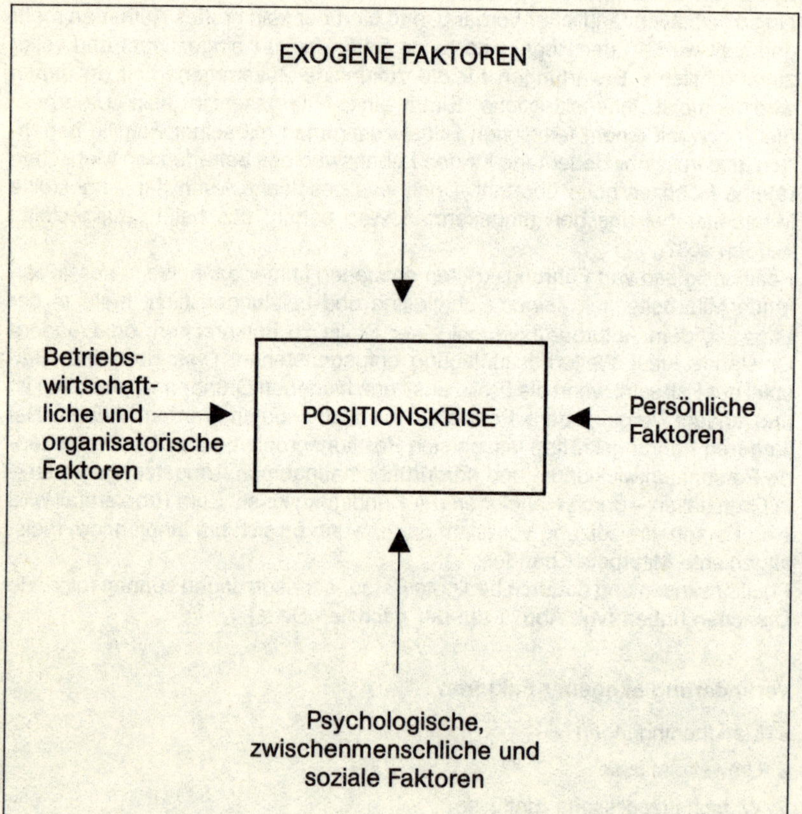

Abb. 1: Ursachen von Positionskrisen

Persönliche Faktoren

- Leistungsabfall
- Persönliche Lebenskrisen
- Soziale Konflikte
- Unzureichende Anpassungsfähigkeit an veränderte Bedingungen
- Familiäre Probleme

Psychologische, zwischenmenschliche und soziale Einflußfaktoren

- Personelle Änderungen von Geschäftsleitungen
- Änderungen von Inhaber- und Gesellschafterverhältnissen
- Personelle Änderungen in Aufsichtsorganen (Aufsichtsrat, Verwaltungsrat, Beirat etc.)
- Spannungen, Intrigen, Betriebs- und Arbeitsklima

Wenn in solchen Fällen andere Lösungsmöglichkeiten ausscheiden, bleibt letztlich oft nur der Weg einer Trennung. Gerade bei Führungskräften gehen solche Prozesse nur unter Schwierigkeiten vonstatten. Langwierige Verhandlungsprozesse, Störungen des sozialen Klimas und finanzielle Abfindungen beeinträchtigen oft den Erfolg des Unternehmens – und dienen meist ebensowenig dem betroffenen Mitarbeiter. In diesem Zusammenhang kann die Inanspruchnahme eines neuen Beratungsangebotes auf dem deutschen Dienstleistungsmarkt für beide Seiten Vorteile erbringen: Outplacement oder Neupositionierung von Führungskräften.

Konzept und Inhalt eines Outplacement-Prozesses

Outplacement ist ein personalpolitisches Instrument, das dazu dient, freigesetzte Führungskräfte (Out) bei der zielgerichteten Fortsetzung (Placement) ihrer beruflichen Karriere mit Hilfe eines erfahrenen Personalberaters zu unterstützen (Abb. 2); das Unternehmen trägt die Honorarkosten. Outplacement ist in der Bundesrepublik ein neues Serviceangebot von Management- und Personalberatungen, das in den USA seit nunmehr zehn Jahren erfolgreich in Anspruch genommen wird.

Durch die beratende Mitwirkung bei der Lösung von Positionskrisen wird die freizusetzende Führungskraft in die Lage versetzt, eine neue, ihren persönlichen und beruflichen Neigungen und Fähigkeiten in adäquater Weise entsprechende Führungsposition zu finden. Das Outplacement-Konzept verschafft dem Unternehmen die Möglichkeit, notwendige Positionswechsel im Füh-

Outplacement ist ein personalpolitisches Instrument, das
(1) ■ dem Unternehmen und der betroffenen Führungskraft ■ unter Federführung eines erfahrenen Personalberaters ■ eine einvernehmliche Trennung ermöglicht;
(2) ■ dem ausscheidenden Mitarbeiter helfen soll, ■ durch eine gezielte Strategie, ■ aus einem ungekündigten Arbeitsverhältnis heraus und finanziell abgesichert, ■ eine seinen Fähigkeiten und Neigungen entsprechende Aufgabe ■ in einem anderen Unternehmen zu finden;
(3) ■ das kündigende Unternehmen in die Lage versetzt, ■ eine dem Mitarbeiter einsichtige Trennung ■ unter sozialverantwortlichen Aspekten ■ zur Durchführung notwendiger Positionswechsel zu erreichen.

Abb. 2: Konzept des Outplacement
(Quelle: Heymann/Seiwert (1982a, S. 23)

rungskräftebereich mit geringeren Schwierigkeiten und Nachteilen für alle Beteiligten vorzunehmen.

Während die traditionelle Kündigung an vertraglichen und gesetzlichen Verpflichtungen orientiert ist, will das Outplacement-Konzept die freigesetzte Führungskraft bei der Fortsetzung ihres Berufsweges unterstützen und fördern. Die Führungskraft soll zwar beim Positionswechsel beraten werden, jedoch durch eigene Kraft eine neue Aufgabe finden, die ihren Fähigkeiten und Neigungen entspricht, Entfaltungsmöglichkeiten bietet und Zufriedenheit bewirkt („Hilfe zur Selbsthilfe"). Outplacement ist damit ein sozialverantwortlicher Trennungsprozeß zwischen Unternehmen und Mitarbeiter, der nicht mit negativen Begleiterscheinungen unausweichlich verbunden sein muß, sondern als Neubeginn angesehen werden kann. So gibt es in der chinesischen Schriftsprache ein Zeichen, das zwei verschiedene Bedeutungen hat: Krise und Chance.

Outplacement stellt eine freiwillige soziale Leistung des Unternehmens dar. Ein solcher „Ausstellungs"prozeß beginnt damit, daß sich Unternehmen und

Führungskraft zu einem offenen Gespräch zusammenfinden, in dem das Problem in allen seinen Aspekten dargelegt wird. Wichtig hierbei ist, der Führungskraft die Chancen vor Augen zu führen, sich eine gänzlich neue Aufgabe suchen zu können. Der Betroffene erhält die Möglichkeit, aus einer ungekündigten Situation heraus mit Hilfe eines erfahrenen Beraters auf Kosten der Firma eine Position zu suchen, die seinen Wünschen entspricht. Nach einem Vorgespräch mit dem Personalberater wird schließlich die Entscheidung für oder gegen ein Outplacement getroffen (Abb. 3). Ebenso wie das Outplace-

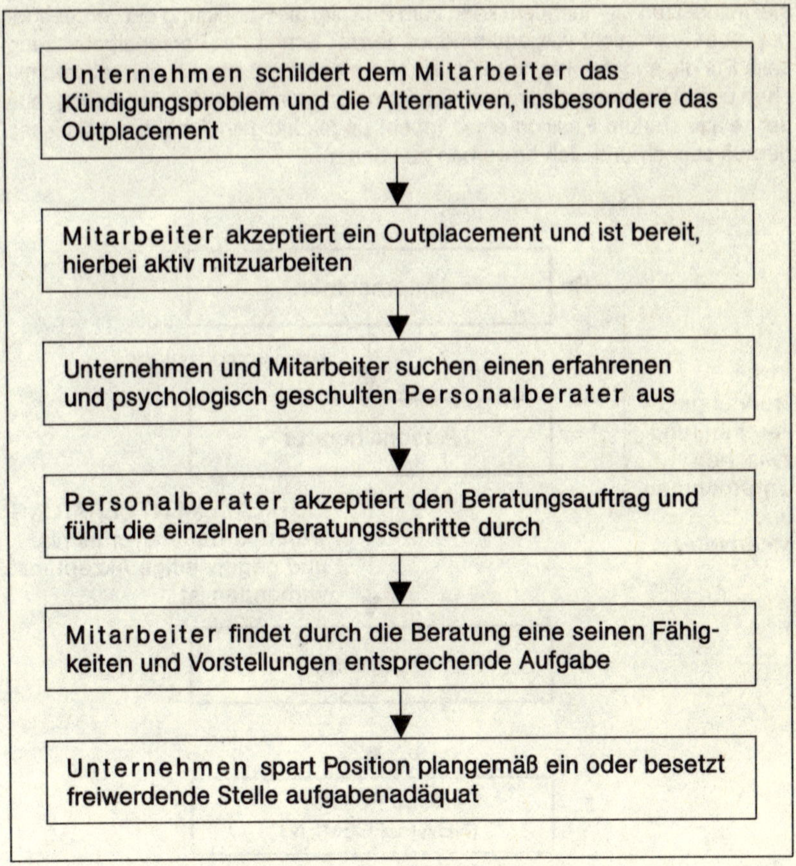

Abb. 3: Inhalt eines Outplacement-Prozesses

ment eine freiwillige Leistung des Unternehmens darstellt, ist die Teilnahme des betroffenen Mitarbeiters an diesem Prozeß eine selbst gewählte Alternative zur traditionellen Kündigung.
Somit gibt es drei Beteiligte an einem Outplacement-Prozeß (Abb. 4). Der Berater wird für den Mitarbeiter, jedoch im Auftrag des Unternehmens tätig. Insofern unterscheidet sich Outplacement zum Beispiel von einer Karriereberatung. Zwischen Mitarbeiter und Unternehmen muß eine Trennungsvereinbarung geschlossen sein, wovon Outplacement einen Bestandteil darstellen kann. Die Trennungsvereinbarung ist nicht mit einer traditionellen Kündigung gleichzusetzen. Je nachdem kann zum Beispiel die Kündigung ein vorgesehener, aber noch nicht vorgenommener, letzter Schritt der Personalfreisetzung sein. Für die angestrebte neue Stelle (Newplacement) ist es aus arbeitsrechtlichen und bewerbungstaktischen Gründen von grundlegender Bedeutung, aus der relativ starken Position eines (noch) ungekündigten Arbeitsverhältnisses heraus suchen und sich bewerben zu können.

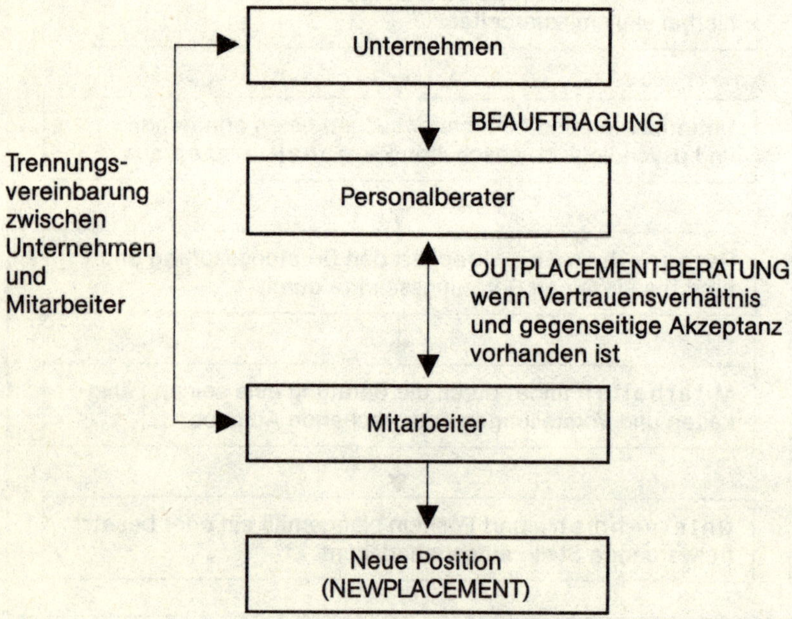

Abb. 4: Beteiligte am Outplacement-Prozeß

Ablauf eines Outplacement-Projekts

Die einzelnen Beratungsphasen eines Outplacement-Projekts umfassen vier Schritte (Abb. 5, Seite 178).

Phase 1: Analyse der Rahmenbedingungen

Im Rahmen eines ausführlichen Vorgesprächs mit allen am Outplacement-Prozeß Beteiligten werden kritisch und eingehend die Chancen für eine erfolgreiche Problemlösung geprüft. Von entscheidender Bedeutung ist, daß einerseits zwischen Unternehmen und Mitarbeiter Einvernehmen über eine Outplacement-Beratung besteht, und daß die Zusammenarbeit zwischen Mitarbeiter und Berater von gegenseitigem Vertrauen geprägt ist.

Phase 2: Information und Vorbereitung des Mitarbeiters

In dieser Phase erfolgt die aktive Einbeziehung des Mitarbeiters in den Outplacement-Prozeß, das heißt Aufklärung über mögliche Vorgehensweisen, Abbau emotionaler Sperren und, falls erforderlich, Wiederherstellung des Vertrauens in die eigenen Fähigkeiten und die Vermittlung psychologischer Selbstwertgefühle.

Phase 3: Eignungsdiagnose und Strategie

Mittels eines oder mehrerer umfassender Interviews nach eignungsdiagnostischen Gesichtspunkten erfolgt eine Bestandsaufnahme des vorhandenen fachlichen und persönlichen Profils und daraus abgeleitet die Ermittlung der sinnvollen und zweckmäßigen beruflichen Zielorientierung (Karriereziel). Im Anschluß daran werden alternative Strategien im Hinblick auf Wirksamkeit, Realisierungsmöglichkeit und Risikograd entwickelt.

Phase 4: Operativer Teil

Diese Phase dient sowohl der Erstellung aussagefähiger Bewerbungsunterlagen, der Festlegung und positionsorientierten Ansprache der Zielgruppen, der Auswahl und dem Aufbau von Kontakten und Referenzgebern als auch dem Kommunikations- und Persönlichkeitstraining (mit Video). Hinzu kommt die psychologische Einzelberatung und persönliche Betreuung des Mitarbeiters. Darüber hinaus kann bei der Sichtung und Auswahl der Angebote bis hin zur Vertragsunterzeichnung beratend mitgewirkt werden.

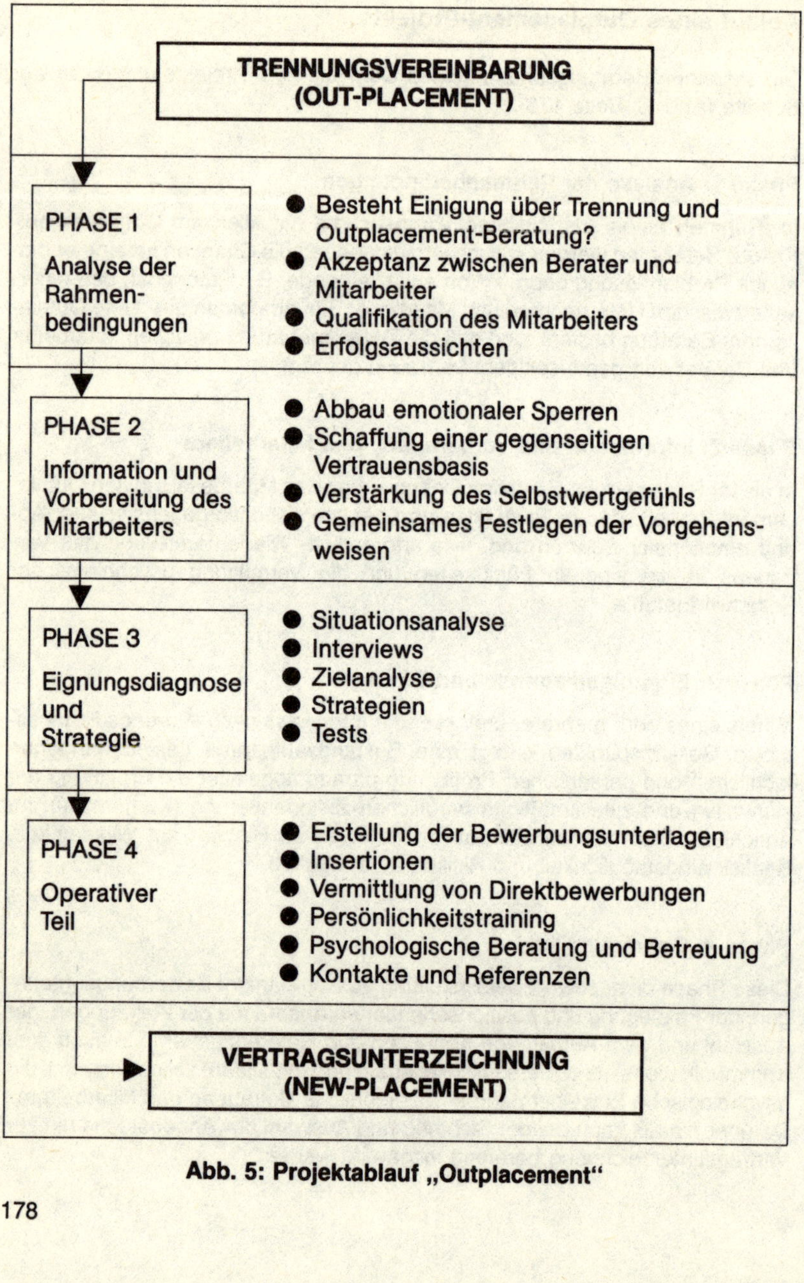

Abb. 5: Projektablauf „Outplacement"

Nutzen des Outplacement für Unternehmen und Mitarbeiter

Das Outplacement-Konzept verfolgt von seinem Ansatz her sowohl unternehmens- als auch mitarbeiterbezogene Ziele. Aus der Sicht des Unternehmens geht es um die Trennung von einer Führungskraft unter Berücksichtigung wirtschaftlicher Notwendigkeiten und sozialpolitischer Normen. Dem betroffenen Mitarbeiter hilft das Outplacement, noch von seinem alten Arbeitsplatz aus eine neue Position mit Hilfe eines erfahrenen Personalberaters zu finden.

Nutzen einer Outplacement-Beratung für das Unternehmen

1. Positionswechsel werden ohne Schaden und Nachteile für die Betroffenen vollzogen.
2. Rechtsstreitigkeiten werden vermieden.
3. Durch schnelle Einigung und professionelle Vorgehensweise wird der Trennungs- und Suchprozeß verkürzt.
4. Entlastung des Unternehmens von zusätzlichen sozialen und finanziellen Leistungen.
5. Arbeits- und Betriebsklima werden durch notwendige Positionswechsel nicht belastet.
6. Negative Signalwirkungen auf andere Mitarbeiter werden vermieden.
7. Der Verpflichtung zur Wahrnehmung der sozialen Verantwortung gegenüber den Mitarbeitern wird entsprochen.
8. Das Image des Unternehmens in der Öffentlichkeit leidet keinen Schaden.
9. Die neue Position kann sehr häufig kurzfristig angeboten werden. Dadurch finanzielle Absicherung des Betroffenen.
10. Outplacement als Instrument der Personalpolitik ermöglicht optimale Personalplanung für das Unternehmen unter Berücksichtigung wirtschaftlicher Notwendigkeiten einerseits und sozialer Verpflichtungen andererseits.

Nutzen einer Outplacement-Beratung für den Mitarbeiter

1. Verringerung psychischer Schäden traditioneller Kündigungen, zum Beispiel Enttäuschung, Ärger, Depression etc.
2. Stärkung des Selbstwertgefühls durch die aktive Einbindung in den Stellensuchprozeß.
3. Unterstützung durch einen erfahrenen Personalberater mit entsprechendem Know-how.
4. Erhöhung der Selbsteinschätzung durch kreative Lernmöglichkeiten (Video-Training).

5. Finanzielle Absicherung während des Outplacement-Prozesses.
6. Verhinderung der typischen Entlassenen-Situation („auf der Straße stehen").
7. Dadurch stärkere Position gegenüber arbeitslosen Mitbewerbern.
8. Karriereplanung im Sinne der systematischen Aufeinanderfolge von Laufbahnpositionen.
9. Vorbereitung auf Firma, Position und Personen (Briefing).
10. Mitwirkung bei der Entscheidung sowie Aushandlung der Vertragsbedingungen.

Alles in allem handelt es sich bei Outplacement um eine neue „Problemlösung beim Positionswechsel im Management" (Stoebe). Die Trennung von Führungskraft und Unternehmen geschieht mit Fairneß und im Einvernehmen, so daß alle Beteiligten davon einen Nutzen haben. Outplacement ist eine neuartige Dienstleistung, die das Monopol des Arbeitsamtes in der Bundesrepublik Deutschland nicht berührt.

Möglichkeiten und Grenzen des Outplacement

Outplacement stellt eine Erweiterung der Instrumente betrieblicher Personal- und individueller Karriereplanung dar. Das Unternehmen hat eine zusätzliche Möglichkeit, seine Personalplanung auf die strukturellen Entwicklungen des Marktes hin auszurichten und unvermeidbare „Ausstellungen" im Management zum Vorteil aller Beteiligten durchzuführen. Die Führungskräfte haben hier die Möglichkeit, an diesem Freisetzungsprozeß partizipativ mitzuwirken (Selbstbestimmung).

Outplacement hilft, Konflikte in einer Situation der Personalfreisetzung abzubauen, die sich – wie kaum eine andere – traditionell als konfliktträchtig erweist. Herkömmliche Konfliktlösungen wie arbeitsrechtliche Regelungen und finanzielle Abfindungen werden durch Outplacement als geplanter und unterstützter Positionswechsel sinnvoll ergänzt.

Den verschiedenen Möglichkeiten des Outplacement-Konzepts sind jedoch Grenzen gesetzt. Das neue Modell wird nur dann erfolgreich sein können, wenn

- qualifizierte und in der Vergangenheit erfolgreiche Manager angesprochen, typische Job-Wechsler hingegen ausgeklammert werden,
- der Markt entsprechende Qualifikationen aufnimmt und keine Voreingenommenheiten gegen aktive Stellensuchende besitzt,
- die betroffenen Führungskräfte bereit sind, offen mitzuarbeiten, dazuzulernen und sich zu verändern,
- das kündigende Unternehmen nicht einfach sein Gewissen durch Geld zu

beruhigen versucht, sondern schon bei der Vorbereitung eines Outplacement-Prozesses voll und ganz hinter diesem Projekt steht,
- alle Beteiligten – Unternehmen, Führungskraft und Berater – offen und kooperativ zusammenarbeiten sowie bereit sind, pauschale Vorurteile gegenüber jeder Art der Personalfreisetzung aufzugeben (vgl. Schulz, 1981, S. 37 f.).

Auch Outplacement kann die bisher ungelösten Positionsprobleme im Führungsbereich nicht beseitigen, bietet jedoch eine bisher in der Bundesrepublik noch wenig genutzte Chance der Personalfreisetzung. Es sollte von jeder hiervon betroffenen Führungskraft nicht nur als (Positions-)Krise, sondern als Chance angesehen werden, eine neue Position anstreben und erreichen zu können.

Fallbeispiel I: Outplacement-Beratung „Electric Oil"

1. Ausgangssituation

Herr G. begann im Oktober 1981 seine Tätigkeit als „Leiter Fertigungsvorbereitung" bei der Firma „Electric Oil". Der Funktionsbereich „Fertigungsvorbereitung" war zu diesem Zeitpunkt im Unternehmen eine neu geschaffene Position, der die Abteilungen Arbeitsvorbereitung, Produktionsplanung und Instandhaltung und Investition nachgeordnet waren. Herrn G. war nicht bekannt, daß es vor seinem Eintritt interne politische Auseinandersetzungen über diese neu zu schaffende Position gab. Dies hatte zur Folge, daß es nach seinem Arbeitsantritt zunehmend zu Reibungsverlusten mit dem Zentralbereich des Unternehmens kam und diese Position damit von vornherein in Frage gestellt war.

Mitte Februar 1982 schließlich wurde eine Personalberatung mit einer Outplacement-Beratung für Herrn G. von der Firma „Electric Oil" beauftragt.

2. Beratungsablauf

Am Beginn der Aktivitäten stand ein ausführliches Interview mit Herrn G. nach eignungsdiagnostischen Gesichtspunkten. Danach stellte sich das fachliche Profil des Herrn G. wie folgt dar:
- Herbst 1965 bis Frühjahr 1973 Studium TU München Fachrichtung Maschinenbau. Schwerpunktfächer Fertigungstechnik, Werkzeugmaschinen, Werkstoff- und Gießereitechnik, Fabrikplanung und Arbeitsorganisation.
- Herbst 1973 bis Frühjahr 1974 zunächst Assistent der Geschäftsleitung einer Maschinenfabrik. Ab Frühjahr 1974 Abteilungsleiter für Fabrikationsplanung im gleichen Unternehmen.

- Frühjahr 75 bis Frühjahr 79 zunächst Assistent des Technischen Leiters einer Maschinenfabrik und danach als Leiter der Abteilung „Technische Freigabe“ der Geschäftsleitung unmittelbar unterstellt.
- Ab Frühjahr 1979 alleinverantwortlicher Werksleiter eines Maschinenbau-Zweigwerkes mit etwa 300 Beschäftigten. Unterstellungen in dieser Funktion: Werkzeug- und Gerätekonstruktion, Entwicklung, Planung, Angebotskalkulation, Werkzeugbau, Betriebstechnik, Produktion und Fertigungssteuerung.

Bezogen auf die zu suchende Position stellen sich die Stärken und Schwächen in fachlicher Hinsicht wie folgt dar:

Stärken

Rationalisierung und Wertanalyse,
Fertigung (spanend und spanlos),
Arbeitsorganisation.

Schwächen

Entwicklung und Konstruktion.

Auf der Basis dieser eignungsdiagnostischen Erkenntnisse und unter Berücksichtigung der persönlichen Erwartungen und Zielsetzungen des Herrn G. ist die zu suchende Aufgabe wie folgt zu umschreiben:

- Position: Technische Leitung, Technischer Geschäftsführer, Betriebsleiter
- Standort: Beliebig
- Unternehmensgröße: Jahresumsatz mindestens 80 Millionen, entsprechende Mitarbeiteranzahl
- Rechtsform: Beliebig
- Branche: Idealerweise Maschinenbau, Spezialmaschinenbau.

Der sich dann anschließende operative Teil der Beratungsaktivitäten begann mit dem Schalten eines Stellengesuches.
Stellengesuche erschienen am 19. 5. und 7. 7. 82 in der Frankfurter Allgemeinen Zeitung sowie am 7. 7. 82 in der Welt und am 9. 7. 82 in den VDI-Nachrichten (siehe Beispiel auf der rechten Seite). Das Ergebnis der Aktivitäten während dieser operativen Phase ist nachstehend aufgeschlüsselt:
Stellengesuche: 43 Zuschriften
Direktkontakte mit Personalberatern: 4
Direktbewerbungen auf Stellenangebote (auch Personalberater): 5
Direktkontakte unter eigenen Klienten: 1

STELLENGESUCHE

JURIST

Zur Person:	40 Jahre, ledig, ortsungebunden, Assessor jur., Englisch und Französisch.
Berufl. Erfahrungen:	Individual- und kollektivarbeitsrechtliche Fragen, Betriebsvereinbarungen, Entlohnungs- und Schichtsysteme, betriebliche Aus- und Weiterbildung, Versicherungs-, Liegenschafts- und Vertragswesen.
Persönl. Stärken:	Analytische Befähigung und Beharrlichkeit, Verständnis für betriebswirtschaftliche Fragen, gute Auffassungsgabe, engagiert, urteilssicher, kooperativ und loyal.
Gesucht:	Interessante Aufgabe – auch Aus- und Weiterbildung – in Konzernunternehmen, Institut, Verein, Verband oder Körperschaft.
	Zuschriften erbeten unter A 3294 an WELT-Verlag, Postfach 10 08 64, 4300 Essen.

3. Beratungsergebnis

Mit Wirkung vom 1. Oktober 1982 übernimmt Herr G. die Aufgabe eines alleinverantwortlichen Werkleiters bei den XY-Werken in Bochum.

Fallbeispiel II: Outplacement-Beratung „Alfa Surf KG"

1. Ausgangssituation

Herr M. trat am 1. 9. 1980 als Jurist für Grundsatzfragen in das Unternehmen ein. Im Jahre 1981 übernimmt er kommissarisch die Funktionen des Personalleiters. Sein beruflicher und persönlicher Erfahrungshintergrund läßt jedoch die Übernahme einer Führungsposition im Personalwesen nicht zu. Mitte 1981 wird daher ein neuer Personalleiter (Nichtjurist) eingestellt. Die weitere Entwicklung ergibt, daß sowohl im persönlichen als auch im fachlichen Bereich eine konstruktive Zusammenarbeit zwischen beiden Herren nicht weiter begründet werden kann. Ende Dezember 1982 wird ein Personalberatungsunternehmen aus diesem Grunde mit der Durchführung einer Outplacement-Beratung für Herrn M. beauftragt.

2. Beratungsablauf

Die Analyse der vorhandenen Rahmenbedingungen ergibt zunächst, daß durchaus Chancen für eine erfolgreiche Problemlösung vorhanden sind. Alle Beteiligten – Unternehmen, Mitarbeiter und Berater – sind sich darüber einig, daß eine Outplacement-Beratung stattfinden soll, das heißt, auch die Bereitschaft des Mitarbeiters, mit dem Berater vertrauensvoll zusammenzuarbeiten, ist vorhanden.

Im Januar 1983 finden zwei Tage lang ausführliche Interviews nach eignungsdiagnostischen Gesichtspunkten mit Herrn M. statt. Sein persönlicher und fachlicher Erfahrungshintergrund stellt sich wie folgt dar:

Stärken

Solide Erfahrungen in arbeitsrechtlichen Grundsatzfragen auf den Gebieten Schichtsysteme, Vergütungsprobleme, Gleitzeiteinführung und Betriebsverfassungsrecht.

Schwächen

Führungserfahrung und -fähigkeiten.

Nach dieser fachlichen und persönlichen Bestandsaufnahme wird Übereinkunft dahingehend erzielt, daß die anzustrebende Position folgende Merkmale aufweisen sollte:

Aufgabenrahmen

Individual- und kollektivarbeitsrechtliche Fragen, Betriebsvereinbarungen, Entlohnung und Schichtsysteme, betriebliche Aus- und Weiterbildung, Versicherungs-, Liegenschafts- und Vertragswesen.

- Unternehmen: Konzernunternehmen, Institut, Verein, Verband oder Körperschaft.
- Standort: Beliebig – vorzugsweise Süddeutschland.

Auf der Basis dieser Erkenntnisse erfolgt die Schaltung von Stellengesuchen in der Frankfurter Allgemeinen Zeitung (19. 1. 83) und in der Welt (19. 1. und 22. 1. 83). Ein entsprechendes Inserat wird im Mitteilungsblatt der „Deutschen Gesellschaft für Personalführung" eingerückt.

Gleichlautend dazu erfolgt in dieser Phase die Erstellung und Optimierung aussagefähiger Bewerbungsunterlagen, die Auswahl und der Aufbau von Direktkontakten und Referenzgebern.

Am 28. 1. 1983 erfolgt im Hinblick auf anstehende Vorstellungsgespräche ein zielgerichtetes Persönlichkeitstraining. Themenkreise sind: Gesprächstechnik, Rhetorik und Interviewtechnik. Bestandteil dieser Trainingsmaßnahmen war auch ein entsprechendes Feedback durch den Einsatz einer Videoanlage. Ergänzend zu diesen Aktivitäten wurden mit Hilfe eines Textverarbeitungssystems 53 Direktbewerbungen an große deutsche Unternehmen gesandt.

3. Beratungsergebnis

Mit Wirkung vom 1. 4. 1983 übernimmt Herr M. eine adäquate Aufgabe (Spezialistenfunktion) im Personalwesen eines westdeutschen Unternehmens der Gebrauchsgüterindustrie.

Literatur

Berndtsen, Günter (1982): Bin ich am richtigen Platz? Überlegungen und Fragen vor einem Stellenwechsel, in: Der Arbeitsmethodiker, 1982, Heft 3, S. 31–37.

Bürkle, Hans (1977): Neue Chancen durch Zielgruppenkurzbewerbung, in: Der Leitende Angestellte, 1977, Heft 12, S. 12–14.

– (1983): Managen von Managern – Suchen von Chancen, in: Der Leitende Angestellte, 1983, Heft 4, S. 30.

Gross, Michael (1983): Outplacement-Beratung – Die Trennung von langjährigen Führungskräften, in: Erfolgs- und Karrierehandbuch, 1983, Heft 7, Gruppe 13, S. 681–684.

Heymann, H.-Helmut (1983): Outplacement – Ein neues Instrument betrieblicher Personal- und individueller Karriereplanung, (erscheint) in: Wirtschaftswissenschaftliches Studium, Jg. 13, 1984.

– und *Seiwert, Lothar J. (1982a):* Vom Outplacement zum Newplacement. Personalfreisetzung von Führungskräften als sozialer Prozeß, in: Personalwirtschaft, Jg. 9, 1982, Heft 2, S. 22–26.
– und *Seiwert, Lothar J. (1982b):* Führungskräfteentwicklung (Management Development) – Ziele, Aufgaben und Instrumente, in: Erfolgs- und Karrierehandbuch, 1982, Heft 7, Gruppe 12, S. 201–210.
– und Seiwert, Lothar J. (1983): Personalentwicklung, in: Management-Enzyklopädie, Band 7, München 1984.
Köckmann, Paul (1983): Neue Wege, eine zukunftssichere Stelle zu finden, in: Erfolgs- und Karrierehandbuch, 1983, Heft 4, Gruppe 12, S. 299–304.
Schulz, Dieter (1981): Die Trennung von einem langjährigen Mitarbeiter – ein Trauma, oder?, in: Personalführung, 1981, Heft 2, S. 36–38.
Seiwert, Lothar J. (1981): Innerbetriebliche Zusammenarbeit aus der Sicht der Führungskraft, in: H. G. Brecht/E. Wippler (Hrsg.), Das Jahrbuch für Führungskräfte 81, Grafenau/Württ. 1981, S. 96–122.
Stoebe, Fritz (1982): Probleme und Lösungen bei der Freisetzung von Führungskräften, in: Personal, Jg. 34, 1982, Heft 3, S. 126–129.
– (1983 a): Die einvernehmliche Aufhebung von Arbeitsverträgen mit Führungskräften, in: Personal, Jg. 35, 1983, Heft 2, S. 62–64.
– (1983 b): Der Manager auf Stellensuche (Artikelserie), in: Blick durch die Wirtschaft, Jg. 26, 1983, Nr. 50 vom 11. 3. 83 (1) bis Nr. 76 vom 20. 4. 83 (11).

Optimale Einarbeitung in die neue Stelle

von Dr. Klaus Rischar

Manche neue Stelleninhaber begehen den schweren Fehler, daß sie sich selbst in Streß bringen und damit die Chance einer Dauerstellung gefährden, die sie mit allen Mitteln anstrebten. Es entsteht in diesem Fall eine ähnliche Streßsituation wie bei der Prüfungsangst. Aufgaben, die man üblicherweise meistern würde, werden nicht bewältigt, weil plötzlich Denkblockaden auftreten. Die psychische Belastung kann zu verhängnisvollen Verhaltensfehlern führen, weil man seine Emotionen nicht mehr sicher genug kontrolliert.
Der Neue kann aber auch scheitern, weil er wegen einer früheren Position mit höheren Anforderungen die ihm jetzt gestellten Aufgaben zu leicht nimmt. Das hat in der Regel weiteren beruflichen und sozialen Abstieg zur Folge.
Wie verhält man sich nun richtig? Es gibt zu dieser Frage ein paar Grundregeln: Man soll die neuen Aufgaben ernst nehmen und sich deshalb bemühen, sie gewissenhaft zu erfüllen. Es kommt aber nicht wie bei den leider noch immer üblichen Reifeprüfungen auf die Tagesform allein an, sondern man hat die Chance, einen Fehler durch andere gute Leistungen wieder auszugleichen. Deshalb ist Hektik und erst recht Prüfungshysterie fehl am Platze.

Die allgemeine Vorbereitung

Den Schritt der Vorbereitung muß der Bewerber bereits vollziehen, bevor er versucht, einen bestimmten Arbeitgeber für sich zu gewinnen. Die Vorbereitung umfaßt Informationen über

- alle wesentlichen Daten zur Firma wie sie zum Beispiel in „Die 500 größten Unternehmen" aus dem Hoppenstedt-Verlag oder „Wer gehört wem" der Commerzbank enthalten sind, vor allem
  - genaue Bezeichnung,
  - Rechtsform, Eigentümer,
  - Umsatzgröße,
  - Firmenstandorte (wegen der Einstellung, Einarbeitung, Abordnung oder Versetzung in eine andere Stadt als den Hauptsitz des Unternehmens),
  - Namen, Rang und Funktionen des Gesprächspartners,
  - Leistungen des Unternehmens, zum Beispiel Hauptprodukte,
  - ausländische Vertriebs- oder Produktionsunternehmen, Beteiligungen, Gründungsjahr.

Es ist bei Vorstellungsgesprächen stets sehr peinlich, wenn der Bewerber ohne jede Vorbereitung zum Einstellenden kommt.

Überlegungen zur ausgeschriebenen Stelle

Suchende Unternehmen und Personalberater müssen immer wieder erkennen, daß – obwohl sie eine Zeitungsanzeige oder eine Anforderung an das Arbeitsamt so exakt wie möglich abfassen – sich dennoch viele nach dem Text klar Überforderte und stets einige Unterforderte melden. Das verärgert den Einstellenden massiv, weil seine Zeit gestohlen wird, und es hilft dem Suchenden nicht im geringsten, sondern bringt ihm vermeidbare Mißerfolgserlebnisse.
Wer sich um eine Stelle bewirbt, muß aus der Anzeige herauslesen, was sie aussagt über

- die Bezeichnung der Stelle,
- die Zielsetzung,
- Haupt- und gegebenenfalls Nebenaufgaben mit Kompetenzen,
- sich daraus ergebende notwendige beziehungsweise gewünschte Anforderungen,
- die hierarchische Einordnung,
- den Gesprächspartner und dessen Funktion,
- mögliche Aufstiegschancen,
- den Gesprächspartner und dessen Funktion,
- Branche, Marktstellung des Unternehmens, Leistungen – diese Angaben sind auch in chiffrierten Anzeigen enthalten – und
- den Einsatzort.

Es genügt nicht, daß der Stellensuchende die Anzeige gelesen, geschweige denn nur überflogen hat, sondern er muß sie Wort für Wort studieren, sich einprägen, am besten den Inhalt für sich systematisieren und nachfassende Fragen formulieren. Ein Bewerber, der zur Vorstellung der Firma durch den Einstellenden keine Fragen hat, beweist damit, wie wenig er sich mit der Materie befaßt und wie wenig ernst er deshalb seine Bewerbung selbst nimmt, zumindest werden die meisten Einstellenden diese negativen Schlüsse ziehen.

Verwertung erworbener Erfahrungen

Der junge Mensch, beispielsweise der jugendliche Auszubildende, stellt im Hinblick auf berufliches, vor allem betriebliches Arbeiten, ein unbeschriebenes Blatt dar. Der Erwachsene dagegen kommt mit vielen beruflichen Erfahrungen in den neuen Betrieb. Sein Vorwissen und Vorkönnen gereichen ihm ebenso zum Segen wie zum Fluch. Er vermag darauf aufzubauen, um so schneller und sicherer die neue Aufgabe zu meistern, aber ebenso stellen Vorerfahrungen Lernhemmnisse dar. Liebgewordene Gewohnheiten, sogar Verhaltensweisen, auf die man stolz ist, muß man aufgeben. Die neue Position ist gefährdet, wenn man diesen Schritt nicht umgehend und konsequent tut.

Die Mitarbeiter jeder Firma, also auch die des neuen Arbeitgebers, sind stolz auf die Art und Weise, wie sie seit Jahren bestimmte Probleme lösen. Sie reagieren deshalb allergisch, wenn ihnen der Neue, der „Outsider", erklären will, daß er einen besseren Weg kennt. Entweder gibt es dann bereits bei der Einweisung offenen Streit, oder es wird bei nächster Gelegenheit dafür gesorgt, daß „der Besserwisser" scheitert. Dazu besitzen die Kollegen viele Möglichkeiten, wie

- Nichterklären notwendigen Wissens, weil der Neue nicht ausdrücklich danach gefragt hat;
- fehlende Hinweise auf bestimmte Charaktereigenschaften schwieriger, aber für den Neuen wichtiger Vorgesetzter oder Kollegen;
- zu rasches, auch oberflächliches Demonstrieren von Arbeitsvorgängen, „weil der Neue sowieso alles besser zu wissen glaubt".

Das scheinbare Verstehen neuer Informationen

Noch immer gilt es leider bei vielen Deutschen als Schwäche, Rückfragen zu stellen, wenn man etwas erklärt bekommen hat. Weshalb eigentlich?

- Fragen kann nur stellen, wer eine Aufgabe, ein Problem grundsätzlich verstanden hat.
- Gegenfragen an den Unterrichtenden/Unterweisenden beweisen ihm, daß sich der Neue mit dem Erklärten befaßt.
- Jeder Fachmann erklärt möglichst viel – oft viel zu viel – von dem, was er weiß und kann.
- Die Fragen stellen für den Einweisenden eine Art von Erfolgskontrolle dar, vor der er bei Erwachsenen noch oft zurückschreckt.

Eine falsche Erfolgskontrolle, die aber bei vielen Unterweisenden als echte gilt, stellt die stereotype Frage am Ende einer Erklärung dar: „Haben Sie noch Fragen?" Oder suggestiver: „Sie haben doch keine Fragen mehr?"

Der Unterschied zwischen Theorie und Praxis

Theorie stellt zwar höhere Anforderungen an die intellektuellen Fähigkeiten des Lernenden, wie beispielsweise im Hinblick auf das Abstraktionsvermögen oder die Präzision sprachlicher Formulierungen. Es ist aber noch lange nicht sichergestellt, daß ein Mensch etwas auch praktisch beherrscht, was er wissensmäßig gelernt und verarbeitet hat. Der neue Mitarbeiter muß deshalb stets darauf bestehen, daß es der Erklärende zum Erwerb von Fertigkeiten nicht beim verbalen Vorgang beläßt, auch nicht nur etwas vormacht und erläutert, sondern der Lernende die Fertigkeit unter dessen genauer Aufsicht zunächst mit Hilfe, dann ohne, selbständig erlangt.

Falsche Rückschlüsse aus der bisherigen Arbeit

Der Erklärende begeht oft den Fehler, daß er vor der Unterweisung zu wenig gründlich prüft, welches Vorkönnen der Neue anwenden kann. Dieser freut sich über Übereinstimmungen mit seiner bisherigen, sicher beherrschten Arbeit und übersieht dabei die oft beträchtlichen Unterschiede. Durch sein Fehlverhalten unterfordert der Unterweiser den Neuen, so daß dieser unachtsam zu werden beginnt, obwohl er genau aufpassen müßte. Der Neue verfällt in seine Routine, obwohl er sein Verhalten bei der jetzigen Aufgabe ändern müßte.

Der neue Mitarbeiter muß sich

- auf die Aufgabe zunächst ganz konzentrieren, ohne Verbindungen zur bisherigen Arbeit herzustellen,
- dann durch Rückfragen vergewissern, ob er alles richtig aufgefaßt hat,
- erst danach prüfen, inwieweit Gemeinsamkeiten oder nur Ähnlichkeiten zur bisherigen Tätigkeit vorliegen,
- im Gespräch mit dem Unterweisenden vergewissern, ob seine Vermutungen stimmen oder ob er vorschnell, um auf sicherem Boden zu bleiben, gleiche Anforderungen angenommen hat.

Gründlichkeit vor Schnelligkeit

Es gilt das gleiche Prinzip wie im Rahmen der Berufsausbildung:

Zunächst muß der Auszubildende eine Aufgabe voll beherrschen, erst dann kann er versuchen, sie in möglichst kurzer Zeit ohne großen Qualitätsverlust zu erledigen.

Mancher Mitarbeiter übt gegenüber seinem Vorgesetzten unfaire Dialektik, wenn dieser ihn kritisiert, weil er gute, aber zu langsame Arbeit leistet:

„Wollen Sie, daß ich schnell oder gut arbeite?" Dabei handelt es sich um eine Unterstellung; denn selbstverständlich will der Chef weiterhin gute Arbeitsqualität.

Es bleibt der Grundsatz, daß der neue Mitarbeiter eine möglichst hohe Arbeitsqualität leisten soll, aber nicht in beliebig langer Zeit. Von Anfang an darf

folglich der neue Mitarbeiter nicht trödeln, sondern muß zügig handeln. Vermeiden soll er nur zu schnelles Arbeiten auf Kosten der Qualität. Der neue Mitarbeiter sollte wissen, wieviel Zeit üblicherweise ein eingearbeiteter Kollege für die Arbeit bei durchschnittlicher Qualität benötigt. Dann hat er den Maßstab, der auch für ihn bald gelten wird.
Der neue Mitarbeiter darf sich vom Einweisenden auch nicht treiben lassen. Handelt es sich dabei um den Vorgesetzten, dann befindet dieser sich im Erfolgszwang, weil sein Chef davon ausgeht, daß der Neue den Arbeitsplatz sofort voll ausfüllt, was er selbstverständlich nicht leisten kann. Der neue Mitarbeiter muß deshalb dem Unterweisenden verdeutlichen, daß er konzentriert und ausdauernd zu arbeiten bereit ist, aber natürlicherweise eine gewisse Einarbeitungszeit benötigt.

Erforderliche Zusatzanstrengungen

Leider geschieht es nicht selten, daß der neue Mitarbeiter meint, ohne jede zusätzliche Anstrengung die übertragene Arbeit leisten zu können. Besonders unangenehm fällt es auf, wenn neue Stelleninhaber, die eine Führungsaufgabe übernehmen sollen, ihre Arbeitszeit pünktlich beenden. Es ist eine berechtigte Forderung des neuen Arbeitgebers nach Bereitschaft zu Mehreinsatz bei Mitarbeitern mit Vorgesetztenfunktion. Besonderer Einsatz bedeutet nicht, sich möglichst lange täglich im Betrieb aufzuhalten, sondern mit Engagement und Ausdauer, nicht nur mit Strohfeuer, an die neue Aufgabe heranzugehen.
Einige Beispiele dafür, was diese Forderung beinhaltet:

- Außerhalb der Arbeitszeit das Einarbeiten in besondere betriebliche Bestimmungen,
- das gründliche Studieren der Fachliteratur und
- der anderweitige Erwerb von Fachkenntnissen,
- die bessere Beherrschung einer Fremdsprache durch den systematischen und regelmäßigen Besuch entsprechender Fortbildungsveranstaltungen,
- die Bereitschaft zu Gesprächen mit Fachleuten außerhalb der Arbeitszeit, wenn diese nur dann Zeit haben.

Der Antritt der neuen Stelle, vor allem wenn es sich um einen grundlegenden Wechsel der Tätigkeit und der bisherigen Branche handelt, verlangt zusätzliche Energien, Investitionen an Zeit und manchmal auch an Kosten.

Genaues Beobachten und Abwarten

Wenn man sich in eine neue Stelle einarbeitet, geht es nicht nur darum, das für die Position notwendige Wissen und Können zu erwerben, sondern darüber hinaus herauszufinden,

- wie die Stelle wirklich (= im Denken der Menschen) in die betriebliche Hierarchie eingeordnet ist und weshalb Soll und Ist deutlich auseinanderfallen;
- welche Funktion die Position innerhalb des Gesamtgeschehens im Betrieb einnimmt:
  - von wem die Arbeit kommt und für wen und für was die vom Stelleninhaber geleistete Arbeit verwandt wird,
  - wie die Führungskräfte und Mitarbeiter in diesen Nachbarabteilungen bisher zur Stelle/zum Stelleninhaber gestanden haben und warum so und nicht anders,
  - was man ihnen zur Zielstellung, den Aufgaben, Kompetenzen und Verantwortlichkeiten des Neuen gesagt hat;
- welche positiven und negativen Beziehungen allgemein im Betrieb herrschen und speziell auf die Stelle bezogen.
  Dabei handelt es sich um das wichtige Geflecht der informellen Beziehungen mit ihren Querverbindungen, um informelle Führer und Außenseiter;
- welches sonstige Hintergrundwissen man besitzen muß wie
  - Unternehmensphilosophie,
  - Führungsinstrumente, beispielsweise Führungsgrundsätze, Stellenbeschreibungen, Beurteilungswesen;
- wie gut oder schlecht Betriebsrat und Firmenleitung beziehungsweise Vorgesetzte miteinander kommunizieren und kooperieren;
- weshalb der Vorgänger die Stelle *wirklich* verlassen hat, was nicht selten von den Aussagen im Vorstellungsgespräch negativ abweicht, weil der Einstellende die Position möglichst rasch zu besetzen suchte.

Es dauert in der Regel mehrere Wochen, bis man als neuer Mitarbeiter alle diese Kenntnisse aufgenommen, gefiltert, verarbeitet hat und sie verwenden kann.

Folgenschwere Fehler begeht deshalb der neue Mitarbeiter, wenn er vorschnell glaubt, Verbesserungsvorschläge einreichen zu müssen, vor allem aber die bisherige Arbeitsweise und den Umgang untereinander für ausgesprochen schlecht hält. Er übersieht damit eine Reihe wichtiger Faktoren, was ihm eigentlich nicht passieren dürfte, wie:

- Jedes Volk, jede Gruppe, jeder Mensch und deshalb auch jeder Betrieb und jede Arbeitsgruppe haben eine bestimmte Geschichte und Tradition, die notwendigerweise Bestandteil ihres Wesens sind und deshalb nicht ohne Verlust an Identität aufgegeben werden dürfen und können. Zählen bestimmte, vielleicht mit Recht aus der Sicht des Neulings zu kritisierende Verhaltensweisen zu dieser Substanz?
- Wenn verschiedene Menschen von ungleicher Vorbildung, Berufserfahrung und Aufgabenstellung im Betrieb nicht auf den Verbesserungsvorschlag des

Neuen gekommen zu sein scheinen, dann wird ihr anderes Verhalten auf bestimmte Gegebenheiten zurückgehen. In der Regel darf jedenfalls der Neue nicht davon ausgehen, daß bisher keiner auf seine Idee gekommen ist, sie also gänzlichen Neuwert besitzt.

- Der Neue muß gewissenhaft prüfen, ob er bei seiner Überlegung ein bestimmtes Wissen nicht besessen hat, weshalb er für leicht lösbar hält, was in Wirklichkeit unter den gegebenen Bedingungen unlösbar bleiben muß.

Aus diesen Gedanken ergibt sich, daß der Neue sehr vorsichtig sein sollte, seine Idee als Verbesserungsvorschlag einzubringen. Er sollte statt dessen fragen – und dies mit ausreichend starkem Hinterfragen –, weshalb man so und nicht anders vorgeht. Auf diese Weise kritisiert er nicht offen, wagt sich nicht zu weit vor, erfährt wichtige Einzelheiten, die ihn zwingen, seinen Verbesserungsvorschlag entweder ganz fallen zu lassen oder in wesentlichen beziehungsweise unwichtigen Punkten zu ändern, auch wie er vorgehen muß, will er die entscheidenden Personen für sich gewinnen.
Stellt sich beim Gespräch heraus, daß der betriebliche „Fachmann" (= Insider) Schwierigkeiten erkennt, dem Neuen die Notwendigkeit oder Nützlichkeit des bisherigen Verfahrens zu erklären, dann wird er unter Umständen zu der Notformulierung greifen: „Das haben wir bisher immer so gemacht", was zu deutsch bedeutet: „Ich weiß auch nicht, weshalb wir so handeln." Es kann auch sein, daß der Mitarbeiter um Bedenkzeit bittet, um sich bei kompetenter Stelle Rat einzuholen. Insider, die so reagieren, stehen dann meist aufgeschlossen einer Neuerung gegenüber, vorausgesetzt, sie halten deren Verwirklichung für nützlich.

Die Übernahme einer Führungsposition

Besondere Vorsicht im Hinblick auf Neuerungen ist nach der Übernahme einer Führungsposition geboten. Dafür sind vor allem folgende Gründe maßgeblich:

- Wie Kindern, die sich an die Stärken und Unarten ihrer Eltern gewöhnt haben und sie nicht mehr als solche empfinden, geht es auch Mitarbeitern ihren Vorgesetzten gegenüber. Sie mögen keinen Chefwechsel, es sei denn, ihre bisherige Führungskraft wurde von ihnen so massiv abgelehnt, daß der neue Vorgesetzte auf jeden Fall besser sein muß.
- Änderungen am Führungsstil müssen deshalb schrittweise erfolgen, sonst geschehen die gleichen Verhaltensfehler wie bei Kindern, die von den beiden Elternteilen unterschiedlich erzogen werden oder ungleich zu Hause und bei der Großmutter, dem Kindergarten, der Schule, dem Internat. Sie wissen nicht, wie sie sich wirklich verhalten sollen und passen sich deshalb nur äußerlich an.

Der neue Vorgesetzte muß jede Änderung am Führungsstil vorsichtig vornehmen, gut absichern und überzeugend erklären. Zu den schwierigsten Aufgaben eines Vorgesetzten zählt es, die wahren Motive für das Handeln des einzelnen Mitarbeiters herauszufinden, weil dieser sie

- entweder selbst nicht kennt,
- nicht nennen will, da er annimmt, sie seien bei diesem Vorgesetzten nicht opportun,
- so abfaßt, daß sie das Wohlgefallen des Chefs finden.

Die wirklichen Motive kann die neue Führungskraft erst erfassen, wenn sie den einzelnen Mitarbeiter genau genug kennt, und darüber vergehen Wochen, ja Monate.

In diesen Bereich gehören auch Sympathien und Antipathien zwischen Einzelpersonen und Personengruppen. Diese Erkenntnisse setzen voraus, daß der neue Chef das ganze Geflecht der zwischenmenschlichen Beziehungen in seiner Arbeitsgruppe durchschaut.

Der Neue muß zu unterscheiden wissen zwischen wahren Freunden und Helfern und solchen Personen, die eine Chance für sich beim Neuen wittern, weil es ihm anders als ihnen an den notwendigen Insider-Kenntnissen fehlt. Oft versuchen sie geschickt den Chef in ihrem Sinne zu manipulieren. Damit nimmt er Partei und wird von den Gegnern seiner „Freunde" als Feind aufgefaßt. Er steht nicht mehr als Vermittler und Lenker über den Streitigkeiten an der Basis, sondern ist ganz stark in sie hineinverwickelt. Was also soll der Neue tun? Nur zusehen und nicht führen? Dann würde er seiner Vorgesetztenrolle nicht gerecht und gefährdete seine neue Position. Er muß – ohne ein großer Zauderer zu sein – zunächst nur ändern, was geändert werden muß. Er muß alles andere Schritt für Schritt angehen und dabei, statt überhastet zu handeln, sich gewissenhaft absichern.

Die schwierige Rolle des Sanierers

Entweder reizt es den Stellensuchenden, durch die Aufgabe eines Sanierers gefordert zu werden, oder er muß die Stelle annehmen, weil sich für ihn gegenwärtig keine andere Position ergibt. Es kann sein, daß man ihm bei der Einstellung bewußt verschwiegen hat, wozu man ihn wirklich einsetzen will. Hinweise erhält er vielleicht indirekt durch Angaben über die Ursachen für das Weggehen seines Vorgängers. Ebenso ist es aber möglich, daß dieser keine Sanierungsaufgabe wahrzunehmen hatte, sondern die Zuständigen erst in der Zwischenzeit entschieden haben, die Position so zu verstehen. Deutlich, aber nicht ausfallend, sollte die neue Führungskraft zu verstehen geben, daß sie sich hintergangen fühlt.

„Welche Eigenschaften muß ein Sanierer besitzen?", müßte sich der neue Vorgesetzte fragen, um erkennen zu können, ob er eine solche Aufgabe wird meistern können. Wesentliche Anforderungen an den Sanierer sind:

- Eine Situation schnell zu erfassen, zu analysieren und daraus Konsequenzen zu ziehen.
- Unter starkem Erfolgszwang erfolgreich zu arbeiten, darunter wird verstanden, sicher zu entscheiden, abgewogen und schnell.
- Durchhaltevermögen: Es genügt nicht, schnell und radikal zu entscheiden, sondern die eigentliche Problematik beginnt mit den vielfältigen Widerständen in der Verwirklichungsphase.
- Flexibilität trotz klarer Linie: Erfolgreich wird der Sanierer nur sein, wenn er eine klare Linie unbeirrbar verfolgt, aber dabei zu so vielen Zugeständnissen bereit ist, wie er im Hinblick auf seine Zielstellung verantworten kann, um unnötige Widerstände abzubauen.
- Harter Arbeitswille: Ein Sanierer muß bedeutend mehr arbeiten als ein normaler Vorgesetzter. Er wird in physischer wie in psychischer Hinsicht beansprucht. Dazu bedarf es einer robusten körperlichen und geistig-seelischen Verfassung.
- Härte auch nach oben: Frühere Sanierungsversuche in der gleichen Firma sind wahrscheinlich gescheitert, weil die Geschäftsleitung
  - entweder nicht wirklich wollte, aber Unternehmensberater, Banken oder Kunden dies verlangten;
  - grundsätzlich dazu bereit war, aber ihre weiße Weste reinhalten wollte, was heißt, daß sie den Sanierer im Regen stehen ließ;
  - oder zwar die Entscheidung traf, aber dennoch zu wenig Durchsetzungsvermögen bewies, um dem Sanierer gegen Widerstände zu helfen.

Wie steht es jetzt um die Geschäftsleitung? Wird sie dem Sanierer nun die erforderliche Rückendeckung gewähren, und dies nicht nur verbal, sondern auch in der Stunde der Entscheidung?

Der Sanierer darf nicht den naiven Glauben haben, er werde sich auch ohne die starke Unterstützung der Geschäftsleitung kraft seiner eigenen Persönlichkeit durchsetzen können. Vertrauen darf er auch nicht auf in die Zukunft gerichtete Versprechungen. Entweder werden sie dann auch nicht verwirklicht oder so spät, daß sie ihm nicht mehr helfen.

Das Problem mit dem Vorgänger

Jede Position hat im Betrieb ein bestimmtes Image. Das Ansehen hängt ab von den Aufgaben und Kompetenzen, die damit verbunden sind, aber auch davon, was ein Stelleninhaber daraus gemacht hat. Er kann sich weit unter

Wert verkauft, das Ansehen der Stelle entsprechend ihrer Bedeutung ausgefüllt oder die Gewichtung der damit verbundenen Aufgabe überzogen haben und deshalb gescheitert sein.
Durch genaues Beobachten – oft nicht der offiziellen Aussagen, sondern des Mienenspiels, der Gestik, der Nebenbemerkungen – erkennt ein kluger neuer Stelleninhaber, was andere, nämlich Vorgesetzte, Kollegen, Mitarbeiter und Betriebsrat von seiner Position halten. Dabei kann es sich um wertvolles „Startkapital“ handeln, aber auch um eine starke Belastung.
Es ist stets viel leichter, ein Image zu zerstören, als Ansehen aufzubauen. Dazu braucht man die Kraft, wiederholte Mißerfolge zu ertragen, viel Geduld und langen Atem, starke und dauernde Überzeugungskraft. Der Neue muß sich fragen, ob er über diese Fähigkeiten verfügt.
Ist sein Vorgänger gescheitert, dann kann er deshalb freudig erwartet werden, weil die heftigen Angriffe sich nur gegen die Person, nicht gegen die Stelle selbst richteten. Es kann aber auch sein, daß die Gegner beabsichtigten, die Position selbst unmöglich zu machen, beispielsweise weil ihnen durch sie Kompetenzen weggenommen wurden, die sie behalten wollten, oder weil sie glaubten, daß dies mit der Zeit geschehen könnte.
Beim zweiten und gefährlicheren Fall muß der Neue schnell herausfinden, worin die Gegnerschaft im einzelnen begründet ist:

- unklare Kompetenzabgrenzungen und hierarchische Einordnung;
- Täuschung der Betroffenen durch den Vorgesetzten, indem scheinbar ihre Position nicht gefährdet war, in Wirklichkeit aber doch;
- wirkliche Unmöglichkeit, in diesem Betrieb die Position wahrzunehmen.

Der letzte Punkt trifft dann zu, wenn eine Stelle am grünen Tisch erfunden worden ist, aber in der betrieblichen Praxis für sie kein Lebensraum besteht. Ein Vorstandsmitglied hat diese Stelle vielleicht bei seinen Kollegen gegen heftigen Widerstand nur scheinbar durchgesetzt. Es besteht also die Gefahr, daß der Kampf gegen diese Stelle geblieben ist und sich bei den Gegnern durch den Sieg gegen den ersten Stelleninhaber die Zuversicht auch für den zweiten Waffengang verstärkt hat.
Entweder muß der Neue durch umfassende Informationen, Bereitschaft zur Kommunikation und Kooperation Widerstände abbauen, die Aufgaben der Position im betriebsnotwendigen Umfang mit Zustimmung der zuständigen Stelle abändern – oder er wird scheitern.

Der „ideale“ Vorgänger

Wenn ein Ehepartner gestorben ist und der Witwer oder die Witwe neu heiratet, dann muß sich der Partner darüber klar sein, daß er eine schwer zu erfüllende Aufgabe übernimmt: Er muß oft mit dem Schatten des Toten boxen.

Das kostet viel Kraft und Nerven, und nicht wenige scheitern daran – trotz aller Liebe.

Eine ähnliche Situation kann auch im Betrieb bestehen. Der Vorgänger

- ist weggegangen, weil er innerhalb oder außerhalb des Betriebes aufsteigen konnte;
- war eine Frau, die geheiratet hat und ein Kind bekommt;
- ist verstorben;
- wurde von übergeordneter Stelle abberufen, weil man ihn woanders dringend benötigte.

Besonders schlimm ist die Situation für den Neuling, wenn der Vorgänger über viele Jahre hinweg erfolgreich mit dem Vorgesetzten zusammengearbeitet hat und sich dadurch enge menschliche Bindungen ergaben. Nicht selten bleiben diese Beziehungen auch nach dem Positionswechsel, so daß der Vorgesetzte immer wieder glaubt, zu Recht zwischen beiden vergleichen zu dürfen.

Noch kritischer wird die Aufgabe für den Neuen, wenn der alte Stelleninhaber alles getan hat, um sich als unersetzbar darzustellen und nun der Vorgesetzte äußerst kritisch jede Handlungsweise des Neuen mit der des Vorgängers vergleicht und findet, was er gesucht hat: Fehler und Schwächen.

Wie soll der neue Mitarbeiter reagieren?

1. Sachlich

Es reizt dazu, ungerecht zu werden, zu schimpfen, ja ausfallend zu reagieren, befindet man sich doch ständig in einer Verteidigungsposition. Doch dies ist auf jeden Fall der Anfang vom Ende.

2. Sich selbst treu bleiben

Er darf nicht in den Fehler verfallen, seine eigene Persönlichkeit zu vergewaltigen, um äußerlich und innerlich dem Vorgänger möglichst stark zu ähneln.

3. Toleranz und Fairness fordern

Der Neue muß Verständnis dafür zeigen, daß der Chef vom bisherigen Stelleninhaber sehr angetan ist, aber auch die eigenen Stärken betonen, vor allem dort, wo der Vorgänger, auch nach Aussagen des Chefs, Schwächen hatte. Aber ohne diese Schwächen direkt anzusprechen.

Richtiges Verhalten im neuen Team

von Dr. Klaus Rischar

Nach der Zeit der Stellensuche haben Sie Hoffnungen und Erwartungen an die Position bei Ihrem neuen Arbeitgeber und Sie zeigen guten Willen. Gleichzeitig aber bedrückt Sie die neue Umgebung: Sie werden nämlich von vielen Menschen – mehr oder weniger offen – beobachtet. So empfinden Sie ein Gefühl der Einsamkeit, und zugleich entsteht in Ihnen die Besorgnis, ob Sie sich wie im alten Betrieb bewähren werden.

Der Empfang beim neuen Arbeitgeber

Es kann sein, daß Ihr Vorgesetzter alles tut, damit Sie sich wohlfühlen. In diesem Fall wird Ihnen die Anpassung an die Arbeit und die Eingliederung in die Arbeitsgruppe beträchtlich erleichtert. Sie werden freundlich empfangen und Ihren Arbeitskollegen mit positiven, aber nicht übertriebenen Empfehlungen durch Ihren Chef vorgestellt. Sie fühlen, daß Sie erwartet werden und willkommen sind, weil wichtige Arbeiten vor Ihrem Eintritt liegenbleiben mußten; denn die Kollegen konnten die Funktionen Ihres Vorgängers wegen der starken eigenen Belastung nur teilweise mitübernehmen. Der Vorgesetzte führt Sie verständlich und umfassend ein, und Sie werden durch ihn selbst oder einen von ihm dazu delegierten Mitarbeiter gut eingearbeitet und wohlwollend betreut.

So sollte es nicht sein

Die Einführung kann sich aber ganz anders und ziemlich negativ abspielen:

- Die Umgebung, in der Sie fortan leben und arbeiten sollen, entspricht zu wenig Ihren Vorstellungen.
- Sie spüren übermäßige Skepsis, sogar massive Ablehnung bei Ihren Kollegen.
- Die Arbeiten, die Sie erhalten, frustrieren Sie. Entweder fühlen Sie sich unterfordert und unter dem Gesichtspunkt Ihres bisherigen betrieblichen Status degradiert, oder Sie haben Angst zu scheitern, weil Sie vieles nicht verstanden und deshalb schon eine Reihe von Mißerfolgen erlebt haben.
- Ihre Einweisung erfolgt nicht gründlich und gewissenhaft, wie Sie es erwar-

tet haben und wie es erforderlich gewesen wäre, sondern nur nebenbei. Man kümmert sich kaum um Sie. Bei Rückfragen antwortet man Ihnen knapp, sieht Sie erstaunt an, als ob Sie unfähig wären und erklärt nur das Notwendigste. Bisher konnten Sie kein Hintergrundwissen erwerben.
Ihr erster Eindruck ist also getrübt. Sie beginnen vielleicht schon an der Richtigkeit Ihres Entschlusses zu zweifeln, diese Stelle angenommen zu haben.

Kein voreiliges Urteil

Sie müssen sich davor hüten, die Situation vorschnell und damit falsch, weil zu negativ, zu beurteilen. Wahrscheinlich ist das nur vorübergehend:

- Ihr Eintritt fand in einer Phase massiver betrieblicher Umstrukturierungen statt, weshalb sich ein bis dahin gutes Betriebsklima zumindest vorübergehend stark verschlechtert hat.
- Sie haben zur Zeit der Hochsaison begonnen, in der jeder Mitarbeiter versucht, einigermaßen über die Runden zu kommen.
- Die Kollegen wurden entweder überhaupt nicht über Ihren Eintritt unterrichtet oder nur unvollständig, weshalb sie fürchten, Kompetenzen an Sie zu verlieren.
- Die Arbeit, die Sie übernehmen, ist noch neu im Unternehmen, die anderen Abteilungen haben sich noch nicht an Sie gewöhnt.
- Der Vorgesetzte hat den Fehler begangen, Sie mit zu viel Vorschußlorbeeren zu versehen. Jetzt warten die Kollegen gespannt, welche Schwächen Sie zeigen werden.
- Ihre Einarbeitung ist schwer, weil Ihnen eine sehr komplexe Aufgabe übertragen wurde. Es ist deshalb nicht verwunderlich, daß Ihnen Fehler unterlaufen, die bei mehr Eingewöhnung unterblieben wären.

Sie müssen das Unternehmen und seine Mitarbeiter erst schrittweise kennenlernen, dann wird vieles anders für Sie aussehen. Ihre nächste Umgebung sollten Sie genau beobachten, kritisch dabei vorgehen, aber nicht besserwisserisch.

Der Aufbau eines Vertrauensverhältnisses

Haben Sie den Mut, rechtzeitig zu fragen, nicht erst wenn Sie Fehler verursachen, und denken Sie daran, daß die Gründe dafür sehr wichtig sind, warum etwas Bestimmtes geschieht oder unterbleibt.
Sie dürfen sich nicht manipulieren lassen, beispielsweise durch einen älteren Kollegen, der eine sehr negative Einstellung zum Unternehmen zeigt und das auch dokumentiert. Über alle Informationen sollten Sie sich eine wohldurchdachte, persönliche Meinung bilden.

Teilen Sie Ihrem Vorgesetzten Ihre Gedanken und Überlegungen, Anregungen und Zweifel mit, aber sehr dezent, wirklich fragend, nicht offen kritisierend. Aus Kontakten dieser Art kann nach und nach ein Vertrauensverhältnis entstehen, die Grundlage für eine Zusammenarbeit.

Anpassung an die Kollegen

Sie kommen neu in eine Arbeitsgruppe. Die Stamm-Mannschaft wird sich nicht auf Sie einstellen, um Ihnen bei der Einarbeitung zu helfen, sondern Sie müssen den Kollegen entgegenkommen. Auf die Dauer werden Sie auch die Kollegen beeinflussen können. Zunächst, jedoch auf keinen Fall für immer, haben Sie die Pflicht, sich anzupassen, wollen Sie „überleben". Später sollten Sie zunehmend Eigeninitiative entwickeln. Jedes andere Verhalten wird Ihnen schnell Feinde bringen, deren Zahl sich rasch vermehrt: Was bildet der sich eigentlich ein? Meint er etwa, wir seien von vorgestern? Er soll sich erst einmal bei uns bewähren, aber nicht ... dann folgen Negativbeispiele über Ihre Leistung.
Versetzen Sie sich einmal in die Situation der anderen. Sie arbeiten mit einem Kollegen vorzüglich in einem Team zusammen, und jetzt kommt der Neue, Fremde und drängt sich in diese Arbeitsgemeinschaft hinein. Was würden Sie tun?

Richtige Reaktionen

- Halten Sie sich zurück und beobachten Sie ganz genau, wie die anderen Mitarbeiter zueinander stehen: Wer lehnt einen anderen ab und weshalb, warum sind andere ständig in der Freizeit zusammen. Sie sollten sich aufgeschlossen verhalten. Wenn Sie erkennen, daß man Ihnen wohlwollend begegnet, dann sollten Sie sogar genügend Verständnis für Fehlverhaltensweisen zeigen.
- Mit den bisherigen Inhabern Ihrer Stelle, besonders dem Mitarbeiter, der zuletzt die Position innehatte, hatten die Kollegen vielleicht Ärger, da er viele Fehler machte. Die gleichen Fehler erwarten die Kollegen jetzt auch von Ihnen.
- Versuchen Sie durch Vertiefen von Andeutungen herauszufinden, was die anderen am letzten Stelleninhaber auszusetzen hatten, damit Sie sich entsprechend einstellen können.
- Übergroßes Mißtrauen, sogar Ablehnung, können auf falsche oder unglaubwürdige Verhaltensweisen des Vorgesetzten im Hinblick auf Aufgaben, Kompetenzen und Eingliederung des früheren Stelleninhabers zurückgehen. Wenn Sie das wissen, können Sie die Kollegen besser verstehen und sich entsprechend einstellen.

- Grundsätzlich werden sich wegen der unterschiedlichen Persönlichkeitsstruktur der Menschen voneinander abweichende Verhaltensweisen ergeben. Das ist nicht tragisch, wenn davon kein Urteil über die Einstellung oder die weitere Beschäftigung eines Menschen abhängt.
  Erkennen Sie diese Situation, dann sollten Sie direkt auf die andere Seite zugehen und sie nachhaltig um die Begründung für das undifferenzierte Urteil gegen Sie bitten.

Der angebliche Zeitmangel

Sie dürfen bei Fehlern nicht stets behaupten, daß sie Ihnen unterlaufen sind, weil Sie zu wenig eingearbeitet wurden oder aus Zeitmangel oder wegen des Stresses, der in dieser Firma herrscht. Diese Belastung, vielleicht sogar eine noch stärkere, müssen Ihre Kollegen im neuen Betrieb, wie Sie vorher im alten, auf sich nehmen. Gewöhnen Sie sich daran, nicht die „Ausrede" des Zeitmangels zu verwenden. Zeit hat man als Mensch immer, aber nur für die Dinge, die man tun will.
Sie müssen – abgesehen von wenigen Ausnahmefällen – mit der normalen Zeit im Betrieb auskommen und dürfen keine Arbeit mit nach Hause nehmen. Gelingt Ihnen dies nicht, dann gibt es eventuell folgende Gründe dafür, die Sie bei sich persönlich rückhaltlos untersuchen sollten:

- Sie gehen zu perfektionistisch vor: Jede Angelegenheit wollen Sie bis ins Detail erforschen, statt auch auf die Kosten-Nutzen-Relation zu achten.
- Sie arbeiten zu wenig konzentriert: Das kann geschehen, weil äußere Einwirkungen vorliegen, zum Beispiel ein Vorgesetzter Sie mitten aus der Arbeit herausruft. Ebenso ist es aber möglich, daß Sie über jede Ablenkung mehr oder weniger froh sind und sie sofort nutzen, um die ungeliebte Arbeit durch eine sympathischere Beschäftigung ersetzen zu können.

Die Menschen, die täglich am längsten im Betrieb sind und noch Arbeitsvorgänge mit nach Hause nehmen, sind nicht unbedingt besonders produktiv. Vielleicht müssen sie wegen zahlreicher Unterbrechungen nacharbeiten.
Vermeiden Sie, sich hetzen zu lassen! Sie können so Ihre Gesundheit gefährden, in Hetze schwerwiegende Fehler begehen, überhaupt die eigene Leistung mindern.

Ungesunder Ehrgeiz

Es wird schwierig, sich rasch in die Arbeitsgruppe zu integrieren, wenn sich der Neue beim Chef deutlich vor den Kollegen auszeichnen will, wie beispielsweise durch besonders lange Anwesenheit im Betrieb. Manch einer kann sich diesen Verlust an Zeit in seinem Privatleben vielleicht leisten, weil er alleinstehend ist oder in der neuen Stelle auf Dauer die einzige Chance sieht. Die Kollegen aber benötigen ihre Freizeit, um Haushalt und Kinder zu versorgen, um sich weiterzubilden oder einem außerordentlich spannenden Hobby nachzugehen. Davon wollen sie nicht abgehen, können dies vielleicht auch nicht, sind auch dagegen, weil sie eine gute Zeiteinteilung haben. Und jetzt müssen sie vom Chef hören, wie motiviert der Neue einsteigt. Das Lob über ihn ist planmäßig eine Kritik an den Kollegen. Das m u ß Ärger geben.

Schwerwiegende Verhaltensfehler

Im alten Betrieb war alles besser

Jeder Mitarbeiter muß schon gewisse Sympathien für den Betrieb zeigen, in dem er arbeitet, um nicht selbst unglaubwürdig zu wirken. Weshalb sonst arbeitet er noch immer in einer Firma, zu der er eine stark negative Einstellung ausdrückt? Das gilt auch für die Kollegen im neuen Betrieb.
Sie als neuer Mitarbeiter fühlen sich in der ungewohnten Umgebung natürlich unsicher. Es ist deshalb verständlich, daß Sie, um festen Boden unter den Füßen zu behalten, möglichst viele Vorgänge im neuen Unternehmen genauso erledigen wollen wie im alten. Nur selten paßt das Verhalten aber unverändert. Wenn Sie also alte Gewohnheiten in die neue Firma mitnehmen wollen, dann kann es nicht nur zu Ärger mit den Kollegen kommen, auf deren Wohlwollen Sie angewiesen sind, sondern auch zu Sachfehlern.
Sicher stellen Sie Ihr Verhalten anders dar, für die Kollegen aber handelt es sich um Handeln aus Unsicherheit, mangelnder Flexibilität und Bequemlichkeit. Alle diese Gründe werden negativ gewertet.

Sie handeln aufdringlich

Ein Teil der Menschen verwechselt Aufdringlichkeit mit Kontaktfreude. Die sogenannten Gespräche stellen in Wirklichkeit einseitige Monologe dar. Was ein Teil der Menschen Kontaktfreude nennt, das ist in Wirklichkeit das Gegenteil: die fehlende Fähigkeit, sich auf Anliegen, Freuden, Bedürfnisse und Ängste anderer einzustellen.
Ihr Mitteilungsbedürfnis kann ungewöhnlich stark geworden sein; weshalb Sie

- durch Hinweise auf Erfolge in der Vergangenheit beweisen wollen, daß Sie noch wer sind;
- den Kollegen zur Solidarisierung gewinnen wollen, zum Beispiel wenn Sie die seelische Not Ihrer vorherigen Arbeitslosigkeit schildern, weil Sie spüren, daß sich Ihr Gegenüber diesen Zustand nicht vorstellen kann;

- sich rechtfertigen, da Sie Ihre Entlassung aus dem letzten Betrieb als Ungerechtigkeit empfinden.

Wie können Sie erkennen, daß Sie diese schwerwiegenden Fehler begangen haben? Einige Möglichkeiten:

- Kollegen gehen Ihnen aus dem Weg,
- reagieren nicht oder gelangweilt auf Ihre Erzählungen und Ratschläge,
- wenden sich bewußt konzentriert ihrer Arbeit zu, sobald Sie auf sie zugehen.

Nach dem „Gespräch" sollten Sie sich folgende Gedanken machen:

- Was weiß ich jetzt mehr über den anderen?
- Wie waren die Redeanteile verteilt?
- Habe ich Ideen des anderen aufgenommen?
- Kreisen meine Gedanken noch ganz stark um die frühere Tätigkeit?
- Bin ich emotional negativ erregt, wenn der Name des alten Unternehmens fällt?

Sie fragen zuviel

Es gibt Fragen, die notwendig sind und solche, die man besser unterlassen sollte. Zu den unnötigen Fragen zählt jede Ansprache eines anderen zu einem Problem, das man durch eigenes Nachdenken hätte richtig lösen, zumindest einen Ansatz dazu hätte finden können. Das ist besonders unangenehm, wenn der Vorgesetzte oder Kollege arbeitsmäßig stark belastet ist, aber zu höflich oder entgegenkommend, um Ihnen klar zu sagen, daß Sie anders hätten handeln sollen.

Das Zuvielfragen kann darauf zurückgehen, daß Sie Unklarheiten nicht sammeln, um sie geblockt vorzutragen, sondern bei jedem auftauchenden Problem sofort Ihre Arbeit unterbrechen und den anderen in seiner stören.

Sie mischen sich ein

Ihre Kenntnisse und Fertigkeiten sind nicht immer gefragt, auch wenn Sie damit Überlegenheit beweisen könnten – oder besonders deswegen. Der altgediente Stamm-Mitarbeiter will sich nicht vor dem Neuen und seinen Kollegen blamieren. Deshalb setzt er ungebetenem Rat harten Widerstand entgegen. Sie dürfen folglich nur raten, wenn der andere Sie ausdrücklich dazu auffordert, auch wenn Sie gerne Menschen helfen und dies im alten Betrieb erfolgreich taten.

Sie ergreifen Partei

Herrscht Spannung zwischen zwei Kollegen, dann wird jeder von ihnen versuchen, Sie als Neuen und noch Unbedarften auf seine Seite zu ziehen. Ergreifen Sie nicht Partei! Sie können kaum richtig handeln, weil Sie viel zu wenig Informationen besitzen und die, die Sie erhalten, sind verfälscht, bewußt oder unbewußt.
Es gibt für Sie eine überzeugende Begründung dafür, sich zunächst nicht zu engagieren: „Ich bin neu und kenne deshalb die Vorgeschichte nicht."

Sie reagieren in der Arbeitsgruppe hektisch

Dieses Problem kann besonders auftreten, wenn Arbeiten unter starkem Zeitdruck zu verrichten sind, Sie selbst perfektionistisch denken und handeln, alles hundertprozentig erledigen wollen, von Natur aus unruhig und deshalb nicht besonders streßstabil sind. Die anderen lassen sich von Ihnen nicht aus ihrer bisherigen Ruhe bringen. S i e müssen sich statt dessen umstellen und anpassen. Vieles, was bedrohlich vor Ihnen steht, kann diesen Charakter für Sie nur annehmen, weil Sie noch ungeübt sind. Als Profi werden Sie später ebenso ruhig wie Ihre Kollegen reagieren.

Die Verbesserung der Menschenkenntnis

Die Bedeutung des richtigen Urteils

Jeder Mensch wünscht, individuell behandelt zu werden. Und das mit Recht, denn er stellt eine einzigartige Schöpfung dar, die sich von jeder anderen Person unterscheidet. Er hat eine besondere Art zu denken, zu fühlen, zu handeln und zu reagieren.
Ihre eigenen Fehlurteile können sich auf Sie als Neuen verhängnisvoll auswirken:

- Mangel an Zusammenarbeit,
- schlechtes menschliches Verhältnis,
- Spannungen und Reibungen, offene und verdeckte Konflikte, die immer weitere Kreise ziehen.

Allgemeine Grundlagen der Menschenkenntnis

Fragen Sie sich auf jeden Fall und immer:

- In welcher Lebensphase befindet sich mein Gegenüber: In der des Jugendlichen? Des reifenden Erwachsenen? Des alternden Menschen?

- Was hat ihn in der Vergangenheit beeinflußt, was besonders noch heute?
- Welche Motive bewegen den Kollegen in der Freizeit und vor allem bei der Arbeit?

Sie können sein Verhalten, auch Ihnen gegenüber, viel besser begreifen, wenn Sie die Einstellung und die gegenwärtige Motivation des anderen kennen.

Fragen nach dem Privatleben?

Um einen Menschen wirklich zu erfassen, müßten Sie seinen individuellen Werdegang kennen. Niemand schätzt es aber, wenn ein anderer in seine Intimsphäre oder seinen persönlichen Bereich eindringt. Sie verlangen mit Recht, daß der Vorgesetzte und die Kollegen in dieser Beziehung auf Sie Rücksicht nehmen.
Sie sollten offen sein für persönliche Anliegen Ihres Gegenübers. Der Kollege wird Vertrauen zu Ihnen fassen, wenn Sie sich ihm gegenüber öffnen. Das darf aber nur durch Andeutungen über Ihr Privatleben geschehen, sonst fühlt er sich bedrängt, darauf zu reagieren und mehr von sich zu erzählen. Vor allem achten Sie darauf, ob Sie eine berufliche oder private Angelegenheit besonders erregt. Ist das der Fall, dann besteht die Gefahr, daß Sie endlose Monologe halten, ohne dieses Fehlverhalten zunächst selbst zu erkennen.

Die Kunst des Beobachtens

Schauen Sie zu, wie sich die Kollegen in den verschiedensten Situationen verhalten. Das darf allerdings nicht den Eindruck der Neugierde hervorrufen, sondern den der Aufmerksamkeit, des Mitdenkens und Mitfühlens.

Der persönliche Kontakt

Erwarten Sie nicht, daß der andere auf Sie zugeht. Unternehmen Sie den ersten Schritt, aber ohne aufdringlich zu wirken. Ziehen Sie sich sofort, aber nicht beleidigt zurück, wenn Sie sich zu weit vorgewagt haben. Es gibt viele Gelegenheiten zu kurzen oder längeren Gesprächen im Betrieb. Begegnen Sie jedermann freundlich!
Versuchen Sie die Kunst des Zuhörens zu beherrschen. Wir neigen in unserer schnellebigen Zeit dazu, nur auf den eigenen Gedankengang zu achten, ihn durchsetzen zu wollen, ohne genügend auf die Gedanken des Gesprächspartners einzugehen. Einen Dialog zu führen, das bedeutet, gegenwärtig und aufnahmefähig zu sein, die Probleme nicht nur aus der eigenen Warte zu betrachten, sondern sich in die Lage des anderen hineinzuversetzen, um ihn

wirklich zu verstehen. Das ist die einzige Art, gegenseitiges Vertrauen zu schaffen.

Die Einstellung zu Ihren Kollegen

Das Arbeitsklima in Ihrer Arbeitsgruppe wird weitgehend von der Einstellung bestimmt, die Sie und Ihre Kollegen zueinander haben. Ein Betriebsklima kann nicht ideal sein, dafür gibt es viel zu viele sich überkreuzende Interessen.

Achtung vor den anderen

Behandeln Sie Ihre Kollegen so achtungs- und rücksichtsvoll, wie Sie selbst von ihnen behandelt werden wollen. Sie müssen auch dann Partnerschaft beweisen, wenn Sie den anderen überlegen sind durch Vorbildung, Berufserfahrung, bisherige Stellung.
Sie wollen selbst geachtet werden. Das wird nur möglich sein, wenn Sie zuvor die anderen achten durch

- aufrichtiges Interesse,
- Schätzen ihrer Arbeit, wie bescheiden diese auch immer sein mag,
- Toleranz.

Darunter versteht man, daß Sie Andersartigkeit akzeptieren. Beispiele:

- Verstehen und nicht versuchen, die Persönlichkeit der Kollegen zu vergewaltigen.
- Verständnis für Fehler der Kollegen, auch Sie selbst verhalten sich oft ungeschickt oder sogar falsch.
- Steuerung der eigenen Emotionen, zeigen Sie Freundlichkeit und Höflichkeit, die sich in Auftreten, Sprechweise und Sprache deutlich machen.
- Diskretion.

Loyalität

- Sagen Sie, was Sie denken, wenn Sie danach gefragt werden, aber mit jener Vorsicht, die die jeweilige Situation erfordert. Flüchten Sie nicht in Phrasen und ausweichende Redensarten!
- Geben Sie Fehler und Irrtümer zu, statt negative Kritik sofort energisch zurückzuweisen und mit langatmigen Rechtfertigungsversuchen zu beginnen. Sie können von jedem Menschen lernen, auch von dem, der Sie nicht mag.
- Lassen Sie keine falschen Hoffnungen aufkommen. Es besteht die große Gefahr, daß Sie sich möglichst rasch und vollständig zu integrieren versuchen, indem Sie viel mehr versprechen, als Sie später halten können.

- Betonen Sie den Anteil, der Ihren Kollegen bei einer Ihrer gelungenen Arbeiten zukommt. Die Kollegen werden Ihnen dann auch weiterhin helfen und dies gerne tun.

Der Mannschaftsgeist

Es gibt keine Zusammenarbeit ohne gegenseitige Rücksichtnahme und Hilfsbereitschaft. Sie können sich nur dann in die neue Arbeitsgruppe integrieren – wovon Ihre weitere Zukunft entscheidend abhängt – wenn Sie sich nicht absondern, sondern mit allen Kollegen direkten Kontakt pflegen und keinen dabei zu stark bevorzugen, auch niemanden hintansetzen.
Erweisen Sie den Kollegen unaufgefordert (aber nicht aufdringlich) jene größeren und kleineren Dienste, die Sie von ihnen ebenso erwarten. Entscheidend ist immer, daß Sie von sich aus den ersten Schritt tun, sich dabei aber nicht in psychischen Streß versetzen, nur um sich so schnell wie möglich und vollständig zu integrieren. Das würde zu einer Verkrampfung führen, die den anderen nicht verborgen bleiben wird.

Die Chancen und Probleme einer Karriere im Ausland

von Dr. Frank Grätz

Insgesamt sind nach Expertenschätzungen einige 100 000 Deutsche im Ausland tätig, um entweder deutsche Exporte anzukurbeln, eigene deutsche Investitionen im Ausland zu planen und zu realisieren, im Bereich der Dienstleistungen oder Touristik tätig zu sein oder an anderen Fronten für die Weltmarktfähigkeit der Deutschen aktiv zu sein.
Jeder Deutsche exportiert für zirka 6000 DM pro Jahr und jeder vierte Deutsche lebt direkt oder indirekt vom Ausland. Aber die Deutschen sind, obwohl ihnen längst nicht alles gefällt, was in ihrem Vaterland passiert, sehr auslandsfaul geworden. Sie drücken sich, so gut es geht, vor einem längeren Auslandsaufenthalt. Eine vierwöchige Reise nach Spanien oder Griechenland erscheint ihnen als das Maximum an Heimatferne. Selbst Numerus-clausus-geschädigte Studenten ziehen nur widerwillig in die Ferne. Während 50 000 Ausländer an deutschen Universitäten studieren, ist die Zahl der jungen Deutschen, die im Ausland studieren, jetzt auf unter 10 000 zurückgegangen. Das veranlaßte – einmalig in der Geschichte deutscher Bildungspolitik – das Bundesbildungsministerium, die jungen Deutschen ernsthaft zu mahnen, auch mal ihr Glück im Ausland zu versuchen.
Ähnliches passiert in der Wirtschaft. Selbst junge, karrierewillige Kaufleute und Ingenieure weichen Auslandsofferten möglichst aus oder erschrecken ihre Arbeitgeber mit hohen finanziellen und sozialen Forderungen. Wichtiger erscheint es ihnen, in Deutschland abzuwarten, bis ihr Bausparvertrag zuteilungsreif ist und sie einen eigenen Hausstand gegründet haben. Allerdings ist ihre Skepsis zum Teil berechtigt. Immer wieder kommt es vor, daß aus Übersee oder Europa zurückgekehrte Deutsche keinen adäquaten Arbeitsplatz vorfinden. In vielen Unternehmen ist ein Auslandsaufenthalt auch für die Führungskräfte kein adäquater Karrierebaustein.
Allerdings haben sich die Zeiten schon wieder stark geändert. Ein Großteil der Top-Führungskräfte der deutschen Wirtschaft hat inzwischen einen kürzeren oder längeren Auslandsaufenthalt realisiert. Das gilt zum Beispiel für Peter Weiher, ehemaliger Vorstandsvorsitzender der Ford-Werke in Köln, genauso wie für Georg F. Rosenbauer, Geschäftsführer der Reynolds Tobacco. Beide haben ihre Auslandserfahrung mit Hilfe der aktiven Carl-Duisberg-Gesellschaft absolviert. Andere Manager mit Auslandserfahrung sind unter anderem Karl Heinz Sager, Vorstandsmitglied bei Hapag Lloyd in Hamburg, Gerd Sot-

torw, Vorstandsmitglied bei der Shell in Hamburg, Dr. Werner Schmidt, heute Generaldirektor bei Audi NSU, Dr. Otmar Franz, Vorsitzender der Geschäftsführung der Klöckner Industrieanlagen GmbH und viele andere mehr.
Schon heute ist die Prognose erlaubt, daß in Zukunft noch wesentlich mehr Deutsche als bisher einen Teil ihres Berufslebens im Ausland verbringen werden. Die Exportrate der Bundesrepublik wird noch in den 80er Jahren die 50-Prozent-Grenze überschreiten. Die Direktinvestitionen der bundesdeutschen Wirtschaft im Ausland steigen, nicht zuletzt wegen der hohen Kosten in Deutschland selbst, deutlich an. Die Anstrengungen der Bundesregierung um eine Erhöhung der Entwicklungshilfe werden dazu führen, daß für immer mehr deutsche Arbeitnehmer die Notwendigkeit besteht, im Ausland tätig zu sein. Viele Unternehmen haben bereits in ihrer Personalentwicklung fixiert, daß nur auslandserfahrene Manager Spitzenpositionen erreichen können.

Frühzeitige Planung der Auslands-Karriere

Der einzelne muß sich fragen, wie er dieses Problem für sich individuell lösen kann. Dabei erscheint es sinnvoll, einen Auslandsaufenthalt möglichst früh in die Berufsplanung einzubeziehen. Für Leute, die eine Auslandskarriere für längere Zeit oder für ihr gesamtes Leben vorhaben, ist es sicherlich sinnvoll, diesen Auslandsaufenthalt bereits während ihrer Berufsausbildung oder ihres Studiums vorzuplanen.
Es gibt heute eine ganze Reihe von Möglichkeiten, einen Auslandsaufenthalt optimal vorzubereiten. Am Anfang wird fast immer eine möglichst intensive Sprachausbildung stehen. Die Gelegenheit, im Ausland Sprachen zu lernen, gehört zu den erfolgreichsten Wegen, einerseits wegen des Spracheffekts, zum anderen aber auch wegen der Gewöhnung an Sitten und Mentalitäten im anderen Land.
Eine gute Möglichkeit bietet die Aktivität der Carl-Duisberg-Gesellschaft in Köln. Sie bietet zum Beispiel Deutschen verschiedener Fachrichtungen die Möglichkeit kürzerer oder längerer Studienaufenthalte, speziell in den Vereinigten Staaten, aber auch in Frankreich, England und anderen Staaten. Ein gutes Beispiel aus ihrem Programm ist das Angebot für Betriebswirte, drei Jahre in den USA zu studieren. Nach diesen drei Jahren können sich die Teilnehmer dann den durchaus attraktiven Titel „Master of Business Administration" zulegen. Studienfächer in den USA sind unter anderem Betriebswirtschaft und Volkswirtschaft. International orientierte Firmen und Organisationen bevorzugen Absolventen mit diesem Titel speziell bei multinationalen Aufgaben.
Der Deutsche Akademische Austauschdienst organisiert Praktika und Aus-

tauschaufenthalte speziell für Studenten, Dozenten und Professoren. Darüber hinaus vermittelt er langfristige Dozenturen und andere wissenschaftliche Aktivitäten im Ausland.

Eine exzellente Vorbereitung für eine internationale Berufskarriere ist natürlich der Besuch einer internationalen Business-School im Anschluß an ein Studium und einen kürzeren oder mittelfristigen beruflichen Einsatz. Allerdings sind die oft ein- bis zweijährigen Kurse sehr teuer (Grundkosten zwischen 20 000 DM und 40 000 DM; dazu kommen die Fahrtkosten und die Aufenthaltskosten), und mittelständische Unternehmen scheuen sich sehr oft, Absolventen solcher Eliteschulen zu engagieren.

Die Tätigkeit als Entwicklungshelfer ist eines der wohl besten Engagements für die Dritte Welt; bei Licht besehen sogar gleichzeitig auch ein guter Karriere-Baustein. Der zukünftige Entwicklungshelfer erhält nämlich zuerst eine vier- bis sechsmonatige kostenlose Ausbildung in Deutschland, die sich später in dem entsprechenden Entwicklungsland fortsetzt. Die Tätigkeit selbst wird zwar nicht sehr gut bezahlt, die vielen Vergünstigungen läppern sich aber doch auf Bezüge von umgerechnet 2500 DM brutto zusammen.

Klug ist es immer, Ausbildung und Profit miteinander zu verbinden. Möglich ist das zum Beispiel über eine Ausbildung und Karriere im Auswärtigen Dienst. Die Voraussetzungen für eine Tätigkeit dort sind sehr unterschiedlich. Für den höheren Dienst ist ein abgeschlossenes Hochschulstudium, gleich welcher Fachrichtung, erforderlich. Es gibt im Auswärtigen Dienst nicht nur Juristen, sondern auch zunehmend Volkswirte, Philologen, Diplomingenieure, Ärzte und Theologen. Für den gehobenen Dienst wird ein Reifezeugnis oder das Abschlußzeugnis einer zweijährigen Höheren Handelsschule verlangt, von Angehörigen des mittleren Dienstes die Mittlere Reife beziehungsweise der Nachweis eines entsprechenden Bildungsstandes. Für den höheren und den gehobenen Dienst müssen darüber hinaus gute Kenntnisse im Englischen und Französischen nachgewiesen werden. Außerdem ist eine Tropentauglichkeit erforderlich, da jeder Angehörige des diplomatischen Dienstes verpflichtet ist, sich praktisch in jedes Land der Welt schicken zu lassen.

Das Auswärtige Amt bildet die meisten seiner Nachwuchskräfte selbst aus. Das Auswahlverfahren ist sehr streng. Im höheren Dienst werden zum Beispiel nur rund 35 Planstellen pro Jahr neu besetzt, für die sich mehr als 250 Bewerber melden. Folgende Voraussetzungen sind erforderlich, um eine Bewerbung gut zu überstehen: Der Bewerber muß Deutscher im Sinne des Grundgesetzes sein, ein Studium abgeschlossen haben, jünger als 31, in Ausnahmefällen 35 Jahre sein. Er muß eine schriftliche und mündliche Prüfung über sich ergehen lassen, wobei die Schwerpunkte Sprachen, Geschichte, Recht, Volkswirtschaft und ein psychologischer Test sind, bei dem durchschnittlich 85 Prozent ihr Ziel nicht erreichen. In der zweijährigen Attaché-

Ausbildung werden die zukünftigen Diplomaten sehr hart und ausführlich auf ihren späteren Dienst vorbereitet.

Niederlassungsfreiheit im Bereich der Europäischen Gemeinschaften

Nach der Rechtsprechung des Gerichtshofes der Europäischen Gemeinschaften hat jeder Bürger dieser Länder einen unmittelbaren Anspruch auf Freizügigkeit und freie Berufswahl im ganzen Bereich der Europäischen Gemeinschaften. Aber wo Bürokraten angesiedelt sind, da ist auch eine höchstrichterliche Entscheidung nicht immer gleichzusetzen mit der Realität.
So konnte sich zum Beispiel der deutsche Makler Karl Hermann Klotz aus Höchst im Odenwald keine Zweigstelle in Nizza einrichten. Zwar braucht er nach deutschem Recht kein Diplom, um seine Maklertätigkeit auszuüben, aber in Frankreich verlangt man eine entsprechende Bescheinigung, die noch dazu „echt" französisch sein muß. Auch anderswo gibt es Schwierigkeiten. In Belgien zum Beispiel dürfen sich Tierärzte nur niederlassen, wenn sie ein entsprechendes Staatsdiplom vorweisen können; das erhalten eben nur Landeskinder. Ausländer, auch wenn sie fertig studierte „Viehdoktoren" sind, haben da keine Chance. Ähnlich läuft die Sache auch in Frankreich. Besser ist es für Humanmediziner. Seit 1956 gilt für sie in praxi volle Freizügigkeit. Sie brauchen nur eine Zulassung im jeweiligen Staat zu beantragen, die dann ohne größere Schwierigkeiten erteilt wird.
Nach den Ärzten haben jetzt auch die Rechtsanwälte die Möglichkeit, ihren Beruf nicht nur im Heimatland, sondern in allen Mitgliedstaaten der Europäischen Gemeinschaft auszuüben. Allerdings dürfen sie jenseits der Landesgrenzen nur vorübergehend juristische Dienstleistungen erbringen, sich also nicht für immer niederlassen. Außerdem wird die Niederlassungsfreiheit in der Praxis dadurch eingeschränkt, daß die einzelnen Länder sehr unterschiedliche Rechtssysteme haben und dadurch die Juristen, die in einem anderen Land ausgebildet worden sind oder in einem anderen Land erste Berufserfahrungen gesammelt haben, sehr verunsichert sein müssen.
Aber nicht nur durch Einschränkungen in der juristischen Erlaubnisherrlichkeit der Bürokratie gibt es Probleme. Auch durch andere Mittel können „unerwünschte" Ausländer Schwierigkeiten im jeweiligen Bruderland haben. So verlangen zum Beispiel belgische Behörden von ausländischen Einzelhändlern, die den Belgiern Konkurrenz machen wollen, Steuerbürgen oder hohe Steuerkautionen. Der Aachener Bonbon-Verkäufer Robert Klosser verliert allein durch diese Kaution jährlich 4500 DM an Zinsen. Inzwischen wird dieser Fall wie viele andere von der zuständigen EG-Kommission geprüft. Der deutsche EG-Bürger Manfred Drews, der in Deutschland arbeitet und in Belgien wohnt, hat andere Schwierigkeiten. Er darf seinen deutschen Dienstwagen

nicht über die Grenze fahren, weil er sonst mit Beschlagnahmen und Strafen rechnen muß; denn es gibt in Belgien eine Vorschrift, daß Leute, die dort ihren Wohnsitz haben, ihren Wagen auch am gleichen Ort angemeldet haben müssen. So gibt es denn noch manche Hemmschuhe für den optimistischen EG-Bürger, bis er die europäische Verbrüderung auch beruflich ausnützen kann.

Consulting-Tätigkeit

Einer der härtesten Jobs, um im Ausland beruflich Karriere zu machen, ist die Tätigkeit als Auslandsberater. Deutsche Consulting-Experten sind im Ausland begehrt. Sie bauen Flughäfen in der UdSSR, helfen in Nigeria Betonwerke zu erstellen, entwerfen Generalverkehrspläne in südamerikanischen Entwicklungsländern und bauen Reismühlen in Korea. Immer häufiger sind sie auch Vorreiter für deutsche Unternehmen, die im Ausland investieren wollen oder große Marketingaktionen planen. Consulting-Mitarbeiter sind meist vor ihrem ersten Einsatz entweder schon längere Zeit im Ausland gewesen oder beherrschen ihr Fach und die erforderliche Fremdsprache so gut, daß man sie sofort zum Einsatz schicken kann. Für Lehrjahre ist meist keine Zeit, denn der Auftraggeber bezahlt nach Einsatztagen oder nach Festbeträgen und will gute Arbeit für sein vieles Geld sehen.
Bevorzugt werden berufserfahrene Mitarbeiter. Prinzipiell gibt es zwei Einstellmöglichkeiten bei privaten Consultings. Einmal Zeitverträge für ein bestimmtes Projekt, viele erhalten aber normale Dauerarbeitsverträge und werden entsprechend der einzelnen Projekte jeweils unterschiedlich eingesetzt. Das kann bedeuten, daß der Diplom-Ingenieur heute eine Molkerei in Itzehoe plant und im nächsten Monat eine Vorstudie für eine Düngemittelfabrik in Korea anfertigt. Auslands- und Inlandseinsätze können schnell wechseln, wobei die Mehrzahl der Auslandseinsätze über ein bis drei Jahre geht, wenn es sich nicht um kurzfristige Planungsstudien handelt.
Consultingleute können im Management der Beratungsfirmen Karriere machen; dann werden sehr hohe Anforderungen an ihre Fähigkeiten in bezug auf Verhandlungsgeschick und Mitarbeiterführung gestellt. Sie müssen in der Lage sein, neue Aufträge zu akquirieren und müssen, da sie dann langfristig im Ausland tätig sind, auch oftmals auf Familie und die Annehmlichkeiten Mitteleuropas verzichten können. Die Mehrzahl der Auslandsberater geht aber nach einigen Jahren zurück in die Industrie und kann dann dort ebenfalls auf gute Karrierepositionen hoffen.

Selbst eine Position suchen

Es besteht auch immer häufiger die Möglichkeit, daß man sich in einem Entwicklungsland selbst eine Position sucht. Deutsche Experten, die direkt bei einem Arbeitgeber in einem Entwicklungsland angeheuert haben, können staatliche Zuschüsse zu ihrem Gehalt, zur Sozialversicherung und zum Teil sogar für die Reisekosten erhalten. Vorausgesetzt wird dabei, daß die übernommenen Aufgaben entwicklungspolitisch bedeutsam sind. Die Höhe der Zuschüsse orientiert sich meistens an den Gehältern der Deutschen Gesellschaft für technische Zusammenarbeit (GTZ). Anträge können unter anderem an die GTZ und die Auslandsabteilung der Zentralstelle für Arbeitsvermittlung in Frankfurt gestellt werden. Die GTZ selbst ist einer der größten Arbeitgeber für Auslandstätige. Im Auftrag der Bundesregierung organisiert diese Firma die technische Entwicklungshilfe und beschäftigt in ein paar Dutzend Ländern der Dritten Welt über 1000 Ingenieure, Landwirte, Betriebswirte, Lehrer, Ärzte und Angehörige anderer Berufe.

Geld ist nicht das Hauptmotiv

Eine Überlegung, ob es sinnvoll ist, im Ausland eine berufliche Tätigkeit aufzunehmen, setzt Motive voraus. Das Gefühl, daß es in der Bundesrepublik beruflich nicht so recht klappt, sollte nicht allein ausschlaggebend sein, um sein Land zu verlassen. Es muß eine positive Motivation hinzukommen. Wie sich die Motivstruktur von 104 Managern deutscher Großunternehmen, die im Ausland tätig sind, zusammensetzt, zeigt die gegenüberliegende Seite.
Sicherlich sind die in der Grafik aufgeführten Gründe auch für die meisten anderen Arbeitnehmer, die ins Ausland gegangen sind, wesentlich. Man kann es den meisten glauben: Nicht das Mehr an Einkommen ist der stärkste Faktor, sondern die Chance, Verantwortung zu tragen. Sie sehen eine bessere Möglichkeit, sich selbst zu verwirklichen und der Monotonie ihrer oft durch vielfältige Paragraphen und Dienstvorschriften eingeengten Arbeitsaufgaben zu entgehen.
Diese Chance ist im Ausland sicherlich größer, denn zumindest deutsche Unternehmen entsenden Mitarbeiter vorwiegend für leitende, planende und verkäuferische Funktionen ins Ausland. Viele Nachwuchskräfte haben im Ausland zum erstenmal die Chance, echte Verantwortung zu übernehmen, selbständig zu arbeiten und Führungsverhalten zu trainieren. Dazu kommt die Möglichkeit, durch die hervorgehobene Stellung im Ausland, aber auch durch die vielfältigen Erschwernisse bei einer beruflichen Tätigkeit im Ausland, besonders viel und schnell dazuzulernen. Das betrifft speziell die Notwendigkeit, mit Menschen anderer Kulturkreise Kontakt aufzunehmen und eine oder mehrere Fremdsprachen zu erlernen.
Daraus ergeben sich vielfach neue oder zumindest bessere Chancen für die berufliche Karriere. 50 Prozent der Leute, die als Führungskräfte tätig sind, haben diese Chance nur erhalten, weil sie bereits Auslandserfahrungen hat-

Warum gehen Manager ins Ausland?

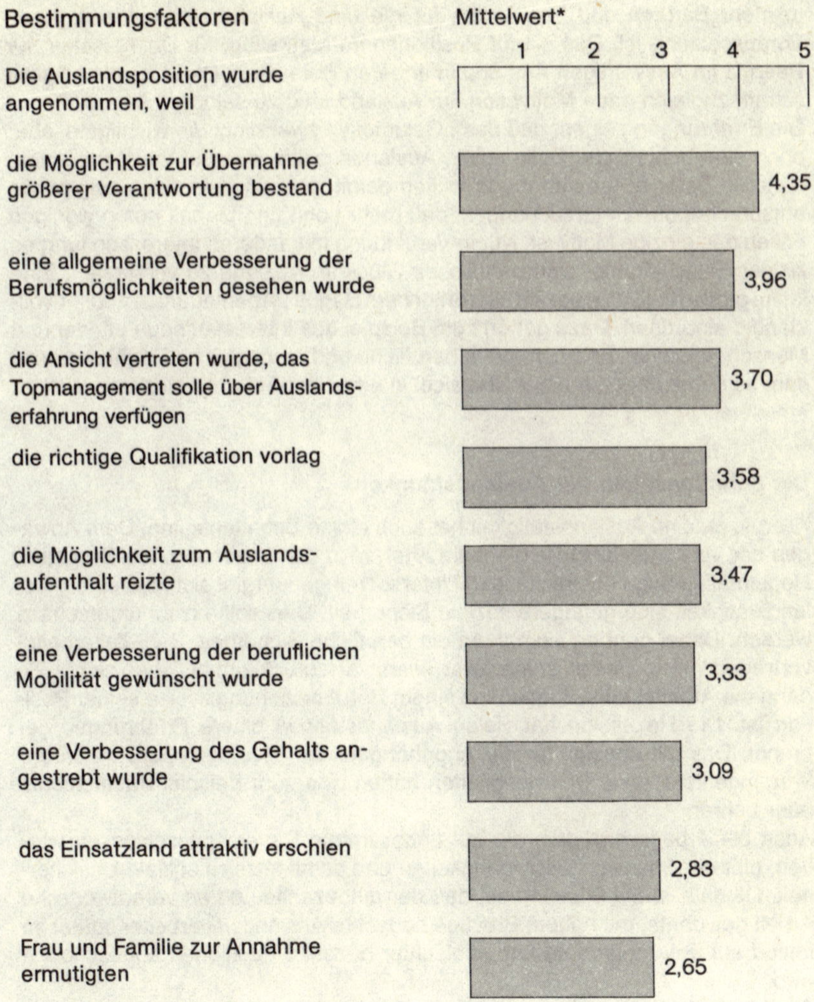

* je höher die Punktzahl, desto größer die Bedeutung

ten. Immer häufiger gibt es Unternehmen, die von ihrem Top-Management Auslandserfahrungen erwarten. Und schließlich gibt es immer mehr Menschen in mehr Berufen und Positionen, für die eine Auslandstätigkeit zwingende Voraussetzung ist. Das gilt für Positionen im Marketing, für Dolmetscher, für Beamte im Auswärtigen Amt und in anderen Bereichen. Diese Notwendigkeit schafft zugleich neue Motivation, im Ausland tätig zu sein.
Die Erfahrungen zeigen, daß das „Geldmotiv" zwar nicht die wichtigste, aber doch eine beachtliche Rolle spielt. Auslandspositionen sind meist mit einem höheren Salär ausgestattet und locken damit viele an. Allerdings zeigen alle entsprechenden Untersuchungen, daß mehr Lohn und Gehalt nur in wenigen Fällen das einzige Motiv ist. Nur in Verbindung mit anderen Interessen führt es zu der Entscheidung, sein berufliches Glück im Ausland zu versuchen. Eine letzte große Motivgruppe läßt sich unter dem Begriff „Abenteuerlust" nur unvollständig einordnen. Dazu gehört zum Beispiel das Interesse, neue Länder und Menschen kennenzulernen, neue berufliche und menschliche Erfahrungen zu sammeln und dadurch mehr Übersicht in einer immer komplizierteren Welt zu erhalten.

Die Schattenseiten der Auslandstätigkeit

Allerdings, eine Auslandstätigkeit hat auch einige Schattenseiten. Dem Abwägen der Vor- und Nachteile dient die Analyse in den folgenden Ausführungen. Regelmäßig, auch das bestätigen Untersuchungen, ergibt sich aus einer Auslandstätigkeit eine geringere soziale Sicherheit. Dies sollte nicht unterschätzt werden. Dabei geht es einmal um die berufliche Sicherheit. Bei „Zeitarbeitsverträgen" weiß der einzelne zwar, wann er zurückkommt, aber nicht, wie dann die Arbeitskräftesituation in seinem Beruf beziehungsweise seiner Position ist. Die Rezession hat vielen Auslandstätigen bittere Erfahrungen gebracht. Das gilt speziell für die Angehörigen von Berufsgruppen, die in der Vergangenheit keine Schwierigkeiten hatten, wie zum Beispiel Baufachleute oder Lehrer.
Auch bei Arbeitsverträgen, die auf unbestimmte Dauer abgeschlossen wurden, gibt es Umstellungsschwierigkeiten und damit letztlich soziale Unsicherheit. Oftmals ist die Situation so, daß der gutbezahlte und an verantwortliche Arbeit gewöhnte, mit hohem Prestige bedachte Auslandsmitarbeiter später im Inland auf untergeordnete und schlechter bezahlte Positionen abgeschoben wird.
Zu den Gefahren gehört weiterhin, daß trotz aller Sicherungen die Wahrscheinlichkeit im Ausland, speziell in Entwicklungsländern, größer ist, durch Krankheit und Unfall Schaden zu erleiden. Das Klima und andere ungewohnte Situationen führen zu hohen Belastungen.

Und schließlich sind einige familiäre Belastungen größer: Die Schulprobleme und die Situation des in 90 Prozent der Fälle nicht mitarbeitenden Ehepartners. Untersuchungen aus den USA haben gezeigt, daß die Frauen von US-Managern im Ausland überproportional viel und häufig Alkohol konsumieren, und die Personalabteilungen der international aktiven Baufirmen können von vielen Ehefrauen berichten, die in einsamen Baucamps aus lauter Beschäftigungslosigkeit und fehlender Anpassungsfähigkeit „Tropenkoller" bekamen. Negativ wird auch empfunden, daß durch den Wechsel ins Ausland viele soziale Bindungen in der Bundesrepublik kaputt gehen und es im Ausland vergleichsweise schwierig ist, Kontakte zu bekommen. Der einzelne sollte vor Aufnahme einer Auslandstätigkeit überlegen, welche Entscheidung er fällen kann.

Wichtig ist auch die Entscheidung, ob ein Auslandsaufenthalt lediglich ein Karrierebaustein im Berufsleben sein soll oder eine Dauertätigkeit. Dr. Elsthorst, Geschäftsführer der Gesellschaft für Technische Zusammenarbeit, glaubt, daß ab einer Auslandstätigkeit von sechs Jahren die Rückgliederung zunehmend problematischer wird. Eine planmäßige weitere berufliche Karriere läßt sich dann nicht mehr ohne große Schwierigkeiten durchsetzen und jeder weitere Auslandsaufenthalt ist nur ein Verschieben der Schwierigkeiten in die Zukunft.

Die Alternative ist sicherlich, für dauernd im Ausland tätig zu sein. Das wurde, mit Einschränkungen, bereits der Fall bei einem Teil der Diplomaten, allerdings mit der doch recht anstrengenden Übung, alle paar Jahre das Land wechseln zu müssen.

Auch andere richten sich oftmals für ein ganzes Leben im Ausland ein. Zum Beispiel ist es in einigen Fällen günstiger, wenn Mitarbeiter in den Auslandsfilialen deutscher Unternehmen nicht nur – wie üblich – einige Jahre tätig sind, sondern möglichst für längere Zeit. Diese Möglichkeit wird gern von Deutschen wahrgenommen, die im Land geheiratet haben oder andere enge Beziehungen pflegen. Sie werden nach einiger Zeit zu Auslandsdeutschen auf Lebenszeit und wechseln lieber die Firma als das Land.

Bei einer Auslandstätigkeit sollte man größere Firmen bevorzugen. Sie bieten in der Regel eine höhere soziale Sicherheit sowohl während des Auslandsaufenthalts als auch nach der Rückkehr. Große Firmen bieten während der Arbeit im Ausland auch meist eine bessere Betreuung, ihre Möglichkeiten zum differenzierten Einsatz von Mitarbeitern sind größer.

Die Möglichkeiten, zu einer Auslandstätigkeit zu kommen, sind vielfältig. Interessante Angebote stehen, speziell für Führungs- und Fachkräfte, jeden Sonnabend zusammengefaßt in der Frankfurter Allgemeinen Zeitung. Relativ viele Auslandsjobs werden auch über Die Welt, VDI-Nachrichten, Capital und eine Reihe von Fachzeitschriften angeboten. In vielen Fällen ist eine Selbstbewerbung ins Blaue hinein sinnvoll. Das gilt speziell für die Institutionen der Entwicklungshilfe, bei denen auch immer mehr ältere und erfahrene Fachleute gefragt sind. Die meisten dieser Institutionen haben Vormerkkarteien, in denen auch Bewerber gespeichert sind, denen nicht sofort eine Einsatzmöglichkeit geboten werden kann. Auch die Dienststellen der Bundesanstalt für Arbeit sind bei einer Arbeitsaufnahme im Ausland behilflich (vgl. Seite 163ff.).

Vergütungs- und Vertragsgestaltung

Die Entsendung von Mitarbeitern ins Ausland ist in fast jedem Fall eine recht kostspielige Angelegenheit. Zusammen mit den Fahrtkosten und den familiär abhängigen Leistungen ist ein deutscher Mitarbeiter, der im Ausland tätig ist, meist doppelt bis dreifach so teuer wie ein entsprechender Inlandsmitarbeiter. Gleichzeitig stellt die Suche und Auswahl sowie die Vertragsgestaltung sehr hohe Anforderungen an die Unternehmens- und Personalleitungen. Durch die meist große räumliche Entfernung zwischen den Auslandsmitarbeitern und der Unternehmens- beziehungsweise Personalführung kommt es leicht zu Kommunikationsschwierigkeiten; klare Vereinbarungen im Arbeitsvertrag können diese Gefahr zumindest verringern.
Sachliche Grundlage für den Vertrag sind dabei immer die Interessenlage des Unternehmens wie auch die Motivation des Mitarbeiters. Das Unternehmen muß natürlicherweise sein Interesse durchsetzen, daß der Mitarbeiter im Ausland die Unternehmenspolitik so gut wie möglich vertritt. Das erfordert eine entsprechend deutliche Formulierung der Arbeitsaufgabe, ohne daß die gerade im Ausland notwendige Flexibilität verloren geht. Zur Interessenlage des Unternehmens gehört auch, daß sich der Mitarbeiter im Ausland jederzeit mit seinem (Stamm-)Unternehmen identifiziert. Hier treffen sich die Interessen des Unternehmens und des Mitarbeiters besonders gut. Denn der Mann oder die Frau im Ausland ist stark daran interessiert, in Deutschland eine Basis zu erhalten, die ihm (ihr) sozialen Schutz gewährt und bei Rückkehr für einen neuen angemessenen Arbeitsplatz sorgt.

Partner des Auslandsvertrages

Die Schwierigkeiten eines Auslandsvertrages beginnen mit der Fixierung der vertragsschließenden Partner. Der Auslandsmitarbeiter hat im allgemeinen das Interesse, einen Vertrag mit dem Stammhaus beziehungsweise der Muttergesellschaft zu bekommen. Das ist bei selbständigen Töchterunternehmen im Ausland schon aus rechtlichen Gründen nicht möglich. Es ist deshalb üblich, zumindest aus der Muttergesellschaft abgeordneten Mitarbeitern eine

Garantieerklärung zu geben, daß sie bei Rückkehr aus dem Ausland wieder einen gleichwertigen Arbeitsplatz bekommen und auch ihre Auslandstätigkeit voll als Beschäftigungszeit angerechnet wird. Aus dem Abschluß des Arbeitsvertrages mit der ausländischen Tochter ergeben sich eventuell neue Probleme, denn meistens ist damit zugleich verbunden, daß das Arbeitsrecht des jeweiligen Landes gilt. Das bedeutet, je nach Land und Situation, für einen der beiden Vertragspartner eventuell unzumutbare Härten, beispielsweise in bezug auf Kündigungsfristen, Abfindungen und ähnliche Regelungen. Es wird deshalb notwendig sein, in die Verträge entsprechende Klauseln aufzunehmen, so daß keine der beiden Seiten zu stark benachteiligt wird.
Gleichzeitig erfordert der Abschluß eines Auslandsvertrages natürlich ein detailliertes Wissen über das Gesellschafts-, Arbeits- und Ausländerrecht des jeweiligen Landes. Erste Informationen geben die „Merkblätter für Auslandsreisende", die durch das Bundesverwaltungsamt für fast alle Länder erarbeitet worden sind. Auch die deutschen Auslandshandelskammern können im einzelnen Hilfe geben.

Zeitarbeitsverträge

Ein weiteres Problem ist der Abschluß von Zeitarbeitsverträgen, üblich bei Mitarbeitern, die direkt für einen zeitlich begrenzten Auslandsaufenthalt eingestellt werden. Das gilt für Bauspezialisten, die nur ein Projekt errichten müssen, oder zum Teil auch für Experten in der Entwicklungshilfe. Die Unternehmen können natürlicherweise von solchen auf Zeit eingestellten Mitarbeitern keine totale Loyalität erwarten und müssen direkt oder indirekt eine Art Risikozuschlag zahlen.

Soziale Sicherheit

Ein Charakteristikum der meisten Arbeitsverträge, die zwischen einem Unternehmen und dem Mitarbeiter, der im Ausland tätig wird, abgeschlossen werden, sind die Aspekte der sozialen Sicherheit. Das liegt meist nicht nur im Interesse des Mitarbeiters, sondern auch des Unternehmens, das erreichen muß, daß seine Vertreter im Ausland ihre Arbeit störungsfrei und ohne Angst vor Unwägbarkeiten der Zukunft verrichten.

Gesundheitsprobleme

Zur sozialen Absicherung gehört zum Beispiel die vertragliche Fixierung von ärztlichen Untersuchungen vor der Ausreise und nach der Heimkehr. Die Krankenkassen bezahlen diese „check up" meist nicht oder zumindest nicht vollständig, das gleiche gilt für eventuell notwendige Impfungen. Gleichzeitig sollte die Pflicht des Mitarbeiters formuliert werden, sich solchen Untersuchungen und Vorbeugungsmaßnahmen zu unterziehen.

Krankenversicherung und Weiterzahlung der Gehälter

Relativ unproblematisch ist die Fixierung der beide Partner interessierenden Versicherungsprobleme. Beschäftigte, die in der gesetzlichen Krankenversicherung sind, haben Versicherungsschutz in den Ländern der Europäischen Gemeinschaft und in den Staaten, mit denen die Bundesrepublik ein Sozialversicherungsabkommen über die Krankenversicherung hinaus abgeschlossen hat. In vielen Fällen tragen die entsendenden Firmen Zusatzkosten, die nach deutschem Recht von deutschen Krankenkassen bezahlt werden, wo ausländische Kassen aber die Leistung verweigern.
Arbeitnehmer, die nicht in der gesetzlichen Krankenversicherung sind, müssen sich in aller Regel im Ausland versichern. Verträge mit privaten deutschen Versicherungen können zu diesem Zweck kurzfristig gekündigt werden. Allerdings sind diese Versicherungen in aller Regel bereit, auch für längere Fristen Arzt-, Krankenhaus- und Medizinrechnungen aus dem Ausland zu akzeptieren.
Die entsendenden Firmen bezahlen die Beiträge zu privaten Krankenversicherungen entweder in voller oder entsprechend der in der Bundesrepublik üblichen Höhe.
Bei einer Entsendung ins Ausland ist es üblich, daß die Bezüge im Krankheitsfall mindestens so lange weitergezahlt werden, wie es die deutschen Gesetze (also mindestens sechs Wochen) oder der entsprechende Arbeitsvertrag im Inland vorsehen würden. Häufig wird aber vertraglich eine längere volle Bezahlung vereinbart, meistens bis zur „angeordneten" Rückreise nach Deutschland.

Rentenversicherung

Kaum Probleme gibt es mit den jeweiligen Angestellten- beziehungsweise Arbeiterrentenversicherungen. Zeitweilig im Ausland durch deutsche Firmen beschäftigte deutsche Arbeitnehmer sind im allgemeinen weiter rentenversicherungspflichtig und haben damit die gleichen Rechte und Pflichten, als wenn sie weiterhin in der Bundesrepublik beschäftigt wären: sie müssen weiterhin 50 Prozent der Beiträge bezahlen, sie bekommen vom jeweiligen Arbeitgeber 50 Prozent der Beiträge und erhalten alle Leistungen im Versicherungsfall. Bei Arbeitnehmern, die sich von der Rentenversicherung haben befreien lassen, wird meist vertraglich fixiert, daß der Arbeitgeber den sonst üblichen Betrag zur Finanzierung einer befreienden Lebensversicherung trägt.

Arbeitslosenversicherung

Jeder In- oder Ausländer, der von der Bundesrepublik aus ins Ausland entsandt wird, ist arbeitslosenversicherungspflichtig (mit Ausnahme der Beamten). Die Beiträge werden wie im Inland je zur Hälfte vom Arbeitnehmer und vom Arbeitgeber bezahlt und vom letzteren abgeführt. Damit hat der Versicherte alle Ansprüche auf Leistungen, zum Beispiel auch durch das Arbeitsförderungsgesetz. Dies gilt nicht für Deutsche und natürlich auch nicht für Ausländer, die direkt im jeweiligen Ausland angeworben wurden und mit denen ein Arbeitsvertrag nach ausländischem Recht abgeschlossen worden ist.

Unfallversicherung

Die deutschen Unfallversicherungen erfassen unselbständig und selbständig Erwerbstätige bei einer vorübergehenden Auslandstätigkeit, und zwar bis zu sechs Monaten. Der Schutz der Unfallversicherung muß bei einer Auslandstätigkeit bis zu zwei Jahren vom Arbeitgeber bei der Berufsgenossenschaft beantragt werden.

Die meisten Firmen schließen im Falle der Auslandsentsendung eine zusätzliche Unfallversicherung ab, die oft auch bei privaten Unfällen Leistungen gewährt. Dazu ein Beispiel:

„Der Mitarbeiter wird von der Firma in der für ihre im Ausland tätigen Fachkräfte abgeschlossenen Gruppenunfallversicherung, die auch die Flugunfallversicherung einschließt, mit 150 000 DM für den Todesfall und 300 000 DM für den Fall der Vollinvalidität versichert. Bezugsberechtigt aus dieser Versicherung ist ausschließlich die Firma. Sie verpflichtet sich jedoch, bei Eintritt des Versicherungsfalles die erhaltenen Versicherungsleistungen dem Geschädigten abzüglich etwaiger Gegenansprüche zur Verfügung zu stellen."

Regelung der Mitnahme der Familie

Erst ab etwa einem Jahr Aufenthalt im Ausland lohnen sich die Anstrengungen eines Familienumzuges, und für die Firma amortisieren sich erst dann die Kosten. Einige Gebiete dieser Erde bieten für „untrainierte" Europäer und speziell für Kinder und Frauen so ungünstige Lebensbedingungen, daß auch bei einer Tätigkeit von über einem Jahr eine Familienzusammenführung nicht zu empfehlen ist. Das gilt beispielsweise für einige arabische Staaten, in denen Frauen kein Auto fahren dürfen und keine Chance haben, zu arbeiten oder sonstwie am wirtschaftlichen und kulturellen Leben teilzunehmen.

Kriterien, ob die Familie mit ins Ausland kommt, sind häufig auch die schwer zu lösenden Schulprobleme, die Möglichkeiten einer angemessenen Wohnmöglichkeit und nicht zuletzt auch die sich für die Firma ergebenden Kostenprobleme. Aus der Mitnahme der Familie ergibt sich im Normalfall die Verpflichtung des Unternehmens, die Kosten für Umzug, Flüge ins und aus dem Ausland zu tragen. Dazu kommen unter Umständen Kosten für Mieten einer Wohnung oder eines Hauses, von Schulbeihilfen usw. Es sollte überlegt werden, ob die Ehefrau nicht als Mitarbeiterin in Frage kommt.

Urlaubsregelung

Die Fixierung des Urlaubs entspricht meistens den Besonderheiten eines Auslandsaufenthaltes. Die Mehrzahl der von deutschen Firmen entsandten Mitarbeiter erhält Urlaub nach deutschen Gepflogenheiten, dazu wird oft ein Zusatzurlaub, unter anderem auch für eine Heimfahrt während einer längeren Auslandstätigkeit, vereinbart. Dazu ein Beispiel aus der Praxis:

„Der Arbeitnehmer hat während der Laufzeit dieses Vertrages einen Anspruch auf Urlaub in Höhe von drei Kalendertagen je abgeleisteten Arbeitsmonat. Für einen nicht voll abgeleisteten Arbeitsmonat werden zwei Tage Urlaub gewährt. Wenn der verheiratete Arbeitnehmer mit langfristigem Vertrag (das heißt ein Vertrag von mindestens 24 Monaten Dauer) seine Familienangehörigen nicht auf die Baustelle mitnimmt und diese auch nicht nachkommen läßt, so hat er nach Ablauf der Hälfte der genannten Vertragszeit Anspruch auf eine einmalige Reise in das Rückreiseland und zurück, falls das Vertragsverhältnis voraussichtlich nicht innerhalb der auf den Urlaub folgenden sechs Monate beendet wird und die Reisen tatsächlich durchgeführt wurden. Die Fahrtkosten (Flugkosten Economy Klasse) werden vom Arbeitgeber übernommen."

Wohnung

Die meisten Deutschen wollen auch im Ausland auf ihren gewohnten Wohnkomfort nicht verzichten und müssen dafür im Ausland sehr häufig wesentlich mehr bezahlen. Das gilt besonders für Entwicklungsländer, in denen es nur einen sehr engen Markt für hochklassige Wohnungen und Häuser gibt. In vielen dieser Länder (beispielsweise Sambia) ist es völlig unmöglich, Wohnungen zu mieten, und Häuser sind sehr teuer: In Sambia liegt der Mietpreis bei 3000 DM, in Ägypten bei 4000 DM und in Japan bei 5000 bis 8000 DM.

In der Mehrzahl der Fälle wird die entsendende Firma entweder einen Mietzuschuß in Höhe der Differenz zwischen den in Deutschland und im jeweiligen Ausland üblichen Kosten gewähren oder die Miete voll übernehmen.

Vergütungsregelungen

Markierungspunkte für die Festlegung einer „gerechten" Vergütung sind neben der Schwierigkeit der Aufgabe und dem Marktwert der eigentlichen Position folgende Einzelfaktoren:

- Lebenshaltungskosten im jeweiligen Ausland,
- Steuersystem im jeweiligen Ausland beziehungsweise die jeweiligen deutschen Bestimmungen über Steuerzahlung,
- notwendige (gesetzliche) Sozialleistungen,
- Entfernung vom Heimatland,
- Lebensstandard (Anspruchsniveau) der einheimischen Führungskräfte und Spezialisten oder anderer ausländischer Arbeitnehmer,
- spezielle Nach- beziehungsweise Vorteile des Landes (Klima, politische Situation, hygienische Verhältnisse, Statuswert).

Daneben spielt die spezielle soziale und soziologische Situation des entsandten Arbeitnehmers eine Rolle (Alter, Familienstand, Kinderzahl, Alter der Kinder usw.). Ziel der meist individuellen Vergütungsregelung sollte es sein, die benötigten Führungs- und Fachkräfte für einen Auslandsaufenthalt zu motivieren und ihnen zu zu helfen, im Ausland Aufgaben zu übernehmen, ohne von materiellen Sorgen beeinträchtigt zu werden. Gleichzeitig muß natürlich auch das Unternehmen darauf achten, daß nicht ungerechtfertigte Kosten entstehen und die Einkommensrelationen zwischen den verschiedenen Auslandsmitarbeitern stimmen. Sechs verschiedenartige Grundsysteme der Vergütung sind üblich:

1. Die Lebens- und Arbeitsverhältnisse im Ausland entsprechen weitgehend den Bedingungen in der Bundesrepublik. Die räumliche Entfernung zum Heimatland ist gering. In diesem Fall kann die Versetzung weitgehend als „Inlandssache" betrachtet werden. Nur bei der Notwendigkeit eines zweiten Wohnsitzes entstehen Zusatzbelastungen, die meistens aber mit Hilfe der entsprechenden Inlandsumzugsordnung des Unternehmens abgegolten werden können. Im wesentlichen gilt dieser einfache Fall nur für Österreich. Schon in der Schweiz entstehen durch höhere Lebenshaltungskosten, die allerdings durch geringere Steuerbelastungen zum Teil wieder ausgeglichen werden, Probleme, für die eine Inlandsreisekosten- und Umzugskostenordnung allein nicht mehr ausreicht.
2. Es wird ein Grundgehalt gezahlt, das dem in Deutschland für die gleiche Position üblichen „Marktwert" entspricht. Darüber hinaus werden Zuschläge für die eventuell höheren Lebenshaltungskosten im Ausland gezahlt, die sich nach international verglichenen Lebenshaltungskosten richten (ermittelt durch UN-Statistiken oder den Zahlen des US-Department of Labour). Nachteilig ist,

daß beispielsweise das typisch deutsche Lebensniveau im Ausland nur mit Einschränkung oder nur mit hohem finanziellen Zusatzbedarf nachvollzogen werden kann, weil die Preise für „typisch deutsche" Waren im Ausland jeweils überproportional höher sind. Dies sollte durch entsprechende zusätzliche Gehaltsteile, die auch andere höhere Aufwendungen im Ausland berücksichtigen, ausgeglichen werden.

3. Das Unternehmen ist in starkem Maß multinational tätig. Es gibt ein international verbindliches System der Vergütung, und in dieses System bleibt der ins Ausland entsandte Mitarbeiter einbezogen. Er erhält dann entsprechend seinem Arbeitsplatzwert ein Gehalt, das der Festlegung für die entsprechende Position im jeweiligen Ausland entspricht. Dazu kommen dann Zulagen in fester Form oder in Prozenten vom Gehalt für besondere Erschwernisse und Zusatzausgaben, die er als Deutscher im Ausland hat. Beispiel:
Der Arbeitswert der Position nach internationaler „Konzernklassifikation" ist 420. Das entspricht in der deutschen Tochter des Konzerns einem Gehalt von 4800 DM und in der amerikanischen Mutter von 2500 Dollar. Der deutsche Mitarbeiter, der für drei Jahre bei der „Mutter" tätig ist, erhält dann ein Grundgehalt von 2500 Dollar und eine Zulage von 30 Prozent des Grundgehaltes, mit dem alle Erschwernisse und Zusatzkosten abgedeckt sind. Heimfahrten und Umzugskosten werden nicht ersetzt.

4. Eine Form, die zur Zeit noch in international agierenden deutschen Unternehmen sehr häufig vorkommt, ist eine ausschließlich marktabhängige Vergütung der Auslandskräfte. Das Gehalt wird aus der Erfahrung des Unternehmens und der persönlichen Situation des ins Ausland verschickten Mitarbeiters heraus „angemessen" festgelegt. Dabei spielen dann „beliebte" und „unbeliebte" Staaten in der Gehaltsfestlegung eine große Rolle. Der Marktwert der gleichen Position wechselt zum Beispiel von umgerechnet 4000 DM in Frankreich über 5000 DM in den USA, 6000 DM in Brasilien und 8000 DM in Kuwait.

5. Verschiedene Unternehmen bezahlen das normale Inlandsgehalt weiter und dazu die steuerlichen Höchstsätze für Auslandsspesen, die eigentlich nur für kürzere Dienstreisen gedacht sind (vgl. Tabelle 1, nächste Seite).

6. Viele Unternehmen richten sich auch im Prinzip nach den Regelungen im öffentlichen Dienst. Das heißt, es wird ein Grundgehalt entsprechend der Arbeitsaufgabe und dazu Auslandszuschlag (Tabelle 2, Seite 226) und ein länderspezifischer Kaufkraftausgleich bezahlt, der periodisch vom Bundesinnenministerium ermittelt und dort abgerufen werden kann. Die Wirtschaft wird es aufgrund ihrer höheren Grundgehälter nicht leicht haben, der einzelnen Führungskraft oder dem Spezialisten ähnlich hohe Zuschläge zu gewähren. Grundsatz sollte aber realistischerweise sein, daß die im Inland marktgerechten Gehälter auch im Ausland als Grundvergütung gelten. Die im öffentlichen

Ländergruppe	Höchstmöglicher Satz in DM (je)	Beispielländer
I	46	Bulgarien Malta Dänemark Malawi Guatemala Westsamoa
II	60	Finnland Frankreich Irland Polen China Irak Algerien Kenia Neuseeland Chile Kuba Venezuela Pakistan
III	74	Schweden Indonesien Kamerun Mali Saudi-Arabien Argentinien Mexico Nicaragua
IV	89	Sowjetunion Jamaika Gabun Japan Kuwait

Tabelle 1
Tagesgelder und Übernachtungsgelder nach Ländergruppen
(Steuerlich anerkannte Höchstbeträge)

Zonenstufe	DM-Betrag	Beispielland	und	-dienstort
1	2041	Österreich		Innsbruck
2	2281	Niederlande		Amsterdam
3	2521	Norwegen		Bergen
4	2761	Jugoslawien		Belgrad
5	3001	Libanon		Beirut
6	3241	Algerien		Algier
7	3481	Ägypten		Alexandria
8	3721	Äthiopien		Addis Abeba
9	3961	Ghana		Accra
10	4201	Sierra Leone		Freetown
11	4441	Bangladesch		Dacca
12	4681	Guinea		Conakry

Tabelle 2
Beispiele für die Auslandszuschläge der deutschen Beamten im Ausland
(Basis: Verheirateter Beamter der Besoldungsgruppe A 16)

Dienst üblichen diversen Zuschläge könnten dann entsprechend den Erfordernissen der einzelnen Firma einheitlich variiert werden. Beispiel:
Die Firma X zahlt ihren langfristig im Ausland tätigen Fertigungsingenieuren die normalen „Marktwerte", die auch für den Inlandsbereich gelten (das heißt zwischen 3500 DM und 4500 DM, je nach Arbeitswert oder Position). Dazu kommt die volle Auslandszulage der Besoldungsgruppe A 11 und ein Kaufkraftzuschlag auf das Grundgehalt und den Auslandszuschlag. Verheiratete Mitarbeiter erhalten, wenn sie ihre Familie mit ins Ausland nehmen (was im allgemeinen zur Pflicht gemacht wird), einen einheitlichen Zuschlag, unabhängig von der Kinderzahl, von 800 DM. Zusätzlich werden Umzugskosten und pro Jahr ein Heimflug zur Familie oder mit der ganzen Familie gewährt. Die Firma gewährt darüber hinaus eine Wohnungszulage, wenn das die aktuelle Situation im jeweiligen Land notwendig macht. Eine feste Regelung besteht dafür nicht.
Darüber hinaus gibt es aber noch sehr viele Probleme der Ausgestaltung des Vertrages, zum Beispiel der Fixierung der Arbeitsaufgabe und der materiellen Ausgestaltung, die ebenfalls im Einzelfall gründlicher Überlegungen bedürfen. Oftmals ergibt sich auch, daß der in der Bundesrepublik abgeschlossene Vertrag bereits nicht mehr voll der Realität angemessen ist, wenn der Mitarbeiter ins Ausland abgereist ist. Auch durch wirtschaftliche Veränderungen im Einsatzland oder durch Veränderungen der Familiensituation des Auslandsbeschäftigten ergibt sich die Notwendigkeit einer Vertragsänderung.

Hilfe bei Vertrags- und Vergütungsgestaltungen

Inzwischen haben verschiedene Institutionen einen Service entwickelt, um speziell die Vorbereitung ausreisender Mitarbeiter von Firmen zu übernehmen. Das Institut für Auslandsbeziehungen führt dreitägige Informationsveranstaltungen durch, die auch für die Ehefrauen der Ausreisenden und Mitarbeiter in Export- und Importabteilungen geeignet sind. Ähnliche Veranstaltungen führen die Carl-Duisberg-Centren durch. Sie stützen sich bei diesen einwöchtigen Veranstaltungen unter anderem auf auslandserfahrene Personalexperten von Großunternehmen und Consulting-Firmen und können deshalb auch Experten nennen, die bei der Vertragsgestaltung helfen.
Einen ähnlichen, zum Teil noch breiteren Service bieten Unternehmensberatungen an. Sie helfen bei der Suche, der Auswahl, der Vertragsgestaltung, der Ausarbeitung einer Vergütungsregelung (oder eines entsprechenden Systems für mehrere Mitarbeiter) und der Ausbildung künftiger Auslandsmitarbeiter. Unternehmensberatungen, die in den wichtigsten Ländern entweder eigene Tochtergesellschaften, Zweigbüros, Partnerunternehmen oder andere Aktivitäten haben, können über die Spezifik der Probleme jeweils aktuelle Informationen liefern und zum Beispiel auch bei der Entscheidung über die Einstellung eines Deutschen oder eines Einheimischen helfen.

Adressen

Auswärtiges Amt – Referat 102 –, 5300 Bonn, Tel. 02 28/17-1

Carl-Duisberg-Gesellschaft e. V., Hohenstaufenring 30–32, 5000 Köln 1, Tel. 02 21/20 98-1

Deutsche Forschungsgemeinschaft, Kennedyallee 40, 5300 Bonn 2, Tel. 02 28/87 22 31

Deutscher Akademischer Austauschdienst, Kennedyallee 50, 5300 Bonn 2, Tel. 02 28/88 21

Deutscher Rat der Europäischen Bewegung – Generalsekretariat –, Bachstr. 32, 5300 Bonn 1, Tel. 02 28/63 12 97

Kommission der Europäischen Gemeinschaft, Rue de la Loi, 200, B-1049 Brüssel

Sekretariat der Ständigen Konferenz der Kultusminister der Länder in der Bundesrepublik Deutschland – Pädagogischer Austauschdienst, Nassestr. 8, Postfach 22 40, 5300 Bonn 1, Tel. 02 28/5 01-1

ZAV – Zentralstelle für Arbeitsvermittlung – Auslandsabteilung –, Feuerbachstr. 42–46, 6000 Frankfurt/M. 1, Tel. 06 11/7 11 11

Bundesstelle für Außenhandelsinformation (BfAI), .Blaubach 13, 5000 Köln 1, Tel. 02 21/20 57-1

Bundesverwaltungsamt, Habsburgerring 9, 5000 Köln
Institut für Auslandsbeziehungen, Charlottenplatz 17, 7000 Stuttgart 1
Arbeitsgemeinschaft für Entwicklungshilfe e. V., Theodor-Hürth-Str. 2–6, 5000 Köln 21, Tel. 0221/816671
Dienste in Übersee e. V., Gerokstr. 17, 7000 Stuttgart 1, Tel. 0711/247081
Deutscher Freiwilligendienst in Übersee e. V., Argelanderstr. 50, 5300 Bonn 1, Tel. 0228/225100
Deutsche Gesellschaft für Technische Zusammenarbeit (GTZ), Postfach 5180, 6236 Eschborn
VAA – Verband angestellter Akademiker und leitender Angestellter der chemischen Industrie e. V., Kattenbug 2, 5000 Köln 1
Verband unabhängig beratender Ingenieurfirmen e. V., Wolkenburgstr. 1, 5300 Bonn 12, Tel. 0228/226064
Friedrich-Ebert-Stiftung, Kölner Str. 149, 5300 Bonn 2, Tel. 0228/8831
Konrad-Adenauer-Stiftung, Adenauerallee 132 a, 5300 Bonn 2, Tel. 0228/225931
Friedrich-Naumann-Stiftung, Schillerstr. 9, 5300 Bonn 2

Literatur

Frank Grätz: Berufschancen im Ausland, Grafenau
Georg Brodach u. a.: Wege im Ausland, München
VAA: Auslandstätigkeiten, Köln

Die Chancen der Selbständigkeit

von Dr. Frank Grätz

Die Selbständigkeit ist in vielen Fällen eine sinnvolle Alternative, um eine zweite Karriere aufzubauen. Der Selbständige hat gegenüber dem Arbeitnehmer eine Reihe von Vorteilen, die durchdacht werden sollten:

1. Das Alter ist beim Selbständigmachen kein Nachteil. Im Gegenteil; der Lebens- und Berufserfahrene hat in aller Regel bessere Chancen, erfolgreich zu sein.
2. Der Selbständige hat keinen Vorgesetzten „über" sich; er kann frei handeln und wird nicht durch bornierte Chefs am optimalen Handeln gehindert.
3. Er kann seine Kreativität voll einsetzen. Erfolge kommen ihm selbst zugute; Mißerfolge kann er selbstkritisch verarbeiten.
4. Sein Einkommen ist, wenn auch nicht in jedem Einzelfall, höher als das von Arbeitnehmern. Das beweisen die neuesten vorliegenden Zahlen von 1981:
5. Die Selbständigkeit wird inzwischen massiert gefördert.

Einkommen (DM im Monat – netto –)	**Arbeiter**	**Angestellte Beamte**	**Selbständige (ohne Landwirtschaft)**
unter 600	14,1%	10,7%	5,2%
600 - unter 1000	10,6%	11,0%	6,7%
1000 - unter 1400	21,8%	15,7%	9,2%
1400 - unter 1800	30,1%	18,4%	10,4%
1800 - unter 2200	17,1%	15,6%	15,7%
2200 - unter 3000	5,5%	16,7%	17,7%
3000 - unter 4000	0,6%	8,2%	13,8%
4000 und mehr	0,1%	3,7%	21,3%

Fast unbemerkt von der Öffentlichkeit hat die neue Bundesregierung ab 1983 die Bedingungen zum Selbständigmachen enorm verbessert.
Bis zu 300 000 DM Eigenkapitalhilfe erhalten Existenzgründer im Bundesgebiet (bisher 120 000 DM). Im Zonenrandgebiet und in Berlin werden sogar bis zu 350 000 DM gestellt. Verändert wurden auch die Konditionen dieses Programms: Zinsfreiheit für die ersten beiden Jahre (war zum 1. 1. 82 abgeschafft

worden), danach 2 Prozent, im 4. Jahr 3 Prozent, im 5. Jahr 5 Prozent und erst mit dem 6. Jahr der Marktzins. Bei einem Marktzins von derzeit 8,9 Prozent ergibt sich für die ersten 10 Jahre eine effektive Zinsbelastung von rund 5 Prozent.

Drastisch verbessert wurde auch die Existenzgründungsberatung, nach wie vor der beste Schutz gegen Pleiten in der ersten Zeit der Selbständigkeit. Jetzt können sich die zukünftigen Selbständigen bis zu fünf Tage beraten lassen und erhalten bis zu 90 Prozent der Beratungskosten zurück.

Der qualifizierte Mann, der sich heute nicht selbständig macht, verpaßt die besten Förderungsmöglichkeiten, die es je gab.

Bei der Existenzgründung macht sich bereits ein Umschwung bemerkbar. Während früher neben Selbständigmachen im Handel und im Handwerk oftmals skurrile Ideen (zum Beispiel Lügendetektor-Service) oder Bereiche mit wenig Marktchancen (Fotoentwicklungsschnelldienst; 500 000 DM Investitionen, Vorkenntnisse nicht notwendig) zum Selbständigmachen auserkoren wurden, haben sich jetzt zwei neue Gruppen herausgebildet.

Dabei geht es einmal um die „Innovativen"; oft Ingenieure und Naturwissenschaftler aus dem Bereich Microprozessoren, Computer-, Bio- und Robotertechnik, die versuchen, mit neuen Erfindungen und Ideen ins Geschäft zu kommen. Das häufig erforderliche viele Geld für diese Unternehmungen beschaffen sie sich unter anderem durch die Hilfe von erfahrenen Beratern aus den Töpfen der Technologiehilfe und der allgemeinen Wirtschaftsförderung.

Eine zweite Gruppe von Existenzgründern, die in der letzten Zeit von sich reden macht, besteht aus leitenden Angestellten, die aufgrund eigener böser Erfahrungen mit ihren Arbeitgebern oder aus den Horrormeldungen in den Medien den Schluß gezogen haben, daß ihre Tätigkeit in den Unternehmen gar nicht so sehr sicher ist, wie sie oftmals angenommen haben. Sie entwickeln häufig dann sehr kreative Ideen, zum Beispiel im Vertriebs- und Dienstleistungssektor und schaffen es oft mit wenig finanziellen Mitteln, sich eine lukrative selbständige Existenz aufzubauen.

Natürlich hat die Selbständigkeit auch Gefahren, die vorher überdacht werden müssen.

- Jedes Selbständigmachen kostet Geld, entweder bedingt durch notwendige Investitionen, Finanzierung von Umlaufmitteln oder Geld für die Versorgung der Familie in der Zeit, in der noch keine ausreichenden Einnahmen aus der Selbständigkeit fließen.
- Die Einkommenschancen sind speziell in der Phase nach der Gründung ungewiß und meist zuerst geringer als vorher in der Arbeitnehmertätigkeit.
- Die soziale Sicherheit ist relativ gering, speziell in der Phase, in der noch keine größeren Rücklagen bestehen.

- Der Selbständige muß die diversen Sozialversicherungen selbst finanzieren. Allerdings wird dieser Nachteil aufgewogen durch bessere steuerliche „Gestaltungsmöglichkeiten".
- Die Selbständigkeit verlangt meist über Jahre hinweg hohen psychischen Einsatz. Arbeitszeitordnung und einen garantierten Urlaub für Selbständige gibt es nicht!
- Das Konkursrisiko begleitet den Unternehmer während seines ganzen Berufslebens. Wie die jüngsten Fälle zeigen, sind selbst große und alte Firmen nicht vor dem Scheitern gefeit. Das Risiko für junge Unternehmen ist aber besonders groß!

Für den, der sich selbständig machen will, gibt es einige Leitsätze, die ihm zwar keinen Erfolg garantieren, aber die Wahrscheinlichkeit des Scheiterns reduzieren:

- Prüfen Sie sich genau, ob Sie zum Selbständigen taugen. Die Checkliste ab Seite 239 hilft Ihnen dabei.
- Planen Sie Ihre Selbständigkeit möglichst lange voraus (sechs bis zwölf Monate als Minimum), detailliert und schriftlich.
- Machen Sie sich selbständig vorwiegend in Bereichen, in denen Sie Vorteile vor der schon bestehenden und der noch zu erwartenden Konkurrenz haben, zum Beispiel durch Ihre Ausbildung, Berufserfahrung, Standort, Finanzmittel und Ihre Persönlichkeitseigenschaften.
- Hoffen Sie auf einen guten Erfolg, rechnen Sie aber am Anfang mit vielen Enttäuschungen!
- Lassen Sie sich möglichst intensiv beraten durch Leute, die Erfahrung bei der Gründung von Unternehmen haben!

Beratungshilfen für Existenzgründer

Eine Beratung wird jetzt durch die Zuschüsse der Bundesregierung und einiger Landesregierungen attraktiver. Mit Hilfe der Existenzgründungsberatung können Sie klären, ob und in welcher Weise das Gründungsvorhaben in wirtschaftlicher und technischer Hinsicht zu einer tragfähigen Vollexistenz führen kann. Dies muß aus dem Beratungsbericht, der vom Berater als Grundlage der Subvention erstellt werden muß, eindeutig hervorgehen.

Voraussetzungen für die staatliche Förderung einer Beratung

Antragsberechtigt sind Sie persönlich, wenn Sie sich im Inland durch Gründung eines neuen Unternehmens, Übernahme eines bestehenden Unternehmens oder tätige Beteiligung an einem Unternehmen selbständig machen wollen. Hierbei muß es sich um ein gewerbliches Vorhaben handeln.

Konditionen

Förderfähig sind eine oder mehrere Existenzgründungsberatungen bis zu maximal fünf Tagewerken.
Der Bundeszuschuß beträgt 90 Prozent des zuschußfähigen Tagewerksatzes (zum Beispiel 680,– DM), das heißt, Sie bekommen also pro Beratertag 612,– DM Subvention. Außerdem übernimmt der Bund die pauschalierten Reisekosten des Beraters.
Bei der Beantragung der Bundeszuschüsse helfen die von Ihnen eingeschalteten Unternehmensberater (vgl. Adressen auf Seite 247).

Inhalt der Beratung

Als erster Schritt ist in jedem Fall eine Bestandsaufnahme erforderlich, in der zum Beispiel folgendes geklärt wird:

- fachliche Erfahrungen,
- Fähigkeiten und Kenntnisse,
- Führungseigenschaften,
- Akquisitionsgeschick,
- finanzielle Situation,
- Motivation,
- familiäres Umfeld.

In der Entscheidungsphase müssen vom Berater folgende Hilfen, Überlegungen und Hilfestellungen erbracht werden:

- Analyse Ihrer Gründungsidee oder Diskussion einer Gründungsidee.
- Beteiligung? Übernahme? Neugründung?
- Richtiger Standort,
- Konkurrenzanalyse,
- Zusammenarbeit mit Verbänden und Behörden,
- finanzielle Aspekte (Subventionen, öffentliche Förderung, Kredite, Eigenkapital, Bankenkontakte ...),
- Einrichtungsplanung,
- Gesellschaftsform,
- richtige Mitarbeiter,
- notwendige Investitionen,
- mittelfristige Planung von Kosten, Umsatz, Erträgen.

Bei dem entscheidenden Schritt der Gründungsphase müssen folgende Punkte sicher geklärt sein:

- Anmeldung,
- Genehmigung,
- Konzession,
- Vertragsgestaltungen,
- Buchführung,
- Eröffnungsbilanz,
- Werbung,
- Akquisition,
- Steuern,
- Sozialversicherung,
- andere Versicherungen,
- Personalbeschaffung,
- Betriebsorganisation.

Die Ergebnisse der Beratung müssen für Sie in Form eines Ergebnisberichtes zusammengefaßt werden.

Finanzielle Förderungen für Existenzgründer

Zur Beratungshilfe kommen vielfältige finanzielle Förderungen hinzu. Die wichtigsten Programme sind:

ERP-Existenzgründungsprogramm

Verwendungszweck

Darlehen daraus werden für folgende Vorhaben gewährt:

- Investitionen für die Errichtung und Einrichtung von Betrieben und damit in Zusammenhang stehende Investitionen innerhalb von drei Jahren nach Betriebseröffnung (Existenzfestigung).
- Übernahme von tätigen Beteiligungen.
- Beschaffung eines ersten Warenlagers oder einer ersten Büroausstattung.

Darlehensbedingungen

Die Darlehen sind für alle Nachwuchskräfte der gewerblichen Wirtschaft gedacht, insbesondere des produzierenden Gewerbes, des Handels, des Handwerks, des Kleingewerbes sowie des Gaststätten- und Beherbergungsgewerbes.
Sie sollen als Antragsteller mindestens 21 Jahre alt und nicht älter als 50 Jahre sein. Wenn Sie bei einem Kreditinstitut über mehrere Jahre eigene Mittel angespart haben, werden Sie – bei sonst gleichen Voraussetzungen – bevorzugt berücksichtigt.

Die Mittel werden zur Zeit zu folgenden Konditionen gegeben:

Zinssatz:	7,5 Prozent, für Vorhaben im Zonenrandgebiet jedoch nur 6,0 Prozent.
Laufzeit:	Für Investitionen von Maschinen und Einrichtungen bis 10 Jahre, für Bauvorhaben sogar bis 15 Jahre, davon in jedem Fall höchstens zwei Anlaufjahre tilgungsfrei.
Auszahlung:	100 Prozent, es wird also kein einmaliges Disagio abgesetzt.
Höchstbetrag:	In der Regel bis zu 50 Prozent, bei Spätaussiedlern bis zu 66 Prozent der Investitionssumme, maximal jedoch 300 000 DM.

Antrag

Sie können die Anträge bei jedem Kreditinstitut stellen. Der Weg zu Ihrer Hausbank, bei der Sie Ihre normalen Bankgeschäfte abwickeln, bietet durch das längere gegenseitige Kennen gewisse Vorteile. Die ERP-Darlehen werden aufgrund Ihres Antrages von der Lastenausgleichsbank Bonn-Bad Godesberg zur Verfügung gestellt. Dort können Sie auch die jeweils aktuellen Bedingungen, wie zum Beispiel gültige Zinssätze, abfragen.

Im ERP-Existenzgründungsprogramm wird normalerweise nur die erste Existenzgründung mitfinanziert, das heißt, wenn Sie zum Beispiel schon einmal Unternehmer waren, können Sie dieses Programm nicht mehr in Anspruch nehmen. Das gilt aber nicht für Ihren Ehepartner!

Für Spätaussiedler oder andere Spätberechtigte, zum Beispiel Zuwanderer aus der DDR, gelten erleichterte Bedingungen.

Ergänzungsprogramm I der Lastenausgleichsbank

Verwendungszweck

Wenn die ERP-Mittel nicht ausreichen beziehungsweise nicht mehr zur Verfügung stehen, können Existenzgründer auf das Ergänzungsprogramm I der Lastenausgleichsbank zur Stützung und Förderung von kleinen und mittleren Unternehmen der gewerblichen Wirtschaft zurückgreifen. Sie müssen dabei nur beachten, daß die Höchstbeträge aus ERP-Mitteln und diesem zusätzlichen Programm den Höchstsatz bei öffentlichen Finanzierungshilfen von zwei Dritteln der Investitionskosten nicht überschreiten.
Finanziert werden:

- Investitionen zur Existenzgründung von Nachwuchskräften im Bereich der gewerblichen Wirtschaft und
- Investitionen, die in der Anlaufphase eines Betriebes durchgeführt werden und mit der Gründung in Zusammenhang stehen, sofern sie geeignet sind, die Leistungs- und Wettbewerbsfähigkeit des Unternehmens nachhaltig zu sichern.

Darlehensbedingungen

Zinssatz:	Der Jahreszins liegt zur Zeit bei 7,5 Prozent.
Laufzeit:	In der Regel bis zu zehn Jahre, davon bis zu zwei tilgungsfreie Anlaufsjahre.
Auszahlung:	96 Prozent.
Höchstbetrag:	In der Regel bis zu 50 Prozent, maximal bis zu 200 000 DM.

Antrag

Anträge müssen Sie auch hier über ein Kreditinstitut stellen. Die Mittel werden dann von der Lastenausgleichsbank bereitgestellt.
Die Lastenausgleichsbank behält sich vor, gutachterliche Äußerungen fachlich zuständiger Institutionen einzuholen. Dafür kommen die Beratungsstellen der IHK und der Handwerkskammern sowie freie Existenzgründungsberater in Betracht.
Mit dem zu finanzierenden Vorhaben sollten Sie bei Antragstellung noch nicht begonnen haben. Nur in Ausnahmefällen wird von dieser Bestimmung abgesehen. Eine Nachfinanzierung ist möglich, wenn und soweit die finanziellen Verhältnisse des Unternehmens den Einsatz langfristiger Mittel geboten erscheinen lassen und mit dem Vorhaben nicht früher als ein Jahr vor Antragstellung begonnen worden ist.

Eigenkapitalhilfe zur Förderung von Existenzgründungen

Sobald Sie zur Finanzierung Ihrer Existenzgründung Fremdmittel bei einer Bank aufnehmen müssen, sei es nun mit oder ohne staatliche Subventionen, müssen Sie Eigenkapital in entsprechender Höhe nachweisen. Das ist aber bei Existenzgründern häufig nicht in ausreichendem Maß vorhanden beziehungsweise sollte besser zur Überbrückung der Anlaufphase eingesetzt werden.
An dieser Stelle setzt das seit 1979 bestehende Eigenkapitalhilfeprogramm des Bundeswirtschaftsministers an.

Verwendungszweck

Mit der Eigenkapitalhilfe werden Existenzgründern im Bereich der gewerblichen Wirtschaft und der freien Berufe zusätzlich risikotragende Mittel zur Verstärkung der Eigenkapitalbasis für angemessene und erfolgversprechende Existenzgründungen zur Verfügung gestellt für

- die Gründung einer selbständigen Existenz,
- die Übernahme oder tätige Beteiligung eines bestehenden Unternehmens und für
- Investitionen im Zusammenhang mit der Existenzgründung innerhalb von zwei Jahren nach Aufnahme der Geschäftstätigkeit (Folgeinvestitionen), jedoch nur dann, wenn bereits Eigenkapitalhilfe für die Existenzgründung gewährt worden ist.

Darlehensbedingungen

Antragsberechtigt sind natürliche Personen bis zur Vollendung des 50. Lebensjahres, die eine fachliche und kaufmännische Qualifikation nachweisen können, soweit diese üblicherweise für die Ausübung des Berufs verlangt wird.
Die Eigenkapitalhilfe wird Ihnen als „Hilfe zur Selbsthilfe“ gewährt. Sie müssen daher in angemessenem Umfang eigene Mittel für die Finanzierung des Vorhabens zur Verfügung stellen. Als eigene Mittel gelten bare und unbare Vermögenswerte. Sie sollen in der Regel mindestens 12 Prozent der Bemessungsgrundlage betragen.
Bemessungsgrundlage für die Eigenkapitalhilfe ist entweder die Höhe der Investitionssumme einschließlich der Beschaffung des ersten Warenlagers, der Kaufpreis sowie die Summe der im Rahmen der Übernahme erforderlichen Investitionen oder die Summe der Folgeinvestitionen.
Das Eigenkapital kann mit dieser Eigenkapitalhilfe bis auf 40 Prozent aufge-

stockt werden. Eigenkapitalhilfe wird nur gewährt, wenn ohne sie die Durchführung des Vorhabens wesentlich erschwert würde. Es werden nur Vorhaben gefördert, die eine nachhaltige tragfähige Vollexistenz erwarten lassen beziehungsweise hierzu beitragen und bei denen die Investitionssumme mindestens 40 000 DM beträgt. Ein Rechtsanspruch auf die Gewährung der Eigenkapitalhilfe besteht nicht.
Diese für den Existenzgründer besonders interessanten Mittel erhalten Sie nach folgenden Bedingungen:

Zinssatz: Der Zinssatz für die Eigenkapitalhilfe wird vom sechsten bis zum Ende des zehnten Jahres festgelegt. Die Sätze liegen zur Zeit bei 8,4 bis 8,6 Prozent.
Bis zum sechsten Jahr wird der Zinssatz aus Bundesmitteln wie folgt verbilligt:
Im ersten und zweiten Jahr ist die Eigenkapitalhilfe zinslos, danach wird der Zinssatz verbilligt auf

2% im 3. Jahr
3% im 4. Jahr
5% im 5. Jahr.

Der Zinssatz kann unter Zugrundelegung des gegebenenfalls veränderten Zinsniveaus am Ende des zehnten Jahres für die Restlaufzeit neu festgelegt werden. Mit dem Zinssatz sind auch etwaige Bankgebühren abgegolten.

Laufzeit: Die Laufzeit beträgt 20 Jahre; nach zehn tilgungsfreien Jahren wird die Eigenkapitalhilfe in 20 gleichen Halbjahresraten zurückgezahlt.
Eine vorzeitige Tilgung ist unter Einhaltung einer dreimonatigen Kündigungsfrist zum 31. März und zum 30. September eines jeden Jahres möglich. Bei einer vorzeitigen Tilgung innerhalb der ersten sieben Jahre ist die Hälfte der in den ersten fünf Jahren übernommenen Zinsen nachzuentrichten. Dies gilt nicht bei einer Tilgung, die im Zusammenhang mit der Aufgabe der selbständigen Existenz steht.

Auszahlung: Die Auszahlung erfolgt zu 100 Prozent. Der Höchstbetrag an Eigenkapitalhilfe in Höhe von 300 000 DM wird zur Zeit erst bei einer Investitionssumme von zirka einer Million DM ausgeschöpft.
Im Zonenrandgebiet und in West-Berlin ist der Höchstbetrag auf 350 000 DM festgelegt.

Antrag

Die Anträge können hier wie bei ERP-Mitteln über jedes Kreditinstitut bei der Lastenausgleichsbank gestellt werden. Die Lastenausgleichsbank entscheidet über die Anträge, teilt ihre Entscheidung über das Kreditinstitut dem Antragsteller mit und stellt die bewilligte Eigenkapitalhilfe zur Verfügung.
Anträge auf Gewährung von Eigenkapitalhilfe können längstens bis zum 31. Dezember 1986 gestellt werden.

Bürgschaften der Kreditgarantiegemeinschaften

Verwendungszweck

Häufig kann der Existenzgründer für die Finanzierung seines Vorhabens keine ausreichenden banküblichen Sicherheiten wie zum Beispiel belastbare Immobilien oder Maschinen und Anlagen zur Verfügung stellen. Hier können die Kreditgemeinschaften eintreten, die die Kreditinstitute als vollwertige Sicherheit behandeln.
Die Bürgschaften können noch innerhalb von drei Jahren nach der Gründung zur Ablösung bereits gewährter Bankkredite eingesetzt werden, wenn dadurch ein Vorhaben betriebsgerecht umfinanziert werden kann. Für Kontokorrent- und Avalkredite können Bürgschaften übernommen werden, wenn vereinbart ist, daß die Schuld regelmäßig verringert wird. Wichtig für Sie ist, daß auch ERP-Darlehen und andere Kredite im Rahmen staatlicher Gewerbeförderungsmaßnähmen von Kreditgemeinschaften verbürgt werden, sofern diese unter der Verpflichtung der Hausbank gewährt werden.

Bedingungen

Diese Ausfallbürgschaften werden allen Existenzgründern gewährt, die ein gewerbliches oder gärtnerisches Unternehmen aufbauen.
In Hamburg, Niedersachsen und Schleswig-Holstein sowie in Baden-Württemberg können auch die Angehörigen freier Berufe die Bürgschaftshilfe in Anspruch nehmen.

Laufzeit:	Die Laufzeit der Darlehen kann entsprechend dem jeweiligen Vorhaben und den betriebswirtschaftlichen Bedürfnissen auf bis zu 23 Jahre festgelegt werden.
Kosten:	Es werden eine einmalige Bearbeitungsgebühr – in der Regel ein Prozent – mindestens 100,– DM – und eine laufende Bürgschaftsprovision – in der Regel 0,75 Prozent

– auf die noch in Anspruch genommene offene Bürgschaftssumme berechnet.

Höchstbetrag: Die Obergrenzen für Ausfallbürgschaften betragen je nach Wirtschaftszweig bis zu einer Million DM. Eine Überschreitung ist in Ausnahmefällen möglich. Verbürgt werden 80 Prozent des Kreditbetrages.

Anträge

Bürgschaftsanträge können bei allen Kreditinstituten, Versicherungsgesellschaften und Bausparkassen gestellt werden. Diese erteilen auch Auskünfte über die zuständigen Stellen.
Kreditgarantiegemeinschaften gibt es für die Wirtschaftszweige Handwerk, Handel, Industrie, Verkehr, Hotel- und Gaststättengewerbe, das sonstige Gewerbe, freie Berufe und den Gartenbau. In einigen Bundesländern sind sie unter dem Namen Bürgschaftsbank, Bürgschaftsgemeinschaft oder Landesgarantiekasse für alle Wirtschaftszweige tätig.
Daneben gibt es viele Möglichkeiten der Länder, die Ihnen beim Selbständigmachen helfen. Die genauen Bedingungen erfahren Sie bei den Landes-Wirtschaftsministerien. Spezielle Kredite gibt es für DDR-Flüchtlinge und andere Vertriebene sowie für nichtdeutsche Flüchtlinge. Dazu kommen Finanzierungshilfen internationaler Organisationen, Möglichkeiten von Projektförderungen durch das Bundesforschungsministerium sowie Beteiligungen der Deutschen Wagnisfinanzierungsgesellschaft.

Existenzgründer – Checkliste

In der Euphorie der Gründungsidee laufen Sie als Existenzgründer sehr schnell Gefahr, wesentliche Punkte zu übersehen. Die folgenden Checklisten sollen Sie zwingen, über alle im Zusammenhang mit der Gründung auftretenden Probleme gründlich nachzudenken und Ihre eigenen Möglichkeiten richtig einzuschätzen.
Beantworten Sie jede Frage (ehrlich!) mit ja oder nein beziehungsweise machen Sie Anmerkungen!

1. Ich bin körperlich gesund und belastbar und kann ein bis zwei Jahre einen 12- bis 14stündigen Arbeitstag durchhalten.
2. Ich verzichte ein bis zwei Jahre auf freie Wochenenden und Urlaub.
3. Meine Familie ist mit der Gründung einverstanden.
4. Meine Familie unterstützt mich, wenn ich sie brauche.
5. Ich bin kreativ und bereit, auch aus Fehlern zu lernen.

6. Wenn Probleme auftauchen, verliere ich nicht den Kopf.
7. Kontaktfähigkeit ist meine absolute Stärke.
8. Ich kann andere Menschen (Mitarbeiter und Kunden) gut von einer Sache überzeugen (motivieren) oder zu einer Aufgabe anleiten (führen).
9. Ich überlege mir die Auswirkungen meines Handelns immer bis zum Ende.
10. Ich bin bereit, Risiken einzugehen.
11. Ich löse Probleme sofort und schiebe sie nicht vor mir her.
12. Ich habe ausreichend Zeit, um meine Gründung vorzubereiten.
13. Meine privaten Mittel oder das Einkommen meines Ehepartners reichen aus, um in den ersten Monaten auf Entnahmen für die Lebenshaltung zu verzichten.

Beurteilung meiner fachlichen Eignung

Ausbildung und Erfahrung

1. Ich habe auf dem Gebiet, auf dem ich mich selbständig mache, eine solide Ausbildung.
2. Ich habe langjährig auf diesem Gebiet gearbeitet und Erfahrung gesammelt.
3. Ich bin bereit und in der Lage, fehlendes Wissen kurzfristig nachzulernen.

Produktkenntnis

4. Ich kenne vom geplanten Produkt beziehungsweise der geplanten Dienstleistung die Technik, die Funktion und das Einsatzgebiet.
5. Ich kenne den technologischen Stand meines Angebotes. Mir ist bekannt, seit wann mein Angebot auf dem Markt ist und bis wann Änderungen, zum Beispiel in der Technologie, abzusehen sind.
6. Ich kenne den Beschaffungsmarkt und/oder die Hersteller meines Angebotes (national/international).
7. Ich kenne die Beschaffungspreise beziehungsweise die Herstellkosten genau.

Marktkenntnis

8. Ich kenne den Markt und den Bedarf des geplanten Produktes beziehungsweise der Dienstleistung (regional/überregional).
9. Ich kenne den Grad der Marktsättigung, mir ist bekannt, ob es sich um Neu- oder Ersatzbedarf handelt.
10. Mir ist die Konkurrenzsituation bekannt.

11. Ich kenne die marktüblichen Vertriebswege.
12. Die Marktpreise und die üblichen Verkaufskonditionen wie Rabatte, Skonti, Zahlungskonditionen sind mir bekannt.
13. Ich habe die Standortfrage unabhängig von Zufälligkeiten und unter Nachforschung über künftige Entwicklungen geprüft.

Kenntnis von wichtigen Randgebieten

Ich habe genügend Grundkenntnisse auch in Gebieten, auf denen ich bisher nicht gearbeitet habe, die aber im Rahmen meiner Selbständigkeit benötigt werden, wie zum Beispiel

14. Herstellung und Verkauf meines künftigen Angebots
15. Einkauf/Materialwirtschaft
16. Lohn- und Gehaltsabrechnung
17. Rechnungswesen und Steuern
18. Geldbeschaffung/Finanzen
19. Datenverarbeitung und Organisation
20. Ich habe eine Möglichkeit, vorhandene Mängel oder Schwächen in der fachlichen Qualifikation durch einen Partner auszugleichen.
21. Ich bin sicher, daß diese Möglichkeit beziehungsweise die Zusammenarbeit langfristig funktioniert.

Beurteilung meiner finanziellen Möglichkeiten

1. Für die Investitionen liegen Festpreisangebote vor, beziehungsweise die Kosten sind ausreichend kalkuliert.
2. Alle Neben- und Finanzierungskosten sind berücksichtigt.
3. Diese Kosten sind endgültig und es kann keine Kostenüberschreitungen geben, weder bei
   - Baukosten,
   - Betriebs- und Geschäftsausstattung,
   - Maschinenbeschaffung,
   - Fahrzeuganschaffungen,
   - sonstigen beweglichen Anlagegütern,
   - erster Warenausstattung.
4. Die Höhe des Warenbestandes ist ausreichend kalkuliert.
5. Die Lagerzeiten sind ausreichend berücksichtigt.
6. Das Zahlungsziel der Kunden ist mitkalkuliert. Es kann bei der Höhe des Forderungsbestandes keine unangenehmen Überraschungen geben.
7. Für ungewisse Risiken sind erforderliche flüssige Mittel mit einkalkuliert.
8. Alle Anlaufverluste sind finanzierbar.

9. Die eingeplanten Eigenmittel stehen auch effektiv als Mittel zur Verfügung (Liquidität).
10. Die Finanzierungsmittel werden so bereitgestellt, wie dies zur Bezahlung der eingehenden Rechnungen erforderlich ist. Es gibt zeitlich keine Überschneidungen. Eine Montageplanung liegt vor.
11. Durch Eigenkapital und langfristiges Fremdkapital ist mindestens ein Viertel des Umlaufvermögens finanziert.
12. Alle Möglichkeiten für die Beanspruchung zinsgünstiger Sonderkredite sind ausgeschöpft.
13. Alle Finanzierungsalternativen wie Kontokorrentkredit, Lieferantenkredit, Scheck-Wechsel-System, Teil- oder Voll-Leasing, sind geprüft.
14. Bei der Finanzierungsplanung sind alle steuerlichen Überlegungen berücksichtigt.
15. Mein Finanzierungsplan ist von einem Unternehmensberater, Steuerberater und/oder einer Bank geprüft.

Beurteilung der rechtlichen Grundlagen

1. Ich bin mir über die Unternehmensform und die damit verbundenen Haftungsverhältnisse im klaren.
2. Ich muß meinen Betrieb zum Handelsregister anmelden.
3. Ich brauche eine spezielle gewerberechtliche Genehmigung und/oder Anmeldung.
4. Mir ist bekannt, ob ich buchführungs- oder nur aufzeichnungspflichtig bin.
5. Ich habe mich über zu wahrende Steuertermine informiert.
6. Mein Betrieb ist an der dazu ausersehenen Stelle unter Berücksichtigung von Bestimmungen des Baurechts, des Umweltschutzes oder sonstiger Rechtsbestimmungen zulässig.
7. Ich werde nicht mit Einsprüchen gegen meinen Betrieb aus der Nachbarschaft rechnen müssen.
8. Ich habe mich mit meiner Berufsgenossenschaft in Verbindung gesetzt und alle Fragen geklärt.
9. Ich bin über rechtliche Verpflichtungen im Zusammenhang mit Anstellungen im Bilde (Arbeitsvertrag, Anmeldungen zur Kranken- und Rentenversicherung).
10. Die Produktion einer Neuheit ist rechtlich abgesichert (Patent, Gebrauchsmusterschutz).
11. Ich kenne meine Haftung bei einer Betriebsübernahme oder dem Eintritt in ein bestehendes Unternehmen.

Quelle: Ulrich Eichling: Machen Sie sich selbständig! Dr. Frank Grätz Verlag, Bergisch Gladbach 1983

Literatur für Gründer

Bundesministerium für Wirtschaft
„Der Weg in die Selbständigkeit"
Bonn

Bundesverband der deutschen Volksbanken und Raiffeisenbanken:
„Selbständig machen – selbständig bleiben"
Deutscher Genossenschafts-Verlag Wiesbaden

Deutscher Industrie- und Handelstag:
„Ideeneroberungs-Märkte, Innovationsratgeber für Unternehmer"

Deutscher Industrie- und Handelstag:
„Mut zur Selbständigkeit Erfolgsaussichten bei Existenzgründungen"
Bonn

Ulrich Eichling:
„Machen Sie sich selbständig!"
Dr. Frank Grätz Verlag, Bergisch Gladbach

Frank Grätz:
„Karriereplanung für Ingenieure"
VDI Verlag Düsseldorf

Manfred Hoffmann:
„Existenzgründung – Ein praktischer Ratgeber für alle, die sich selbständig machen wollen"
F. Müller, Juristischer Verlag

Gerhard Honig
„So mache ich mich selbständig"
Goldmann Verlag München

Liselotte Kotsch-Faßbender
„Wie macht man sich selbständig?"
Taylorix-Verlag Stuttgart

Klaus Nathenius (Hrsg.)
„Praxis der Unternehmensgründung"
Deutscher Wirtschaftsdienst Bonn

Hans-Hermann Stück:
„So gründe ich ein Geschäft – oder mache mich selbständig"
Heyne Verlag München

„Tips zur Unternehmensgründung"
Norman Rentrop Verlag Bonn

Adressen für Gründer

Örtliche Handwerks- sowie Industrie- und Handelskammern
Vereinigung beratender Betriebs- und Volkswirte e. V. (V. BV)
Dammer Str. 74
4050 Mönchengladbach
Kreditanstalt für Wiederaufbau
Palmengarten 5–9
6000 Frankfurt/M
Lastenausgleichsbank
Wielandstr. 4
5300 Bonn
Deutsche Vereinigung für gewerblichen Rechtsschutz und Urheberrecht e. V.
Belfortstraße 15
5000 Köln 1
Deutscher Erfinderverband e. V. (DEV)
Hallplatz 23/25
8500 Nürnberg
Bundesministerium für Forschung und Technologie
Postfach 200706
5300 Bonn 2
Deutsche Wagnisfinanzierungs-Gesellschaft mbH
Ulmenstraße 37–38
6000 Frankfurt 1
Europäische Investitionsbank (EIB)
100 bvd Konrad Adenauer
L 2350 Luxemburg

Die Chancen in der Unternehmensberatung

von Dr. Frank Grätz

Noch im Jahre 1950 gab es, von einigen Anfängen abgesehen, die Branche der Unternehmensberatung in Deutschland noch gar nicht. Inzwischen ist die Unternehmensberatung zu einem Milliardenwachstumsmarkt geworden. Während früher der deutsche Unternehmer glaubte, sich damit Unfähigkeit zu bescheinigen, wenn er einen Berater ins Haus rief, so akzeptiert er heute den Berater als Mann, der enge Spezialgebiete – zum Beispiel Auswahl neuer Führungskräfte – besser beherrscht, weil er mehr Erfahrung hat und nicht betriebsblind ist.
In den 50er und 60er Jahren war die Branche der Unternehmensberatung ein buntes Sammelbecken mit technischen Experten, kaufmännischen Alleskönnern und marktschreierischen Einzelkämpfern. Inzwischen sind große Beratungsgesellschaften entstanden, obwohl auch der Einzelkämpfer durchaus noch Überlebenschancen in seinem Spezialgebiet hat.
Während in der Vergangenheit die Angehörigen verschiedenster Qualifikations- und Berufsgruppen die Möglichkeit hatten, in den Beruf des Unternehmensberaters einzudringen, ist inzwischen auch auf diesem Sektor die Akademisierung vorangeschritten. Heute haben für den Einstieg diplomierte oder sogar promovierte Wirtschaftswissenschaftler, Ingenieure und zum Teil auch Naturwissenschaftler und Psychologen die besten Chancen. Die meisten großen Unternehmen der Beratungsbranche scheuen allerdings den Einsatz von Berufsanfängern. Sie erwarten meist vom Beraternachwuchs eine zwei- bis vierjährige spezialisierte Berufspraxis, vor allem auf dem Gebiet des Personalwesens, des Rechnungswesens, der Organisation, der Konstruktion, der Arbeitsvorbereitung und vor allem auch der Datenverarbeitung. Planungskenntnisse und spezialisierte Erfahrungen in einer Branche sind begehrt. Dazu kommen englische, französische oder spanische Sprachkenntnisse. Sie werden nicht nur deshalb vorausgesetzt, weil ein Teil der Kunden in Deutschland sich aus ausländischen Unternehmen rekrutiert, sondern weil viele Unternehmensberater auch immer häufiger im Ausland operieren.
Ein guter Weg für einen Anfänger ist es zum Beispiel, die ersten zwei bis drei Berufsjahre als Trainee/Spezialist in einem großen Unternehmen tätig zu sein und sich dort eine Art Expertenstatus zu schaffen. Der zukünftige EDV-Berater zum Beispiel sollte unbedingt eine praxisorientierte EDV-Grundausbildung bei einem der großen Hersteller oder Vertreiber von Anlagen, wie beispielsweise

IBM, Siemens, Honywell oder Nixdorf haben und danach entweder als Verkäufer, Organisator oder an einer anderen Stelle im Unternehmen tätig gewesen sein. Viele Beispiele der letzten Jahre beweisen, daß die Möglichkeit besteht, in späteren Jahren mit viel Berufserfahrung und hoher Motivation in eine Beratungstätigkeit zu wechseln.
Die Tätigkeit als Unternehmensberater verlangt neben solidem Fachwissen in einem oder mehreren Spezialgebieten erhöhte Flexibilität, analytisches Denkvermögen, pädagogisches Talent und zudem eine gehörige Portion Akquisitionsgeschick. Ohne die letzte Eigenschaft ist weder eine Angestelltenkarriere – zum Beispiel vom Fachberater über den Projektleiter und vom Geschäftsleitungsmitglied bis zum Geschäftsführer – möglich, noch kann sich ein in Akquisition ungeschickter Berater erfolgversprechend selbständig machen. Dazu kommt in der Unternehmensberatung ein erhöhter Streß für den einzelnen. Üblich ist, daß der Berater mindestens acht bis zehn Stunden beim Kunden arbeitet, abends dann zum nächsten Kunden fährt und sich auf den folgenden Tag vorbereitet. Berichte und der übrige Schriftkram werden dann meist am Wochenende geschrieben.

Drei Aufstiegs-Möglichkeiten

Für den angestellten Unternehmensberater gibt es nach einigen Jahren Beratungstätigkeit im Prinzip drei Möglichkeiten:
Die Mehrzahl wird es nach diesen Lehrjahren vorziehen, wieder in ein „normales" Unternehmen zu gehen und dort die Erfahrungen aus der Beratung auszunutzen. Häufig zu finden ist, daß erfolgreiche Unternehmensberater von dem Unternehmen angeheuert werden, das sie in der letzten Zeit erfolgreich beraten haben. Für diese „Aussteiger" ist es dann möglich, auf einer mittleren oder oberen Managementebene ihre Karriere in der Industrie, im Handel oder in anderen Wirtschaftsbereichen zu beginnen.
Die zweite Möglichkeit ist, wie bereits aufgezeigt, der interne Aufstieg in einem Beratungsunternehmen. Der Streß wird dadurch natürlich nicht geringer, sondern mit dem Aufstieg wird im allgemeinen die Arbeitszeit länger, allerdings sind dann auch die Einkommenserwartungen recht gut.
Die dritte Möglichkeit ist der Weg in die Selbständigkeit. Erfolgsberater Kienbaum empfiehlt seinen zukünftigen Konkurrenten: „Beim Start in die freischaffende Zukunft sollte man sich ein spezielles, enges Leistungsgebiet auswählen. Der universelle Berater als ‚Alleinunterhalter' kommt nicht mehr in Betracht."
Wie schwierig das selbständige Beraterdasein sein kann, belegen die Zahlen. Etwa die Hälfte aller Versuche, sich selbständig zu machen, enden erfolglos. Nur 50 Prozent der Wagemutigen können sich heute auf dem umkämpften

Markt erfolgreich, das heißt drei und mehr Jahre behaupten. Viele Unternehmensberater arbeiten allerdings als „Quasi"-Selbständige, indem sie sich weitgehend an eine große Beratungsfirma, von der sie die meisten Aufträge erhalten, anlehnen oder sich auf die Beratung – beispielsweise auf dem Gebiet Personal- oder Transportorganisation – eines großen Unternehmens spezialisieren und dort praktisch als freier Mitarbeiter agieren.
Der Markt der Unternehmensberater wird auch weiterhin expansiv sein. Im Unterschied zu den USA, in denen sich 75 Prozent der Unternehmen von externen Beratern helfen lassen, sind es in der Bundesrepublik erst 30 Prozent, allerdings mit deutlich zunehmender Tendenz. Umsatzzuwächse der Branche von 10 bis 15 Prozent pro Jahr werden in den nächsten Jahren und Jahrzehnten erwartet.

Einkommen in der Unternehmensberatung

Fachberater (3 Jahre Berufserfahrung, Akademiker) rund 65 000 DM; Projektleiter 65 000 bis 100 000 DM.
Geschäftsleitungsmitglied 80 000 bis 140 000 DM.
Angestellter Geschäftsführer in einer großen Beratungsfirma 130 000 bis 250 000 DM.
Tagessatz für freie Unternehmensberater zwischen 350 und 1800 DM.

Adressen

Bundesverband Deutscher Unternehmensberater (BDU) e. V., Konrad-Adenauer-Platz 11, 5300 Bonn-Beuel
Verband unabhängig beratender Ingenieurfirmen e. V., Wolkenburgstr. 1, 5300 Bonn 12
Institut zur Aus- und Weiterbildung von Unternehmensberatern, Dietrich-von-Dorendorp-Str. 2 A, 5060 Bergisch Gladbach 1, Tel 02204/8 17 46
Bundesverband der Wirtschaftsberater (BVW) e. V., Hohenzollernring 74, 5000 Köln 1, Tel. 0221/13 56 42
Bundesverband öffentlich bestellter und vereidigter Sachverständiger e. V., Godesberger Allee 54, 5300 Bonn 2, Tel 0228/37 87 06
Verband Beratender Ingenieure VBI e. V., Berufsorganisation der deutschen Ingenieure im freien Beruf, Zweigertstr. 37–41, 4300 Essen 1, Tel. 0201/ 79 20 44
Vereinigung Beratender Betriebs- und Volkswirte e. V. (VBV), Dammer Str. 74, 4050 Mönchengladbach

Die Autoren

Dr. Frank Grätz ist seit 1975 freiberuflicher Unternehmensberater in Bergisch-Gladbach. Schwerpunkte seiner Beratertätigkeit und zahlreichen Publikationen sind die Bereiche Personal, Vergütung und Existenzgründung. Dr. Frank Grätz hat Lehraufträge an den Universitäten Halle und Bochum, er ist Mitarbeiter bei verschiedenen Zeitungen und Wirtschaftszeitschriften, unter anderem schreibt er – wie auch die anderen Autoren dieses Buches – für das „Erfolgs- und Karrierehandbuch" des VBU.

Dr. Klaus Rischar ist Gründer und Direktor des Pädagogischen Instituts für die Wirtschaft in Bad Soden-Salmünster. Der Autor leitet Seminare für Führungskräfte aller Hierarchie-Ebenen mit den Hauptgebieten Mitarbeiterführung, Besprechungs- und Verhandlungstechnik, außerdem ist er Trainer und Berater bei der Einführung von Qualitätszirkeln. Der Fachmann für Beurteilungswesen und Arbeitsrecht hat zahlreiche Bücher und Fachbeiträge veröffentlicht.

Dr. Lothar J. Seiwert wurde nach langjähriger Industrietätigkeit im Personal- und Bildungswesen Personalberater bei einer führenden Management- und Personalberatungs-Institution in Stuttgart. Außerdem ist er Referent an öffentlichen und privaten Weiterbildungseinrichtungen. Die thematischen Schwerpunkte des Autors zahlreicher Bücher und Beiträge in Fachzeitschriften, Handbüchern und Sammelwerken sind unter anderem: Suche nach Führungskräften, Outplacement zur Lösung von Positionskrisen, Personal-Management und Führungstraining.

Dr. Werner Siegert ist seit 1974 selbständiger Unternehmensberater und Trainer in Gauting bei München. Als Mitbegründer und Vorstandsmitglied der Deutschen Management-Gesellschaft hat er besonderen Kontakt zu den aktuellen Problemen der verschiedenen Management-Ebenen. Seine Hauptgebiete, die sich auch in vielen Buchveröffentlichungen sowie Beiträgen in Fachzeitschriften und Enzyklopädien wiederspiegeln, sind: Organisations- und Strategie-Entwicklung, Arbeitstechniken, Zeitmanagement sowie Erfolgreiches Lernen.

Christa Titze ist Ressortleiterin für „Personalauslese und Beurteilung" am Pädagogischen Institut für die Wirtschaft in Bad Soden-Salmünster. Die Spezialistin für Individualtraining und Assessment-Centers entwickelte Testverfahren zur Personalauslese, berät bei Konzeptionen zur betrieblichen Bildungsarbeit und trainiert Moderatoren bei Qualitätszirkeln. Diese Thematik behandelt die Diplom-Psychologin auch in ihren Fachbüchern und Beiträgen für Fachpublikationen.

Berthold Trottnow übernahm nach langjähriger Tätigkeit als Personalberater und Senior Consultant die Geschäftsführung einer international führenden Personalberatungsgesellschaft in Stuttgart. Seine Beratungsfelder umfassen schwerpunktmäßig: Suche nach Führungskräften sowie Beratung auf dem Gebiet des Personal-Managements (Personalforschung, Personalplanung, Personalführung, Personalentwicklung und Personalverwaltung).

Register